Hans-Peter Schwarz

# DIE NEUE VÖLKERWANDERUNG NACH EUROPA

Hans-Peter Schwarz

# DIE NEUE VÖLKERWANDERUNG NACH EUROPA

## ÜBER DEN VERLUST POLITISCHER KONTROLLE UND MORALISCHER GEWISSHEIT

Deutsche Verlags-Anstalt

Verlagsgruppe Random House FSC® N001967

1. Auflage
Copyright © 2017 Deutsche Verlags-Anstalt, München,
in der Verlagsgruppe Random House GmbH,
Neumarkter Str. 28, 81673 München
Umschlaggestaltung: Büro Jorge Schmidt, München
Lektorat und Satz: Ditta Ahmadi, Berlin
Gesetzt aus der Adobe Garamond Pro
Druck und Bindung: GGP Media GmbH, Pößneck
Printed in Germany
ISBN 978-3-421-04774-8

www.dva.de

Dieses Buch ist auch als E-Book erhältlich.

# Inhalt

# 1
## Ouvertüre:
## Der Schwarze Schwan

*Der Schwarze Schwan. Die Macht höchst unwahrscheinlicher Ereignisse*[1] – unter diesem Titel hat der aus alter libanesischer Familie stammende Nassim Nicholas Taleb 2007 ein Buch veröffentlicht, das ihn weltberühmt machen sollte.[2] Eigentlich geht es darin nur um die triviale These, daß die Zukunft jede Art von Überraschungen bereit hält. Taleb ist aber mehr als nur ein scharfsinniger Erkenntnistheoretiker und ein mit allen Wassern der Ökonomie, der Psychologie und der Sozialwissenschaften gewaschener Autor. Der hochbegabte Mathematiker hatte, als er seine inzwischen zum Klassiker der Risikoforschung gewordenen Erkenntnisse veröffentlichte, zwanzig Jahre lang an der Wallstreet mit hochkomplexen Derivaten gehandelt, dort ein Vermögen gemacht und sich den Ruf eines Börsengurus erworben. Ein wesentliches Anliegen seines Buches war die Warnung vor einem weltweiten Finanzdebakel, verschuldet durch hochriskante Derivate mit unkalkulierbarem Zerstörungspotential. Fünfzehn Monate später trat genau das mit dem Zusammenbruch des Bankhauses Lehman Brothers ein. Man mußte diesen Theoretiker also ernst nehmen.

Der Schwarze Schwan ist eine Chiffre für die Unvorhersehbarkeit. So wie das unerwartete Auftauchen eines schwarzen Schwans inmitten einer Flottille weißer Schwäne im Tierreich Überraschung auslöst, überrascht uns die geschichtliche Welt immer wieder mit Ereignissen, die als unwahrscheinlich galten, aber doch eintraten. Gemeint sind damit nicht jene Zufälle, die in den vielfach durch Pfadabhängigkeit gekennzeichneten Geschichtsprozessen ständig am Werk sind. Vielmehr bezeichnet die Chiffre Vorgänge, auf die drei Merkmale zutreffen: Erstens sind sie »Ausreißer«, Ereignisse die außerhalb unserer Erfahrung liegen. Nichts, was wir in der jüngsten und ferneren Vergangenheit beobachtet haben, ließ darauf schließen, daß wir zu Lebzeiten mit einem derartigen Vorgang konfrontiert werden könnten. Zweitens haben solche Vorgänge ungeheure Auswirkungen. Sie verändern viele, wenn nicht alle bestehenden Parameter, stoßen uns unversehens in eine neue, völlig unvertraute Geschichtslandschaft und zwingen zur Revision unserer Verhaltensweisen. Drittens sind sie eine Herausforderung für unser historiographisches Verständnis. Wir sehen uns gezwungen, Kausalitäten, Verknüpfungen und die auslösenden Faktoren zu erkennen, die nun offen zutage liegen und die wir zuvor vielleicht lange ignoriert haben. Weigern wir uns jedoch, der neuen Wirklichkeit mit rascher, radikaler Verhaltensänderung zu begegnen, drohen wir zu scheitern.[3]

Befreit man Talebs Thesen von manchem hochgestochenem Beiwerk, so haben seine Beobachtungen viel Plausibilität für sich. Erfahrungsgemäß erwarten wir, daß nur weiße Schwäne auftauchen. Mit anderen Worten: Wir rechnen mit dem Gewohnten und erliegen nur zu leicht den Vorstellungen von einer rational konstruierten, verläßlich geordneten und entsprechend prognostizierbaren Welt. Bankiers, Versicherungsfirmen, Politiker und viele Wissenschaftler bestätigen uns in diesem Irrtum. Tatsächlich aber macht die Geschichte viel öfter, als wir wahrhaben möchten, völlig unerwartete Sprünge. Heute ist es gerade ihre Sprunghaftigkeit, die den Gang der Dinge bestimmt.

Oft treten schwarze Schwäne als zufällige, zunächst wenig gewürdigte technische Erfindungen auf – der Computer, das Internet, der Laser.[4] Sollte man sie als »positive« schwarze Schwäne bezeichnen? Fatal ist hingegen, so meint Taleb, das Auftauchen »negativer« schwarzer Schwäne. Als Beispiele nennt er unter anderem den Ersten Weltkrieg, Firmenzusammenbrüche und natürlich die ihm besonders gut vertrauten Börsencrashs. An die Völkerwanderung des frühen 21. Jahrhunderts hat auch er noch nicht gedacht.

Taleb arbeitet gern mit den Chiffren »Mediokristan« und »Extremistan«.[5] Wer sich nicht täuschen läßt, so meint er, müßte eigentlich wissen, daß wir uns heute in Extremistan befinden, also in einer Epoche, in der die Geschichtsströme durch den Einbruch des Unerwarteten zutiefst verändert und umgeleitet werden. Als

wesentlichen Grund dafür nennt er die Komplexität der zeitgenössischen Wirtschafts- und Gesellschaftssysteme, die unvorhersehbare
Ereignisse geradezu herbeizwinge. Schon das 20. Jahrhundert war
durch Kriegführung im Extremistan-Stil gekennzeichnet. Die interdependente, globalisierte Weltwirtschaft, so konstatiert der skeptische Risikoanalytiker, weist eine »verzahnte Brüchigkeit« auf. Sie
erweckt den Anschein von Stabilität, erzeugt aber tatsächlich »verheerende schwarze Schwäne«.[6]

In Mediokristan werkeln tüchtige, häufig aber phantasielose
Politiker, Manager, Beamte, Wissenschaftler, Theologen, Lobbyisten,
auch Journalisten und Professoren innerhalb überkommener Institutionen und im festen Glauben an eine überkommene politische Kultur, an die bewährte Unternehmensstrategie oder an vorherrschende
philosophische Wertesysteme routiniert vor sich hin, als könne nie
ein schwarzer Schwan auftauchen. Solange das tatsächlich nicht geschieht, bewirkt diese Elite manches Nützliche, treibt ihre Machtspielchen, macht die üblichen kleinen oder größeren Dummheiten,
erspart aber sich und uns die ganz großen, katastrophalen Fehler. Das
mag gutgehen, solange keine schwarzen Schwäne einfliegen.

In Wirklichkeit aber sind diese mediokren, gefahrenblinden Eliten unterwegs nach Extremistan. Denn wenn wider alle Erfahrung
ein schwarzer Schwan auftaucht, also ein weitreichendes, unvorhergesehenes Ereignis, fällt ihnen nichts ein, als stoisch und zum Schaden aller an den Verhaltensweisen, Wertvorstellungen und Strategien festzuhalten, die sie sich in Mediokristan angeeignet haben.
Doch nun drohen sich ihre kleineren und größeren Dummheiten
zu Katastrophen für ihre Länder, Unternehmen oder ganze Zivilisationen auszuwachsen.

Soviel zu der zeitkritischen Erkenntnistheorie Talebs, die nachdenklich macht. Dieser skeptische Empiriker, wie er sich selbst
nennt, rät uns, die Illusion von einer steuerbaren Pfadabhängigkeit
der modernen Gesellschaftssysteme zu begraben und die Wirklichkeit zu sehen, wie sie tatsächlich ist. Denn allem Anschein nach sind
wir in eine Epoche eingetreten, in der sich die schwarzen Schwäne
nur so tummeln. Nach den schlimmen Erfahrungen des 20. Jahr-

hunderts mit seinen furchtbaren Katastrophen hatten wir uns das
21. Jahrhundert eigentlich ganz anders vorgestellt – ein Zeitalter des
Ausgleichs, friedlich, zivilisiert, vom Völkerrecht und dem Glauben
an universelle Menschenrechte eingehegt und im permanenten
Dialog kompromißbereiter Regierungen sowie toleranter Religionen. Doch kaum war das Feuerwerk abgebrannt, mit dem die
Menschheit den Eintritt in das dritte Jahrtausend feierte, tauchte ein
erstes Geschwader der schwarzen Schwäne auf.

Als an jenem fatalen 11. September 2001 Selbstmordkommandos
der Dschihadisten zwei Flugzeuge in die New Yorker Twin Towers
steuern und ein drittes auf das Pentagon in Washington stürzt, ist das
ein Albtraum, der alle Kriterien eines eher unwahrscheinlichen Er-
eignisses erfüllt. Nichts in der näheren und ferneren Vergangenheit
hatte die Amerikaner darauf vorbereitet. Doch das Entsetzen war
nicht auf Amerika beschränkt. Weltweit fragten sich viele besorgt: Ist
dies der Auftakt eines neuen Jahrhunderts, das noch schlimmere
Überraschungen bereit hält als das vorangegangene, in dem die
Menschheit mit viel Glück einen Dritten Weltkrieg vermieden hat?
Die Reaktion der Regierung von George W. Bush auf den Anschlag
war geeignet, die unguten Vorahnungen zu bestärken. Mit den Interventionen in Afghanistan und im Irak wurde die Büchse der Pandora
geöffnet: »Descent into chaos« hat dies einer der Analytiker der nahöstlichen Szenerie genannt,[7] der im Rückblick das Desaster ana-
lysierte. Noch rätseln Politikwissenschaftler, Kulturhistoriker und
Psychologen, wie es dazu kam und warum sich alles so katastrophal
entwickelte. In der Rückschau läßt sich eine Unheilslinie von 9/11
über die darauf folgenden Kriege und Bürgerkriege im Mittleren
Osten bis zu den Flüchtlingsscharen ziehen, die heute aus den zerrütteten Gesellschaften Afghanistans und aus dem Irak nach Europa
streben.

Daß die globale Finanzkrise von 2008 wirklich ein derartig un-
erhörter Vorgang war, ist zu bezweifeln. Bekanntlich hat sich im
Jahr 1929 Vergleichbares abgespielt, ausgelöst durch den Übermut
an der Wallstreet und den Leichtsinn der damaligen Regierungen in
Europa. Überdies sind skeptische Analytiker von der Eurokrise des

Jahres 2010 kaum überrascht worden. Viele Experten hatten schon lange vorher vor einer Eurowährung gewarnt. Überraschend war eher, daß die Krise so lange auf sich warten ließ. Man mag also mit einigem Recht bestreiten, dass die Chiffre des schwarzen Schwans auf diese beiden Vorgänge zutrifft. Auch die Ukrainekrise von 2012 konnte nur Politiker mit einem historischen Kurzzeitgedächtnis überraschen. Daß Rußland früher oder später versuchen würde, sich das »nahe Ausland«, in erster Linie die Ukraine, in irgendeiner Form wieder anzugliedern, war zu erwarten. Zbigniew Brzeziński war nicht der einzige, der das vorhergesagt hat.

Jetzt, im zweiten Jahrzehnt des 21. Jahrhunderts, ist aber zweifellos ein schwarzer Schwan aufgetaucht: die neue Völkerwanderung nach Europa. Hunderttausende, ja Millionen arabischer und afrikanischer Flüchtlinge strömen in die völlig überraschten, widerstandslosen und zum Teil – wie Deutschland und Schweden – sogar willkommensfreudigen Wohlfahrtsstaaten Europas. Aus den Tiefen des kollektiven Unterbewußtseins tauchen nun vage Erinnerungen an Invasionen auf, die vor Jahrhunderten in Europa Ängste und Alpträume ausgelöst hatten: der Hunnensturm und die Völkerwanderung räuberischer Germanenhorden ins Imperium Romanum, der Vorstoß siegesgewisser Araber über Spanien bis zur Loire, der Mongolensturm, das Vordringen der Türken übers Mittelmeer bis vor die Tore Wiens ... Die Geschichte Europas ist auch eine Geschichte der Invasionen.

Auf lange Jahrhunderte des Einfalls außereuropäischer Heerscharen und Kriegsflotten war seit dem Aufbruch des Christoph Kolumbus nach Amerika und verstärkt seit dem 18. Jahrhundert die globale Expansion der europäischen Staaten gefolgt. Nun ging die unwiderstehliche Landnahme von den Völkern Europas aus. Als die außereuropäischen Kolonialimperien nach dem Zweiten Weltkrieg liquidiert wurden, verstand man das allgemein als Akt resignativer Staatskunst. Die Befürchtung, die Bewohner dieser Gebiete könnten sich binnen kurzem in einer kaum kontrollierbaren Völkerwanderung auf den Weg machen in die wohlhabenden, aber geschwächten Staaten Europas, lag außerhalb jeder Vorstellung.

Vorerst sind es nur unermeßliche Scharen bemitleidenswerter Kriegs-, Bürgerkriegs- und sogenannter Wirtschaftsflüchtlinge, die aus den Weiten Vorderasiens und Afrikas bis nach Deutschland, Dänemark, Schweden und Finnland ziehen. Bewaffneten Invasoren kann man mit Waffengewalt entgegentreten, doch wie soll man dieser schier endlosen, unbewaffneten Karawane Herr werden, die alle guten, mitmenschlichen Gefühle wachruft, das völlig überraschte, ratlose Mediokristan aber schleichend in ein Extremistan verwandelt? In den gefahrenblind gewordenen Demokratien Europas hätte man es jedenfalls nie für möglich gehalten, urplötzlich mit einem Millionenheer von Flüchtlingen konfrontiert zu werden, das alle Merkmale einer neuen Völkerwanderung aufweist. Noch hält die Politik den Anschein aufrecht, es handle sich bloß um eine gigantische Katastrophe, der mit einer humanitären Rettungsaktion beizukommen sei. In Mediokristan ist man eben zum Traditionalismus disponiert und will von überkommenen Wertvorstellungen, Reaktionsweisen und Lösungsstrategien nicht ablassen.

Der heftige Meinungsstreit wird noch lange andauern, ob der gewaltige Migrationsdruck in erster Linie als Herausforderung humanitärer Solidarität verstanden werden muß oder doch eher als Bedrohung durch das Hereinströmen entwurzelter Menschenmassen aus Asien und Afrika. Natürlich ist der bis vor kurzem ganz unvorstellbare Vorgang beides. Abschreckung und Hilfe werden wie bisher parallel laufen müssen. Ob die Europäische Union künftig von Barmherzigkeit stärker zu Abwehr übergehen soll, ist noch umstritten. Vor allem in Deutschland zeigt sich die Öffentlichkeit tief gespalten.

So unsicher Europa noch ist, wie es auf die Völkerwanderung reagieren soll, so sicher ist, daß einige Gewißheiten erschüttert wurden, die bisher felsenfest verankert waren, jedenfalls beim politischen Mainstream. Die Verunsicherung ist allgegenwärtig, eine einvernehmliche Strategie hat sich noch nicht herausgebildet. Es ist auch gar nicht zu erwarten, daß eine halbe Milliarde Europäer mit mehr als zwei Dutzend Regierungen, die kompliziert zusammengesetzten Machtzentren in Brüssel, zahllose Parteien und Verbände und nicht zuletzt das stets lustvoll zerstrittene Konglomerat der Intellektuellen eine neue, in dieser Dimension unvorstellbare Herausforderung einvernehmlich und unverzüglich einordnen und bewerten können.

Zum ersten Opfer der neuen Völkerwanderung wurde der naive Glaube an die äußere Sicherheit Europas. Nach dem Ende des Kalten Krieges waren die 1990er Jahre ein Jahrzehnt des frivolen Optimismus. Nicht nur die Deutschen wiegten sich in dem Irrglauben, sie seien nur noch von Freunden umgeben. Die in der EU zusammengeschlossenen Staaten glaubten sich stark genug, die unruhigen Regionen jenseits ihrer Außengrenzen mit humanen Strategien der Konfliktprävention und Konfliktregulierung, mit Dialogpolitik, Entwicklungshilfe, Menschenrechtspolitik und vielen anderen Instrumenten ruhig stellen und zur Kooperation verpflichten zu können. Kaum ein Gedanke daran, daß weite Regionen an der Peripherie Europas im Chaos versinken könnten. Einen Kontrollverlust an den EU-Außengrenzen konnte und wollte sich niemand wirklich vorstellen.

Frivoler Optimismus und gutbürgerliche Gefahrenblindheit endeten wie gewöhnlich im Katzenjammer. Im neuzeitlichen Europa hat es bisher so gut wie keine Generation gegeben, die nicht erfahren mußte, daß Wohlstand, Frieden und Sicherheit des eigenen Staates oder des gesamten Kontinents von außen bedroht sind. Regierungen und Volk leisteten sich zwar schon immer Dummheiten und Fehleinschätzungen, aber in großen Teilen der Öffentlichkeit dominierte doch weiterhin ein vernünftiges Gefahrenbewußtsein. Dieses ist in den vergangenen Jahrzehnten verlorengegangen. Die Regierungen und Völker Europas müssen es sich sozusagen im Schnellverfahren wieder antrainieren.

Nun aber machen alle Beteiligten – die Entscheidungsgremien der EU, die Regierungen und eine zusehends beunruhigte Öffentlichkeit – eine weitere beunruhigende Entdeckung: die Institutionen der Europäischen Union sind nicht in der Lage, mit dem Völkerwanderungsdruck fertig zu werden. Wann immer bisher Kritik an der EU geäußert wurde, gehörte das Loblied auf ein Europa der

offenen Grenzen zu den überzeugendsten Gegenargumenten der »guten Europäer«. Jetzt erst zeigt sich, daß das System der offenen Grenzen im Schengenraum nur in Schönwetterzeiten einigermaßen funktioniert, nicht jedoch unter dem Ansturm einer Völkerwanderung, die durch eine fatale Kombination von demographischer Asymmetrie, von Bürgerkriegen und Elend in den »Failed States« in Afrika und im Orient, durch die unkalkulierbare Großmacht Türkei vor den Toren Europas und vom terroristischen muslimischen Fundamentalismus in Gang gesetzt wurde.

Nicht nur auf das Konzept von Schengen-Europa fallen lange Schatten des Zweifels. Bei genauerem Hinsehen verbindet sich damit auch die Frage, ob die Übertragung des Ausländerrechts und somit großer Teile des Asylrechts an die EU nicht zu voreilig war. In Brüssel und nicht zuletzt in Deutschland sind noch immer viele auf das im globalen Vergleich einmalig großzügige Flüchtlingsrecht der Europäischen Union stolz und preisen es als moralisches Gütesiegel des Projekts Europa. Doch nicht wenige wollen heute nicht mehr so recht an die Fähigkeit der EU glauben, die Probleme der Masseneinwanderung mit Hilfe eines Asylrechts lösen zu können, das menschenrechtlich untadelig, aber zugleich mit kafkaesken Justizverfahren verbunden ist. Das europäische Ausländerrecht weist schwere Funktionsstörungen auf, und das Systemversagen – wie könnte es auch anders sein! – wird durch Politikversagen noch verschärft.

Bei den Funktionskrisen des Grenzschutzes und im Asylrecht treten grundlegende Konstruktionsfehler der EU zutage. In halbwegs normalen Zeiten funktioniert die Europäische Union wie ein Quasi-Bundesstaat, doch auf Gefahr von außen reagiert sie mit der Verworrenheit staatenbundlicher Gebilde. Dafür gibt es keinen betrüblicheren Beweis als die widersprüchlichen Krisenstrategien der EU-Kommission, des Europäischen Rats und der EU-Regierungen in der Flüchtlingsfrage. Das alles rüttelt an dem ohnchin schon labilen Projekt Europa. Das Vertrauen schwindet. Auf Dauer kann und wird sich eine halbe Milliarde europäischer Bürger nicht mit dem Kontrollverlust an den Grenzen und einer fehlkonzipierten Ausländerpolitik abfinden. Doch alle Beteiligten wissen auf die entscheidende Frage so recht keine Antwort: Darf man hilflose Flüchtlinge herzlos zurückweisen?

Damit zeigt sich das dritte Krisensymptom: Der immense Völkerwanderungsdruck, der sich noch steigern wird, erschüttert die sozial-moralischen Gewißheiten, auf denen die Europäische Union beruht. Die Konstrukteure der EU haben tatsächlich geglaubt oder wenigstens danach gestrebt, ein geschichtlich völlig neuartiges Imperium des guten Willens auf der Basis edelster Prinzipien zu errichten: universelle Werte der Demokratie, des Friedens, der Freiheit, unverletzliche, universelle Menschenrechte, Gleichheit, Rechtsstaatlichkeit, Supranationalität, Fortschritt, Toleranz, Gewaltlosigkeit und unablässige Dialogpolitik selbst mit den Haifischen. Das Projekt Europa sollte die dunklen Jahrhunderte der Machtpolitik, des nationalstaatlichen Egoismus, des Kolonialismus, der Kriege und Bürgerkriege, der nationalen Abschottung und der geschlossenen Grenzen ein für allemal hinter sich lassen.

Seit sich aber Millionen Menschen an den EU-Außengrenzen sammeln in der Hoffnung, über die Asylsysteme Einlaß zu erhalten, ist eingetreten, was der skeptische Liberale Walter Lippmann »die Ermordung einer schönen Theorie durch eine Bande brutaler Fakten« genannt hat.[8] Diese brutalen Fakten sind: Europa ist teils dicht bevölkert, überaltert und demographisch geschwächt. Die Attraktivität der europäischen Wohlfahrtsstaaten ist groß, der Zugang dorthin leicht, aber ihre Aufnahmebereitschaft und objektive Aufnahmefähigkeit sind natürlich begrenzt. Die EU ist nicht zu vergleichen mit klassischen Einwanderungsländern wie die Vereinigten Staaten, Kanada und Australien im 19. Jahrhundert. Doch selbst diese haben bereits im 20. Jahrhundert auf selektive Abschottung umgeschaltet.

Die einigermaßen überschaubaren Flüchtlingsscharen, die im späten 20. und im ersten Jahrzehnt des 21. Jahrhunderts in Europa ankamen, ließen sich noch aufnehmen und unterbringen. Ob alle »integriert« werden konnten, sei dahingestellt. Doch jene vielen Millionen entwurzelter Flüchtlinge, die vor den Toren stehen und ganz bestimmte Staaten der EU als Zielländer im Blick haben, sind nicht mehr zu verkraften, weder auf den Arbeitsmärkten noch budgetär, noch psychologisch. Die schöne Theorie vom universellen Individualrecht auf Ingangsetzung eines Asylverfahrens und die Realität in den Aufnahmeländern sind von Jahr zu Jahr weniger in Übereinstimmung zu bringen.

Doch was tun, wenn Millionen das Mittelmeer überqueren und an den Grenzzäunen des Gelobten Landes rütteln? Die Außengrenzen der EU dichtmachen? Notfalls die eigenen Landesgrenzen wieder rigoros kontrollieren, wie die Staaten Europas dies in früheren Epochen ohne große Skrupel getan haben? Das großzügige Asylrecht einschränken? Die Willkommenskultur zum Fehler erklären? Die Staaten an der Peripherie mit viel Geld und politischen Konzessionen heuchlerisch veranlassen, Europa die Einwanderer vom Hals zu halten? Vielleicht die Hilfe für die Notleidenden externalisieren – sie also vorwiegend nur jenseits der EU-Außengrenzen gewähren?

Diese und viele andere Fragen stellen sich heute. Sie sind noch nicht entschieden. Doch je stärker der Völkerwanderungsdruck wird, umso weniger lassen sie sich verdrängen. Sie verlangen nicht zuletzt von Deutschland eine Antwort, das sich im supranationalen Europa behaglich geborgen wähnte und in Sachen Asylpolitik etwas zuviel des Guten getan hat. Viele würden die Augen gerne weiterhin vor der »Bande brutaler Fakten« schließen. Doch die Verhältnisse, sie sind nicht so.

Soviel als eine Art Ouvertüre zu den Hauptthemen der folgenden Studie, in der Entstehung und Konsequenzen der neuen Lage diskutiert werden. Momentan befindet sich die Europäische Union in einer Atempause. Nach Sperrung der Balkanroute und dem labilen Abkommen mit der Türkei im Frühjahr 2016 ist sozusagen der erste Aufzug, erste Szene, der neuen Völkerwanderung beendet. Doch Europa bleibt mit dieser säkularen Herausforderung konfrontiert, für die es bisher weder psychologisch noch institutionell gerüstet ist. Eine Neujustierung des labilen Systems wäre geboten. Viel Zeit bleibt nicht. Die kurze Atempause nach dem ersten Aufzug, erste Szene sollte genutzt werden, die Problematik zu analysieren und aus der Analyse die gebotenen Schlußfolgerungen zu ziehen.

Skizzieren wir kurz die Fragestellungen und die Gedanken-
führung.

Kapitel 1 (Der Schwarze Schwan) ist eine Art Ouvertüre. Seit
dem fatalen Sommer 2015 sieht sich das alte Europa in eine unbe-
kannte, zusehends bedrohliche Geschichtslandschaft gestoßen.
Auch Deutschland hat sich – unvorbereitet, doch in naivem Selbstvertrauen – auf eine Reise begeben, die, mit Nicholas Taleb zu sprechen, aus dem Land Mediokristan ins Land Extremistan führt. Ich
selbst habe mir in der folgenden essayistischen Studie vorgenommen, den Reisebegleiter zu spielen, der die auffälligsten Beobachtungen notiert und sie kritisch kommentiert.

Kapitel 2 (Eine Völkerwanderung neuen Typs) beschäftigt sich
mit den Fragen: Wie hat sich die neue Völkerwanderung angekün-
digt? Gab es Vorzeichen und Vorahnungen? Was sind ihre Merkmale? Von wann an hat sich die Metapher Völkerwanderung zur
Kennzeichnung der neuen Lage aufgedrängt? Und warum ist schon
das Wort so umstritten? Flüchtlingsströme dieser Wucht und Grö-
ßenordnung sind einerseits eine humanitäre Herausforderung, andererseits ein Sicherheitsproblem. Wie soll sich Europa verhalten?
Das Dilemma ist schwer auflösbar.

Kapitel 3 (Wie kam es zum Kontrollverlust?) analysiert in historischer Perspektive die institutionellen Pull-Faktoren, die in der
Europäischen Union entstanden sind: die offenen Landesgrenzen,
die fehlende Sicherung der Außengrenzen und das großzügige
Flüchtlingsrecht. Statt den Schutz der Außengrenzen umsichtig zu
organisieren, hat die Europäische Union buchstäblich einem jeden
der mehr als sechs Milliarden Menschen außerhalb Europas das ge-
richtlich zu überprüfende Individualrecht zugesichert, ein aufwendiges Asylverfahren zu beantragen. Daß alle Verantwortlichen, die
Bescheid wissen, diesen Fehler tief unter der Decke halten, ist verständlich, wenngleich unentschuldbar. So ist eine Lage entstanden,
die Henry Kissinger mit den Worten charakterisiert hat: »Wir beobachten heute ein sehr seltenes historisches Ereignis. Eine Region verteidigt ihre Außengrenzen nicht, sondern öffnet sie stattdessen. Das
hat es seit einigen tausend Jahren nicht gegeben.«[9] Beim Blick auf die

Faktoren, die seitens der EU zum Kontrollverlust beigetragen haben, muß auch der nicht ganz unerhebliche deutsche Anteil skizziert und bewertet werden.

Kapitel 4 (Improvisierte Strategien) diskutiert die Krisenstrategien, mit deren Hilfe die EU mit Deutschland als Vorreiter beim Ansturm der Flüchtlingswelle das teilweise selbstverschuldete Chaos in den kritischen Monaten September 2015 bis März 2016 zu bewältigen suchten. Führt man sich die Vielzahl von Maßnahmen vor Augen, mit denen die Europäische Union und ganz besonders die Bundesregierung experimentiert haben und immer noch experimentieren, kommt das bissige Aperçu des Ökonomen Joseph A. Schumpeter in Erinnerung: »Politiker sind wie schlechte Reiter, die so stark damit beschäftigt sind, sich im Sattel zu halten, daß sie sich nicht mehr darum kümmern können, in welche Richtung sie reiten.«[10] Der Ritt hat bekanntlich an den Hof des Sultans Erdogan geführt und ist vorerst im März 2016 mit einem ziemlich fragwürdigen Deal zu Ende gegangen. Immerhin erlaubt die in jenem Monat vorerst eingetretene Ruhepause eine erste kritische Prüfung der verfügbaren Defensivstrategien. Wie stets bei derart schwierigen Herausforderungen ist ein Maßnahmenmix erforderlich. Schon in dieser Phase hat sich gezeigt, daß es bei diesem alarmierenden Kontrollverlust letzten Endes die Staaten waren, die – vorerst provisorisch – den voreilig an die EU übertragenen Schutz ihrer Landesgrenzen wieder zu übernehmen hatten. Dabei mußten leider auch die altbekannten Zwangsmittel wie strikte Grenzkontrollen und Grenzzäune wieder zum Einsatz kommen, damit ein Kollaps verhindert wurde.

Kapitel 5 (Worauf wir uns einstellen sollten) ist ein Versuch, aus den bisherigen Beobachtungen eine Anzahl langfristiger Trends herauszulesen. Der Befund ist besorgniserregend: Die Europäische Union ist mit langfristigen Gefahren konfrontiert, deren Wucht gar nicht überschätzt werden kann. Das gilt nicht zuletzt für Deutschland, dessen Regierung sich viel zu weit herausgelehnt hat. Was Wolfgang Schäuble Mitte November 2015 mit fröhlichem Zynismus in ein Bild gefaßt hat, wird hier detaillierter erörtert: »Lawinen kann man auslösen, wenn ein etwas unvorsichtiger Skifahrer aus dem Hang geht und ein bißchen Schnee bewegt. Ob wir schon in dem Stadium sind, wo die Lawine im Tal angekommen ist, oder ob wir im Stadium am oberen Ende des Hanges sind, weiß ich nicht.«[11] Inzwischen wissen wir Bescheid: Eine erste Lawine hat sich bereits in Bewegung gesetzt – und die Europäische Union ist in ihren Sog geraten. Weitere werden wahrscheinlich folgen.

In Kapitel 6 (Umsteuern, aber wie?) sind einige Leitlinien skizziert, wie die Europäische Union das Schengen-System und ihre Flüchtlingspolitik neu justieren könnte, wenn der gewaltige Migrationsdruck, wie zu erwarten, weiterhin anhält. Noch wagt keine Regierung, an den Kern der Schwierigkeiten zu rühren. Eine kritische Diskussion tiefgreifender Reformmaßnahmen hat noch nicht begonnen: »Überfällig, aber immer noch tabuisiert ...« Der hier angedeutete Umbau der Institutionen wäre eine politisch heikle und moralisch unerfreuliche Operation. Auf Reformen wird sich die EU wohl erst einlassen, wenn ihr das Wasser bis zum Hals steht. Wahrscheinlich ist bis auf weiteres ein Kurs unentschiedenen Durchwurstelns. Sicher ist nur eines: In ihrer derzeitigen institutionellen Verfassung wird die Europäische Union auf lange Sicht mit der neuen Völkerwanderung nicht fertig werden.

# 2
## Eine Völkerwanderung neuen Typs

Seit Jahrzehnten sind die Wohlfahrtsstaaten Europas an die Aufnahme größerer Flüchtlingsscharen in den eigens dafür geschaffenen Asylsystemen gewöhnt. Die Öffentlichkeit begreift das als eine moderne Form der Armenfürsorge, die nicht, wie es früher die Regel war, nur den eigenen Staatsbürgern zuteil wird, sondern Hilfsbedürftigen aus fernen Ländern und Kulturen. Fast jedes Land im westlichen Europa hat in der zweiten Hälfte des 20. Jahrhunderts spezifische Institutionen entwickelt und zeigt sich in der Asylpolitik mehr oder weniger großzügig.

Im ersten Vierteljahrhundert der noch jungen Bundesrepublik galt die Asylpolitik lange als ein Problem von drittklassiger Dringlichkeit. Seit Mitte der 1970er Jahre jedoch läßt sich ein wachsender Andrang von Flüchtlingen beobachten. 1976 lag die Zahl der Asylbewerber in der Bundesrepublik bei 57 000. Zehn Jahre später waren es rund 100 000:[12] Boat People aus Vietnam, Kurden, Flüchtlinge vom Balkan, Afghanen, Afrikaner. Das Thema rückte damals auf der politischen Agenda nach oben, wurde dann aber von einem anderen Vorgang verdrängt, der alle Aufmerksamkeit auf sich zog: von der Wiedervereinigung. Doch die Erregung der Umbruchjahre 1989/90 war noch nicht recht abgeklungen, da schob sich die Frage der Asylpolitik wieder in den Vordergrund, als seit 1991 – während der Kriege im zerfallenen Jugoslawien – Hunderttausende von Flüchtlingen in Deutschland Zuflucht suchten.

Im Grunde war die Massenflucht aus den Kriegsgebieten des Balkans nach Deutschland ein ganz natürlicher Vorgang. In Kriegen oder Bürgerkriegen suchen die Bedrohten in den Nachbarländern Zuflucht, bis wieder bessere Zeiten kommen, und zwar am ehesten dort, wo sich bereits eine beträchtliche Diaspora von Landsleuten befindet. So verhielt es sich während der Balkankriege. Nachdem sich die Bundestagsparteien damals für eine restriktivere Asylpolitik entschieden hatten, sank die Zahl der Asylbewerber rasch, und nach dem Ende der Kampfhandlungen kehrte ein großer Teil der Flüchtlinge in die Heimat zurück. Daß unter den Bosniaken und später den Kosovaren viele Muslime waren, spielte in den damaligen Diskussionen kaum eine Rolle, und die breite Öffentlichkeit schenkte der religiösen Radikalisierung, die in außereuropäischen muslimischen Regionen bereits begonnen hatte, noch keine Beachtung, erst recht nicht den militanten Terrororganisationen der Dschihadisten.

Nach dem Abklingen der Balkankriege verfiel die deutsche Asylpolitik wieder in administrative Routine. Das Thema köchelte vor sich hin, und weder der Politik noch den Medien kam es in den Sinn, die Fluchtbewegung vom Balkan oder aus der sogenannten Dritten Welt mit dem Wort »Völkerwanderung« zu dramatisieren.

### Vorzeichen und Vorahnungen

Tatsächlich waren seit den frühen 1980er Jahren in Teilen Afrikas südlich der Sahara bereits Millionen Menschen auf der Flucht vor ethnischer Verfolgung und später auch vor religiös motivierten Kriegen und Bürgerkriegen. Wer wollte, konnte bereits erkennen, was sich in fernen Ländern zusammenbraute. »Die ungelösten Probleme der Region haben zudem riesige Flüchtlingsströme gezeigt.« Dieser Satz stammt nicht aus einem Bericht über die Kriege des 21. Jahrhunderts in Afghanistan, im Irak, in Libyen oder in Syrien. Er findet sich in einer Darstellung der Kriege, die 1980 Äthiopien, Eritrea, Somalia und den Sudan erschütterten. Zwei Sätze dieser wissenschaftlichen Studie könnten heute geschrieben sein: »Zwischen 500 000 und 700 000 (somalische Angaben sprechen von einer Million) Flüchtlinge stammen aus dem Ogaden und befinden sich in Somalia; 35 000 Flüchtlinge sind in Dschibuti und 500 000 vornehmlich aus Eritrea stammende Flüchtlinge sind im Iran. Mit dem Wiederaufleben der Kämpfe im Süd-Sudan sollen Ende 1982 circa

25 000 Sudanesen auf äthiopisches Gebiet geflohen sein.«[13] Schon in den beiden letzten Jahrzehnten des vergangenen Jahrhunderts haben Wissenschaft wie Medien unablässig auf diese und ähnliche Tragödien aufmerksam gemacht. Es waren zumeist Kenner der Region und Korrespondenten vor Ort, die vom Flüchtlingselend und der Massenmigration in Afrika, im Nahen Osten, in Mittel- und Südamerika oder in Südostasien berichteten.

Nur relativ selten rückten Wissenschaftler mit weitem Horizont diese aktuellen, bedrückenden Vorgänge in einen umfassenderen geschichtlichen und theoretischen Rahmen. Einer von ihnen war Ludger Kühnhardt, der 1984 die Monographie *Die Flüchtlingsfrage als Weltordnungsproblem. Massenzwangswanderungen in Geschichte und Gegenwart*[14] veröffentlichte. In dieser empirisch fundierten Untersuchung wurde daran erinnert, daß Massenflucht vor Kriegen, vor Bürgerkriegen und vor unerträglicher Unterdrückung ebenso wie massenhafte Vertreibung, improvisierte Massenunterbringung und geglückte oder mißlingende Eingliederung in die Aufnahmegesellschaften zu den großen, furchtbarsten und zugleich am schwersten zu bewältigenden Katastrophen und Aufgaben seit dem Ersten Weltkrieg gehören. Natürlich könnte man noch viel weiter zurückgehen. Im Grunde sind Flüchtlingswanderungen, Flüchtlingskatastrophen und Flüchtlingspolitik eines der großen Themen der Universalgeschichte, vor allem aber der Geschichte des vergangenen Jahrhunderts.

Referieren wir die von diesem Flüchtlingsforscher in den frühen 1980er Jahren zusammengestellten oder angetippten Zahlen wenigstens im Stenogrammstil, angereichert durch ein paar weitere Daten, die alle belegen, daß die Flüchtlingsströme das 20. Jahrhunderts ausnahmslos alles andere als eine Naturkatastrophe gewesen sind, vielmehr das Resultat von Kriegen, Bürgerkriegen, Gewaltherrschaft und wirtschaftlicher Notlage. In den Ländern, aus denen die Flüchtlinge kamen, doch ebenso in den Aufnahmeländern stand die Thematik in der Regel ganz oben auf der politischen Agenda. Die Erinnerung an die historischen Dimensionen des Flüchtlingsproblems ist dazu angetan, unsere heutigen eigenen Probleme zurechtzurücken.

Rund 250 Millionen Menschen, so Kühnhardts Befund, begaben sich in den ersten acht Jahrzehnten des 20. Jahrhunderts auf die Flucht. Im *Staatslexikon* von 1986 wird diese Schreckensbilanz unter dem Stichwort »Flucht und Vertreibung« mit der Formulierung erfaßt, das 20. Jahrhundert sei »das Jahrhundert der Flüchtlinge«.[15] Schon die Balkankriege, der Erste Weltkrieg, die russische Revolution, die neuen Grenzziehungen nach den Pariser Friedensverträgen von 1919 und der Griechisch-Türkische Krieg von 1922/23 hatten in Europa schätzungsweise 13,5 Millionen zu Flüchtlingen, Vertriebenen und Umgesiedelten gemacht. Emigration, der Zweite Weltkrieg, Zwangsumsiedlungen und schließlich Massenvertreibungen haben allein in Europa weitere rund fünfzig Millionen Menschen entwurzelt, darunter 15,8 Millionen Deutsche. In China haben der jahrzehntelange Bürgerkrieg und die japanische Invasion bis zur Errichtung der Chinesischen Volksrepublik 1949 schätzungsweise etwa dreißig Millionen Chinesen zu Binnenflüchtlingen gemacht. Auf dem indischen Subkontinent sind an die 13 Millionen Hindus und Muslime 1947/48 nach der Teilung Indiens vertrieben worden. Nur wenn man sich diese Horrorzahlen von »displaced persons« und Staatenlosen in der ersten Jahrhunderthälfte vor Augen führt, werden die Schutzvorschriften der Genfer Konvention verständlich, die den Flüchtlingen, Verschleppten und Staatenlosen, die dieses Schicksal vor dem 1. Januar 1951 getroffen hatte, Erleichterung verschaffen sollte.

In der zweiten Jahrhunderthälfte setzten sich die Flüchtlingsdramen fort, nunmehr zumeist außerhalb Europas. Die Teilung Palästinas, gefolgt von einem erbitterten Krieg, veranlaßte etwa 600 000 Araber zur Flucht in den Libanon, nach Jordanien und nach Syrien. Der Koreakrieg von 1950 bis 1953 machte etwa fünf Millionen Koreaner zu Binnenflüchtlingen. Aus der DDR sind zwischen 1949 und dem Mauerbau 1961 rund 2,6 Millionen Bürger in die Bundesrepublik geflohen, aus Ungarn gingen nach dem gescheiterten Volksaufstand von 1956 etwa 200 000 Menschen in den Westen. In Afrika hat der Biafrakrieg von 1967 rund 1,5 Millionen Menschen in die Flucht getrieben. Insgesamt wurden in Afrika zu Beginn der 1980er Jahre rund fünf Millionen Kriegsflüchtlinge gezählt. In den Unabhängigkeitskämpfen gegen Pakistan sind rund zehn Millionen Menschen aus Ostbengalen nach Indien geflohen. In Indochina haben mehr als drei Millionen Kambodschaner und zwei Millionen Vietnamesen in dreißig Kriegsjahren ihr Heimatland verlassen oder wurden zu Binnenflüchtlingen. In Afghanistan hat die sowjetische Intervention etwa 4,5 Millionen Menschen zur Flucht veranlaßt. Im Vergleich mit Asien, Afrika und Europa hielten sich die Fluchtbewegungen in Lateinamerika während des Kalten Krieges in Grenzen. Etwa eine Million Kubaner ist nach der Machtergreifung Fidel Castros 1959 aus dem Land geflohen, und der Bürgerkrieg in Guatemala hat rund eine Million Binnenflüchtlinge verursacht.

Soweit die Flüchtlingsbilanz des 20. Jahrhunderts zu Beginn der 1980er Jahre ohne Anspruch auf Vollständigkeit. In dem entsprechenden Artikel des *Staatslexikons* findet sich die Feststellung: »Die internationale Staatengemeinschaft sieht sich in den 80er Jahren zunehmend mit einem Weltflüchtlingsproblem konfrontiert, das in seinen Ausmaßen mit den Verhältnissen in Europa nach dem 2. Weltkrieg vergleichbar ist.«[16] Wer sich informieren möchte, mit welchen Lösungsstrategien und Institutionen die Staatengesellschaft zwischen dem Ersten Weltkrieg und den frühen 1980er Jahren die Flüchtlingsproblematik zu bewältigen suchte, wird in diesen und anderen Studien fündig.

Kühnhardt hat in seiner Untersuchung überdies darauf aufmerksam gemacht, daß eine akzeptable Bewältigung des Flüchtlingsproblems nicht nur von den Aufnahmestaaten abhängt, sondern auch von den Flüchtlingen selbst. Jeder von ihnen hat eine ganz individuelle Geschichte, jeder bringt seine Hoffnungen, Überzeugungen, auch seine Vorurteile, seine Enttäuschungen und seinen Haß ins Gastland. Die meisten zeigen Bereitschaft, sich einzugliedern und sich ein neues Leben aufzubauen. Aber es gibt auch jene Engagierten, die in den Gastländern ihre politischen, ethnischen oder religiösen Auseinandersetzungen untereinander fortführen und weiterhin versuchen, auf die Entwicklungen in ihren Heimatländern Einfluß zu nehmen. In kleinen, ohnehin schon zerrissenen Ländern nehmen Flüchtlingsorganisationen bisweilen sogar am politischen Machtspiel teil – das wohl bekannteste Beispiel dafür war die Organisation zur Befreiung Palästinas (PLO) unter Jassir Arafat, die den Libanon seit 1975 destabilisiert hat. Kühnhardt hat auch mit umfangreichem Zahlenmaterial und mit einer Vorstellung von dem, was noch kommen würde, warnend auf die explosive Situation in den Flüchtlingslagern Ostafrikas und in Südostasien hingewiesen.[17] »Flüchtlingslager«, konstatierte er 1983, »sind schwelende Zündsätze der Weltpolitik.«

Vor dreißig und mehr Jahren hatten Politikwissenschaft und Publizistik das Problem »Massenzwangswanderungen« also durchaus schon im Blick. Doch die achtziger Jahre waren das letzte Jahrzehnt des Kalten Krieges, und es ist kein Wunder, daß die damit verbundenen Gefahren und Hoffnungen die außerhalb Europas bereits einsetzende Völkerwanderung als Problem von dritt- oder viertrangiger Bedeutung erscheinen ließen. Europa gewöhnte sich an die beklommene Betrachtung fernen Elends. In deprimierender Regelmäßigkeit tauchten in den abendlichen Nachrichtensendungen die immer gleichen Bilder von Flüchtlingskolonnen und riesigen Lagern auf, die irgendwo in Afrika oder im Mittleren Osten errichtet worden waren. Dort wurden die Gestrandeten von den Vereinten Nationen oder privaten Hilfsorganisationen notdürftig betreut, verurteilt zu einem Leben in Perspektivlosigkeit. Die Ursachen für dieses Elend waren die allseits bekannten: Kriege und Bürgerkriege, ethnischer Haß, Rückständigkeit, Elend, Arbeitslosigkeit und Übervölkerung, Banditentum, die Einwirkungen externer Großmächte und gieriger Konzerne, Kleptokratie und Mißwirtschaft einheimischer Diktatoren, ökologische Katastrophen.

Schon damals hätte es Grund gegeben, eine Völkerwanderung zu befürchten, und es gab in der Tat schon ein paar Stimmen, die davor warnten. Im Jahr 1991, der Kalte Krieg ging eben zu Ende, ist in Frankreich eine Studie erschienen mit dem kryptischen Titel: *Das Reich und die neuen Barbaren*.[18] Sein Autor, Jean-Christophe Rufin, ist Arzt, Romancier, Publizist und talentierter Organisator humanitärer Kampagnen. Im Dienst von Médecins Sans Frontières (MSF) hatte er die zeitgenössischen Flüchtlingslager und die Slums rund um die Megastädte im Nahen Osten, in Afrika südlich der Sahara, in Südostasien und in Lateinamerika kennengelernt. Später wurde aus dem rastlosen Intellektuellen der Vizepräsident dieser Organisation und ein Verfasser viel diskutierter Untersuchungen zur Linderung der Not in der Dritten Welt. Zeitweilig war er Botschafter Frankreichs in dem vom Bürgerkrieg zerrissenen Senegal. 2010 ehrte ihn das kulturelle Establishment Frankreichs durch die Aufnahme in die Académie française. Der Kampf gegen das Elend, gegen den Hunger und die Zerstörung der Umwelt war und ist sein Lebensthema. Dem eben erwähnten Buch ist es wie so vielen anderen alarmistischen Zeitdiagnosen ergangen: Es löste beim Erscheinen einige Diskussionen aus und war bald wieder vergessen; heute erweist es sich als eine Studie von erstaunlichem Weitblick und von beklemmender Aktualität.

Rufins These lautete: Unsere wohlhabende, wohlgeordnete und übersichtliche, wirtschaftlich wie militärisch und zivilisatorisch überlegene Welt des Nordens (von Europa über Rußland und Japan bis Nordamerika) gleicht in vielem dem einstigen Imperium Romanum in den Anfängen der legendären Völkerwanderung, durch die diese bewunderte, aber auch einmalig brutale Zivilisation schließlich zerstört wurde. Länger als ein halbes Jahrtausend, so die römische Reichsideologie, hätten die Eliten Roms ihr Imperium als zivilisatorische Weltmacht begriffen mit der geschichtlichen Bestimmung, innerhalb der Grenzen des Reiches für Ordnung, Frieden und Wohlstand zu sorgen. Aus dieser Ideologie habe sich die Vorstellung von einer Zweiteilung der Welt entwickelt: Hier das Imperium der Ordnung, des Rechts, des Wohlstands, des Raffinements und der Hochkultur, dort, in den Regionen der Barbaren, Unordnung, Unübersichtlichkeit, Willkür, Gewalt, primitive Tauschwirtschaft, hohe Kinderzahl und völlig fremde Sitten. Aus dem chaotischen Dunkel der Barbarenregionen drohte immer wieder Gefahr, wenn sich die wilden Völker in gewaltigen Massen in Bewegung setzten.

Diese undifferenzierte, auch verlogene, aber doch nicht ganz unrealistische Vorstellung von einer Zweiteilung der Welt habe den Römern als Legitimation ihrer imperialistischen Expansion und einer hemmungslosen Räuberei gedient. In der zunehmend defensiven Phase im zweiten nachchristlichen Jahrhundert sei es dann zum Aufbau der berühmten Militärgrenze, des Limes, gekommen. Militärstrategie, Diplomatie, Zivilisationsexport, wirtschaftliche Verflechtung, gelegentlich auch sorgsam getarnte Tributzahlungen waren darauf ausgerichtet, zwischen dem von einer befestigten Grenze umgebenen Imperium und den chaotischen barbarischen Regionen eine Sicherheitszone halbwegs abhängiger, dem Reich verbundener Völker und Regionen zu schaffen. Jahrhunderte lang sei der Status quo auf diese Weise gesichert und damit erreicht worden, das Vordringen der Barbaren wenigstens zu verlangsamen und alle groß angelegten Einfälle zurückzuschlagen. Doch nie habe sich das Reich wirklich sicher gefühlt – zu recht, wie das Ende bewies.

Von solchen Überlegungen ausgehend (sie mögen der differenzierten Forschung der Althistoriker entsprechen oder auch nicht)[19] hat Rufin in seiner Studie Linien zur Gegenwart gezogen. Im heutigen Norden diagnostizierte er eine große Furcht: »Der Süden, das ist die neue Bedrohung.«[20] Dieser Süden gewinne »in unserer Vorstellungswelt … wieder jenen Grundzug, der die Barbaren in der Antike auszeichnete, die Fähigkeit zum Hereinbranden, zur Migration, zum Überfluten«.[21] In der Antike seien die Invasoren Nomaden gewesen, geübt in der Fähigkeit zur beweglichen Kriegführung. Die heutigen Invasoren seien »die Entwurzelten« in den riesigen Flüchtlingslagern und Slums der südlichen Metropolen.

Rufins besondere Aufmerksamkeit gilt zwei »Archipelen des Elends«: zum einen den Flüchtlingslagern, zum anderen den Elendsquartieren, den *slums, favelas, bidonvilles* oder *chiffonvilles*, die viele Megastädte der Dritten Welt umgeben. Die Flüchtlingslager, so der weitgereiste Experte, sind Instrumente »blockierter Migration«.[22] Millionen von Opfern ethnischer Verfolgung oder nie endender Kriege und Bürgerkriege landen in diesen Lagern. Denn während es in Europa und Nordamerika ein individuelles Asylrecht nach juristischen Kriterien gibt, wird in den armen Ländern der Dritten Welt nur eine Art kollektives Asyl in riesigen, provisorischen Flüchtlingslagern gewährt. Diese erweisen sich als Sackgassen. Die Entwurzel-

ten werden dort toleriert, von der einheimischen Gesellschaft durch
die jeweiligen Regierungen jedoch meist isoliert, von Hilfsorganisationen finanziert, intern oft regiert und tyrannisiert von Guerilla-
Organisationen oder von unverhüllt kriminellen Banden. Millionen
Menschen fristen dort ein Leben ohne Perspektive, ohne geregelte
Schulausbildung für die Kinder, ohne Arbeit, zusehends auch ohne
Hoffnung auf Rückkehr in ihre Heimat. Schon 1991 schätzte Rufin
die Zahl der weltweit in Lagern Dahinvegetierenden auf 13 Millionen. Resultat: »Das Archipel der Flüchtlinge ist ein dauerhafter In-
stabilitätsfaktor im Süden. Dreißig Jahre Kalter Krieg in der Dritten
Welt haben dieses neuartige Elend produziert, bestehend aus Millionen von entwurzelten Menschen.«[23]

Ähnlich perspektivlos sei das Leben in den Elendsarchipelen
rings um die Megastädte. Auch dort befinden sich ausgedehnte Höl-
len, in denen Hunger, Unterernährung, schlimme Krankheiten,
Inzest, Folter, dumpfer Zwang und Gewalt herrschen. Jederzeit drohen Aufstände aufgrund von ethnischem oder religiösem Haß. Über
den während der Jahre 1975 bis 1990 vom Bürgerkrieg verwüsteten
Libanon schrieb Rufin: »Beirut hat in fünfzehn Jahren den Beweis
dafür geliefert, daß jede Stadt, mag sie anfangs auch bewundert und
wohlhabend sein, explodieren und in die Wildheit zurückfallen
kann. In Rio, in Mexiko-Stadt, in Manila, in Lima, in Kinshasa, in
Lagos – überall ist noch ein Schein von Ordnung gewahrt ... So wie
man die Zerstörungskraft von Atombomben als ein Vielfaches der
Hiroshima-Bombe angibt, kann man sagen, daß die neuen *terrae
incognitae* in den Städten der Dritten Welt mehrere Dutzend Beiruts
bergen könnten.«[24] In den Ländern des Norden suche man sein
Gewissen zu beruhigen, indem man Gelder für eine vielfach fehl-
geleitete Entwicklungshilfe zur Verfügung stelle und die Tätigkeit
idealistischer Hilfsorganisationen finanziell unterstütze. Das erin-
nere, meint Rufin, an Lösegelder: »Die europäischen Staaten sind
also mit dem Süden heute durch die automatische Zahlung einer
Art gemeinschaftlichen Tributs verbunden. Diese entkörperlichten,
kühlen Beziehungen stehen im Kontrast zu der einzigen wahren
Gefühlsaufwallung, die der Süden in ganz Europa weckt: der Angst

vor der Zuwanderung. Nach einer Periode der Öffnung und der Anwerbung von Arbeitskräften ist jetzt die Stunde der Abschottung gekommen ... Das Gespenst in Europa heißt Überflutung, ›Invasion‹ ... Heute eint sich Europa dem Süden gegenüber in einer ähnlich defensiven Ideologie [wie einstmals das Imperium Romanum]. Das Gespenst der Invasion gebietet verstärkte Kontrolle. Aus anderen Gründen als Amerika, wegen der Nähe seiner früheren Kolonialgebiete und aus der Furcht heraus, daß deren Massen sich gegen Europa wenden könnten, übernimmt auch Europa das Konzept des Limes und macht sich bereit, ihn zu verteidigen.«[25] Die EU liefere den Rahmen für eine Harmonisierung der Kontrollen, diagnostizierte Rufin bereits im Jahr 1991 unter Verweis auf die Verhandlungen über das Schengen-Abkommen.

Genug des Referats dieses klarblickenden Beobachters, der allerdings hoffte und immer noch hofft, die Explosionsgefahr durch Organisation von Hilfe für die Menschen des Südens und durch eine Strategie der Öffnung verhindern zu können. Damals, vor 25 Jahren, hielt er es für wahrscheinlich, daß die Staaten des Westens mit der Abgrenzung gegen Einwanderung, durch Errichtung einer vorgelagerten Sicherheitszone aus abhängigen Pufferstaaten, durch militärische Interventionen oder mittels einer flexiblen Defensivstrategie kurzfristigen Erfolg haben würden. In einer breit angelegten Rezension der deutschen Ausgabe von Rufins »bedrückender« Studie hat Erhard Eppler dazu im Jahr 2003 mit gutem Gespür angemerkt, die Verantwortung der Reichen für die Armen bleibe und der Norden müsse sich selbst verändern, damit Nord und Süd eine Chance bekommen. Gelinge das nicht, würde aus dem neuen Limes »kein Schutzwall für ein halbes Jahrtausend, sondern eine Anstiftung zum Selbstbetrug für zwei Jahrzehnte«.[26]

Bekanntlich sind historische Analogien meistens windschief, so auch Vergleiche zwischen der Spätzeit des von Barbaren bedrängten Imperium Romanum und der EU in der globalisierten Welt des 21. Jahrhunderts. Aber weitblickende Beobachter konnten doch schon vor Jahrzehnten zu der Einschätzung gelangen, daß die Völkerwanderung in den globalen Krisenzonen früher oder später auch

Europa erfassen würde. Politiker und Technokraten der EU haben zwar in den Anfängen des 21. Jahrhunderts durchaus schon mit dem gelegentlichen »Massenzustrom« von Flüchtlingen gerechnet, sogar mit »Notlagen«.[27] Die Vision einer neuen Völkerwanderung war einer breiten Öffentlichkeit in Europa aber doch noch fremd.

## Das leichtsinnige erste Jahrzehnt des 21. Jahrhunderts

Im Rückblick wundert man sich, wie wohlgetrost Europa bis vor kurzem zur Kenntnis genommen hat, was sich im Orient und in Afrika zusammenbraute. Tatsächlich grenzte die Europäische Union schon im ersten Jahrzehnt des neuen Jahrhunderts an manifeste oder zumindest potentielle Krisenzonen, in denen eine demographische Zeitbombe tickte und große Länder beinahe unwiderstehlich ins Chaos glitten. Man nahm die Unruhe zwar durchaus zur Kenntnis und urteilte von hoher moralischer Warte über das Vorgehen der Amerikaner, über ihre Verbündeten und über die Tragödien jenseits der europäischen Grenzen. Hilfsorganisationen und zahlreiche einzelne Helfer zogen aus, um in den Krisenregionen praktisch Hilfe zu leisten. Daß sich aber Millionen von Entwurzelten aufmachen könnten, um in Europa Schutz zu suchen, hatten weder die Bürger Europas noch ihre Regierungen auf dem Radarschirm.

Am kritischsten schien die Lage in Afrika. Dort war seit Beginn des 21. Jahrhunderts zu beobachten, dass bereits Millionen verzweifelter Flüchtlinge in den weiten Regionen des von arbeitslosen jungen Menschen übervölkerten und von ethnischen Konflikten zerrissenen Kontinents herumirrten.[28] Süd-Süd-Wanderungen, so erläuterte der Migrationsexperte Steffen Angenendt anhand der UN-Statistiken, machten im ersten Jahrzehnt des 21. Jahrhunderts ein Drittel der gesamten globalen Migrationsbewegungen aus. Allein in den unterentwickelten Ländern Afrikas wurden bereits 17 Millionen Migranten und Flüchtlinge registriert.[29] Neben den unruhigen Kriegs- und Elendszonen in Afrika (Somalia, Sudan,

Tschad) sind dann innerhalb kürzester Zeit im Nahen und Mittleren Osten, aber auch im Mittelmeerraum weitere Chaosregionen entstanden. »Die Auflösung des Nahen Ostens, wie wir ihn kennen«, resümierte Volker Perthes, Direktor der Berliner Stiftung Wissenschaft und Politik, in der Rückschau und in Erwartung noch schlimmerer Entwicklungen den Vorgang.[30] Mit der unscharfen Bezeichnung Naher Osten war ein Großraum gemeint, der sich von der Türkei und Syrien über den Irak bis nach Afghanistan und Pakistan erstreckt. In westlicher Richtung breiten sich die Krisengebiete an den Süd- und Ostküsten des Mittelmeers aus. Manche Experten nennen die Zonen von Casablanca bis Karatschi und Kabul den muslimischen Krisenbogen.

Bei aller Unterschiedlichkeit der Analysen sind sich Historiker, Soziologen, Islamforscher, Wirtschaftswissenschaftler und Politologen in einem einig: Die Gesellschaften in diesem Großraum befinden sich seit langem in einer Modernisierungskrise. Optimisten sprechen von einem Aufholprozeß gegenüber Europa, der in den reichen Ländern am Persischen Golf und zeitweilig auch in Libyen zu einer Art von arabischem Wirtschaftswunder geführt hat. Pessimisten verweisen auf die immer noch weit verbreitete technologische und kulturelle Rückständigkeit in anderen Ländern der muslimischen Welt, die ein Vorankommen verhindert.

Diesen labilen Großraum haben die westlichen Interventionen in Afghanistan, im Irak sowie zu guter Letzt in Libyen weiter erschüttert. Daß die westlichen Demokratien wesentlich zum Scherbenhaufen im Nahen Osten und im Mittelmeerraum beigetragen und mit ihrem Eingreifen die Zerfallsprozesse innerhalb der Region beschleunigt haben, braucht hier kein weiteres Mal ausgeführt zu werden. Ganz gleich, ob ideale Ziele wie Demokratisierung der arabischen Welt oder sehr irdische Ölinteressen, schlichte Rachsucht, geostrategische Zielvorstellungen oder innenpolitische Kalküle wie bei den Interventionen der Bush-Administration, aber auch beim Sturz Gaddafis, maßgeblich waren – alles führte ins Chaos. Künftige Historiker werden wohl darüber streiten, wer mehr zum Chaos in der islamischen Welt beigetragen hat – die schlecht beratene amerikanische Supermacht oder die Europäer, die in guter Absicht, tatsächlich aber mit ruinösen Konsequenzen die »Arabellion« in Libyen, in Ägypten und in Syrien ermutigt, unterstützt und dann sich selbst überlassen haben. Der durchaus funktionsfähige Staat Libyen, wenngleich unter Gaddafi eine politkriminelle Diktatur wie so viele im Orient, ist im Jahr 2011 von England, Frankreich und Italien mit Unterstützung der Nato und der USA über Monate in den Zustand eines »Failed State« gebombt worden.[31] Gaddafis Warnung, der Westen werde damit »die Tore der Hölle eröffnen«, hat sich erfüllt. Auch die Ermutigung des syrischen Aufstands gegen das brutal repressive, doch jahrzehntelang vom Westen respektvoll umschmeichelte diktatorische Regime des alawitischen Assad-Clans war menschenrechtlich motiviert. Sämtliche Eingriffe zur Demokratisierung undemokratischer Regime und militante Interventionen aus humanitären Gründen erwiesen sich letztlich als Fehlschläge, waren aber ganz hervorragend zur Erzeugung von Chaos geeignet.[32] Die Demokratien des Nordens, die sich stark und ausreichend legitimiert fühlten, ihre Herrschaftsideologien ausgewählten Ländern im Mittelmeerraum und im Mittleren Osten wohlmeinend, aber doch gewaltsam aufzudrängen, trugen erheblich zu einem unaufhaltsamen Destabilisierungsprozeß bei. Zu den Kollateralschäden gehören auch gewaltige Flüchtlingsmassen. Wann diese sich nach Europa wenden würden, war schließlich nur noch eine Frage der Zeit.

Ähnlich wie Afrika südlich der Sahara weist der muslimische Krisenbogen eine demographische Besonderheit auf, die viel mit der heutigen Unruhe zu tun hat. So ungleich die Größe, der Reichtum, die Regime, die Religionen und die politischen Visionen in diesen Ländern auch sein mögen, eines haben sie alle vorzuweisen: ein rasantes Bevölkerungswachstum. In der Regel ist rund die Hälfte der Bevölkerung unter 25 Jahre alt. Junge Gesellschaften sind aber besonders unruhige Gesellschaften, wenn die Ungleichheit groß und das Angebot an Arbeitsplätzen sowie die Zukunftsperspektiven gering sind. Sobald der Unruhepegel eine kritische Marke übersteigt, rotten sich schnell Hunderttausende zum Sturz des jeweiligen

Regimes zusammen. Das veranlasst die Machthaber, jegliche Demo-
kratisierungsbestrebung durch harte Repression zu unterdrücken.
Hier wirkt die Auswanderung wie ein Ventil, das den Druck von
Not, Krieg, Frustration und Rechtlosigkeit mindert.

Die Angaben der UN über die vom Flüchtlingshilfswerk der
Vereinten Nationen (UNHCR) betreuten Flüchtlingsmassen mögen
in den letzten Jahren da oder dort großzügig aufgerundet gewesen
sein. Im großen und ganzen waren sie dennoch verläßliche Indi-
katoren für das, was sich im muslimischen Krisenbogen von der
Türkei bis Pakistan, aber ebenso in Afrika vorbereitete. Die vom
UNHCR ins Internet gestellten Landkarten des Nahen und Mittleren Ostens oder von Afrika ließen ein breites Archipel von Lagern
erkennen, in denen Millionen entwurzelter Flüchtlinge festsaßen.

Mitte 2014 wurden von der UN die folgenden Zahlen genannt:[33] Flüchtlinge aus Afghanistan insgesamt 2,7 Millionen, davon allein in Pakistan 1,6 Millionen und im Iran 950 000. Aus Syrien
wurden 2,7 Millionen Flüchtlinge registriert. Das war aber nur ein
Bruchteil der Menschen, die der dortige Bürgerkrieg zur Flucht über
die Grenzen getrieben hatte. 1,1 Millionen, so die UN, hatten Mitte
2014 im Libanon Aufnahme gefunden, 798 000 in der Türkei,
645 000 in Jordanien, 220 000 im Irak und 138 000 in Ägypten. In
den Lagern des Iran waren 200 000 Flüchtlinge gestrandet.

Auch in Afrika drängten sich in Dutzenden von Camps Flüchtlinge aus näheren oder ferneren Ländern, und die Regierungen
meldeten rasch wachsende Zahlen von in ihr Land eingereisten »displaced persons«. In dem vom Bürgerkrieg unsicher gemachten Libyen wurden in diesem Jahr 230 000 entwurzelte Menschen vom
UNHCR betreut.[34] Potential für eine Völkerwanderung nach Europa
war in den Flüchtlingslagern somit reichlich vorhanden. Die verantwortlichen EU-Regierungen und die EU-Kommission hätten durchaus erkennen können, was Europa bevorstand.

Die entsprechenden Flüchtlingsströme verlaufen nach dem Kas-
kadenmodell. Zunächst suchen die vor Kriegen, Bürgerkriegen, Seuchen oder Naturkatastrophen Flüchtenden Schutz im eigenen Land,
dann in Nachbarländern, wo in der Regel Hilfsorganisationen, aber

auch die dortigen Regierungen Flüchtlingslager unterhalten. Kommt
es hier zur dramatischen Verschlechterung von Verpflegung und
Unterbringung, wird die Perspektivlosigkeit unerträglich, dann
wächst der Drang, weiterzuziehen. Mafiöse Organisationen, die –
toleriert, manchmal sogar unterstützt von der Regierung – in den
Lagern und Ballungszentren ihr Unwesen treiben, verstärken diesen
Drang. Die Wanderungsbewegung der Entwurzelten erreicht schließlich die Transitländer nach Europa: Libyen, die Türkei, Ägypten. Von
dort geht es übers Mittelmeer nach Griechenland und Italien und
alsdann weiter in die fernen Zielländer im Norden.

Ausgerechnet zu jener Zeit, als der Nahe und Mittlere Osten
bereits unübersehbar in eine Phase der Turbulenzen rutschte, haben
sich die Staaten der Europäischen Union in den Jahren 2003 und
2004 im Europäischen Verfassungsvertrag, definitiv dann mit dem
Lissabon-Vertrag von 2009 auf eine aus heutiger Sicht atemberau-
bend leichtsinnige Ausweitung des Asylrechts verständigt. Entscheidend war dabei das Versprechen sekundären Schutzes für Kriegs-
und Bürgerkriegsflüchtlinge, dies verbunden mit der Bereitschaft,
sich vom Europäischen Gerichtshof für Menschenrechte auf eine
sehr strikte Beachtung der humanitären Vorschriften festlegen zu
lassen. Die breite Öffentlichkeit und große Teile der politischen
Klasse in den Ländern Europas haben dieser großzügigen Ausweitung des Flüchtlingsrechts kaum Beachtung geschenkt. Europarechtlich zwingende Normierungen, über die sich heute viele die
Haare raufen, wurden damals stillschweigend verbindlich gemacht.
Man darf den zuständigen Instanzen bei der EU unterstellen, daß
sie sich vom evidenten Flüchtlingselend im Nahen Osten und im
Maghreb zu großzügigen Garantien veranlaßt sahen, allerdings be-
dachten sie deren gewaltige Sogwirkung viel zu wenig. Die maßgeblichen EU-Richtlinien wurden zudem in einer Phase vergleichsweise
überschaubarer Flüchtlingszahlen beschlossen. Auch die Wirt-
schaftslage erlaubte es vielerorts noch, das rechtlich und finanziell
komplizierte, nur von Spezialisten überschaubare Asyl- und Flücht-
lingssystem weiterhin an die gleichfalls nur von Spezialisten überschaubaren Sozialsysteme zu koppeln.

Auf das leichtsinnige erste Jahrzehnt folgten weitere fünf Jahre, in denen sich die Regierungen der EU wie die Öffentlichkeit mit allerhand Wichtigem und Unwichtigem beschäftigten und nicht erkennen konnten oder wollten, was sich jenseits des Mittelmeers in Bewegung setzte. Selbst als seit 2012 zusehends größere Menschenmassen über die offenen Grenzen Italiens und Griechenlands in die EU strömten, wurde das von der hohen Politik, von den Verwaltungen und auch von der Presse weiterhin als nachgeordnetes Problem behandelt. Wie kurzsichtig das war, offenbart das Emporschnellen der Asylanträge. Daß mehr oder weniger das gesamte Konzept der offenen Grenzen in Schengenland auf dem Spiel stand, ist von der Öffentlichkeit nicht erkannt und von der Politik weitgehend ignoriert worden. Erst recht dachte niemand, dies könne der Beginn einer veritablen Völkerwanderung nach Europa sein.

Bei der Rückschau ist man immer klüger. Es hätte wahrlich keiner großen Phantasie bedurft, sich auszumalen, was alles in Gang kommen würde, nachdem Hunderttausende Notleidende, doch auch die organisierte Kriminalität der Schleuser das reiche und aufnahmebereite Europa in den Blick genommen hatten.

### Die Stunde der Wahrheit: »Machen wir uns nichts vor, es geht um eine Völkerwanderung!«

Das erste Ziel der Wanderungsbewegung nach Europa in großem Stil war Italien. Als im Jahr 2011 der libysche Staat des Diktators Gaddafi zerschlagen wurde und das Land in Bürgerkriegswirren versank, setzte die Flucht übers Mittelmeer ein. Bald schlugen Hilfsorganisationen, die Kirchen und einige E-Medien Alarm. Dabei beunruhigte nicht so sehr die Erwartung eines kaum zu bewältigenden Ansturms von Flüchtlingen, sondern vielmehr, daß viele von ihnen der Schleuserkriminalität auf der Mittelmeerroute zum Opfer fielen. Seit 2013 berichtete das Fernsehen erst sporadisch, dann häufiger und schließlich alarmierend über die unglaublichen Vorgänge: Massenflucht übers Mittelmeer, gesteuert durch Schleuserbanden, schreckliche Havarien, unmögliche Zustände in den italienischen Aufnahmelagern und weitgehend hilflose Behörden in Rom und bei der EU in Brüssel. Wie in der Presse zu lesen war, hatten sich im ersten Viertel des Jahres 2015 schon um die 500 000 Flüchtlinge übers Mittelmeer gerettet, schätzungsweise an die 2000 waren dabei ertrunken. Daß sich zur gleichen Zeit Hunderttausende aus den Kriegen und Bürgerkriegen in Syrien, in Afghanistan und im Irak sowie aus den Flüchtlingslagern in der Türkei nach Griechenland aufmachten, wurde anfangs kaum registriert. Griechenland zog aus anderen Gründen die Aufmerksamkeit auf sich. Noch dachte jedoch niemand daran, diese Vorgänge mit dem Begriff Völkerwanderung zu bezeichnen.

Im Frühjahr 2015 war schließlich der Punkt erreicht, an dem die Massenflucht übers Mittelmeer nach einem drastischen Begriff verlangte: »Die neue Völkerwanderung«.[35] Das Stichwort wurde umgehend im politischen Raum aufgegriffen, etwa von Elmar Brok, Vorsitzender des Auswärtigen Ausschusses des Europäischen Parlaments, der von einer »echten Völkerwanderung« sprach.[36] In der Presse wurde berichtet, daß die deutschen Behörden für das Jahr 2015 mit 400 000 Asylbewerbern rechneten – doppelt so viele wie 2014.[37]

Bis Mitte 2015 kam übrigens ein beträchtlicher Teil der Asylbewerber noch vom westlichen Balkan, vorwiegend aus Albanien und dem Kosovo. Das war sozusagen die altbekannte »Kundschaft«. Doch zusehends löste die Tatsache Beunruhigung aus, daß immer mehr Flüchtlinge aus Afrika und den Flüchtlingslagern des Nahen Ostens in Italien und Griechenland an Land gingen und von dort ungehindert nach Norden weiterzogen.

Als das Fernsehen dann in der zweiten Julihälfte 2015 in alarmierenden Berichten Flüchtlingskolonnen zeigte, die von Griechenland aus über die Balkanroute nach Mitteleuropa zogen, war man sich einig: »Es ist eine Völkerwanderung.«[38] Selbst Ministerpräsident Horst Seehofer, der sich bis dahin stets zurückhaltend geäußert hatte, sprach beim Eintreffen der Flüchtlingszüge am Wochenende des 22./23. August in München von einer »Völkerwanderung«.[39] Kurz zuvor hatte Elmar Brok vor dem Auswärtigen Ausschuß des

Europäischen Parlaments bereits einen Hinweis auf die zu erwartende Dimension gegeben: »Eine Völkerwanderung steht an, die wir in den letzten Jahrzehnten und Jahrhunderten nicht gesehen haben.«[40] In Thüringen konstatierte Ministerpräsident Bodo Ramelow von der Linken: »Machen wir uns nichts vor, es geht um eine Völkerwanderung.«[41] Schon wenige Wochen später kursierten bereits Schätzungen von weit über einer Million Flüchtlinge, die allein im Jahr 2015 Deutschland erreichen würden.

Als der »Massenzustrom« (so die Terminologie der EU) als ernsthafte Krise wahrgenommen wurde, ließ sich bald eine auffällige semantische Differenzierung beobachten: Minister der Bundesregierung, Abgeordnete der Grünen, Pro-Asyl und andere Organisationen, die eine Begrenzung der Migration ablehnen, vermeiden das beängstigende Wort Völkerwanderung nach Möglichkeit, während die CSU und die meisten Journalisten es ganz selbstverständlich verwenden. Schwer vorstellbar, daß die Metapher Völkerwanderung in den kommenden Jahren und Jahrzehnten aus dem öffentlichen Diskurs verschwinden wird.

Historische Analogien, wir sagten es schon, sind immer schief. Deshalb sollte man sich nicht groß mit gewissen Ähnlichkeiten der Lage im frühen 21. Jahrhundert und jener sozusagen klassischen Völkerwanderung befassen, mit der sich das Römische Reich zwischen dem zweiten und dem fünften Jahrhundert christlicher Zeitrechnung konfrontiert sah. Daß die damaligen Realfaktoren, die Kommunikations- und Verkehrssysteme sowie die Ideologien von den heutigen so verschieden sind wie nur denkbar, ist kaum zu bestreiten. Und wenn die Vergleiche ins Detail gehen, sind sie das Papier nicht wert, auf dem sie gedruckt sind. Ganz abgesehen davon gibt es nur wenige historische Vorgänge, deren Verlauf, Ursachen, Strategien der Akteure und Bewertungen unter den Historikern dermaßen umstritten sind wie die Völkerwanderung in jenen Jahrhunderten.[42]

Tatsächlich befindet sich Europa inmitten eines urplötzlich hereingebrochenen, unvergleichlichen und völlig neuartigen Vorgangs, dessen Einordnung erst begonnen hat. Wie stark wird sich die Bewertung erst in den kommenden fünf oder zehn Jahren ändern, von einem abgeklärten historischen Urteil in ferner Zukunft von fünfzig, hundert oder zweihundert Jahren ganz zu schweigen! Wenn sich Gesellschaften mit neuen Herausforderungen konfrontiert sehen, wirken Begriffe jedoch durchaus verhaltenssteuernd. Sie bekunden, wie das Neue definiert wird – als moralische Aufgabe, als kurzfristige Krise, die kommt, aber auch wieder vergeht, oder als neue säkulare Herausforderung, die auch Gefahren beinhaltet.

Der häufig verwandte Begriff Flüchtlingskrise ist zu schwach und wird dem gewaltigen Druck nicht gerecht, der sich jenseits der EU-Außengrenze aufgebaut hat und wohl lange nicht nachlassen wird. Die Worte Massenmigration oder Elendsmigration sind dem Vorgang angemessen, werden aber von denen nicht gern gebraucht, die auf die individuellen Schicksale aufmerksam machen und zudem zwischen dem Asyl für Kriegs- und Bürgerkriegsflüchtlinge und der umfassenderen Migrationsthematik unterscheiden möchten. Erst recht wird das Stichwort Invasion von allen verabscheut, die den humanitären Aufgaben vorrangige Beachtung schenken.

So stößt auch der an und für sich neutrale Begriff Völkerwanderung auf Bedenken – zu alarmistisch, zu verängstigend und zu stark mit der historischen Assoziation des Zusammenbruchs einer ganzen Zivilisation verbunden! Doch man sollte realistisch bleiben. Von allen Begriffen zur Kennzeichnung dieses vermutlich säkularen Vorgangs bietet sich die Bezeichnung »neue Völkerwanderung« am ehesten an. Gewiß wäre es beruhigend, wenngleich selbst dann alles andere als einfach, hätte sich Europa nur in einer einmaligen humanitären Rettungsaktion zu bewähren. Doch es gibt einige beunruhigende Tatsachen, die für eine neue Lagebeurteilung sprechen.

Fakt Nummer 1: Es ist nicht zu bestreiten, daß Europa noch lange Zeit mit einem starken Migrationsdruck konfrontiert sein wird. Im Jahr 2015 lag die Zahl der vom UNHCR erfaßten Flüchtlinge weltweit bei 65,3 Millionen. Im Jahr zuvor hatten die UN-Experten 59,6 Millionen aufgelistet, darunter 40,8 Millionen Binnenflüchtlinge und 21,3 Millionen, die außer Landes flohen. Davon entfallen mehr als zwei Drittel auf den Mittleren Osten sowie Nordafrika (39 Prozent) sowie auf Afrika südlich der Sahara (29 Prozent).[43] Ein großer Teil dieser Menschen lebt in Lagern oder teilt mit vielen anderen ein bedrückendes Dasein irgendwo in diesen Regionen. Die Analysen der bedenklichen Entwicklungen in den Krisengebieten an der südlichen Gegenküste des Mittelmeers, in Afrika, im Nahen und Mittleren Osten von der Türkei und Syrien über den Irak und Afghanistan bis nach Pakistan – vielleicht auch bald in Osteuropa – machen unmißverständlich deutlich, worauf sich Europa im Allgemeinen und Deutschland im Besonderen ein- stellen müssen: Die EU-Außengrenzen werden auf Dauer unter star- kem Migrationsdruck stehen.

Auch Fakt Nummer 2 ist unbestreitbar. Gewiß ist Migration als solche in der europäischen Geschichte ein hinlänglich bekanntes, von Sozialhistorikern wie Soziologen in zahllosen Studien analysier- tes Phänomen. Doch die unregulierte, massenhafte Einwanderung von Elendsmigranten via Asylrecht in den Jahren 2013 bis zum Früh- jahr 2016, die sich fortzusetzen droht, ist eine völlig neue, historisch einmalige Erscheinung. Historisch einmalig ist auch, daß der Grenz- schutz durch diesen Ansturm lange Zeit nahezu lahmgelegt war.

Die Monate vom August 2015 bis März 2016 führen jedermann vor Augen, wie eine Völkerwanderung aussieht und welche Dyna- mik sich damit verbindet. Wie sollte es weitergehen, würde der Zu- strom nicht versiegen und weitere Millionen nachfolgen? So ganz abwegig ist die Erinnerung an die einstige Völkerwanderung eben doch nicht.

Wenn sich die Metapher Völkerwanderung aus dem politischen Diskurs nicht mehr verdrängen läßt, dann auch aufgrund von Fakt Nummer 3. Ganz offensichtlich hatten sich vor allem Hunderttau- sende junger Menschen verzweifelt, unwiderstehlich, hoffnungsvoll, aber auch fordernd auf den Weg gemacht, um ohne anzuklopfen Aufnahme zu begehren. Ist das vielleicht nur die Vorhut weiterer Millionen perspektivloser junger Leute aus den übervölkerten, von Gewalt deformierten Gesellschaften im muslimischen Krisenbogen und in Afrika? Hat sich in Libyen und in der Türkei eine Art Über- druckventil geöffnet, durch das demographisch überlegene Völker ins alternde Europa strömen?

Damit rückt Fakt 4 in den Blick. Hier ist keinerlei Analogie der heutigen Vorgänge zur klassischen Völkerwanderung konstruierbar, lediglich der Vergleich ist aufschlußreich. Die einstige Völkerwanderung stand durchgehend unter dem Gesetz des Krieges. Gewaltanwendung gegen Bewaffnete und Unbewaffnete in denkbar scheußlichsten Formen war die Regel oder wenigstens eine Möglichkeit. Das schloß vertragliche Vereinbarungen zwischen den Kontrahenten wie Duldungsabkommen und Siedlungsprogramme nicht aus, desgleichen Zahlungen, um die Angreifer ruhig zu halten. In der Regel entschieden sich die römischen Autoritäten aber für schonungslose Feldzüge, barbarische Schlächtereien, Versklavung besiegter Feinde sowie erbarmungslose Abwehr- und Abschreckungsstrategien. Die Völkerschaften jenseits der Reichsgrenzen begriffen sie generell als »Barbaren«, die außerhalb der Zivilisation standen und dort auch möglichst bleiben sollten. Doch die Invasoren waren gleichfalls bewaffnet, zum Kampf und zu strategisch angelegter Landnahme entschlossen. Auch auf ihrer Seite waren Schlächtereien und Brandschatzungen vielfach nicht Ausnahmen, sondern die Regel. Vertragliche Vereinbarungen wurden zwar immer wieder gesucht, zeitweilig auch eingehalten, aber letztlich überwog doch erbarmungslose Gewalt auf beiden Seiten.

In diesem Punkt ist die heutige Völkerwanderung ein historisches Unikum. Jene Hunderttausende, die auf der Flucht vor politischer Tyrannei, Krieg, Bürgerkrieg, Hunger oder aus der Misere erbärmlicher Auffanglager nach Europa gelangen, sind unbewaffnet. Sie kommen nicht als Eroberer, sondern als Hilfesuchende. Und auch die Reaktion der EU ist historisch einmalig. Selbst wo sie Maßnahmen zur Beschränkung der Einwanderung beschließt, unterliegen diese einem ausdifferenzierten, individuellen und humanen Asylrecht.

Gerade die Deutschen tun sich hier hervor: Die hohen Autoritäten rufen – zu unüberlegt wohl, aber besten Willens – eine Willkommenskultur aus, und beweisen alles in allem (xenophobe Brutalos bleiben leider keinem Volk erspart!) eine beispiellose Hilfsbereitschaft. Die anfangs so mitleidige Reaktion Deutschlands auf den unerwarteten, viele bereits schockierenden Vorgang läßt erkennen, wie grundlegend sich die Einstellungen und die politische Praxis im frühen 21. Jahrhundert seit den dunklen Jahrhunderten der einstmaligen Völkerwanderung gewandelt haben.

Genau hier liegt aber auch das Dilemma, auf das Europa und Deutschland eine Antwort finden müssen. Unter dem frischen Eindruck der Vorgänge im Herbst 2015 hat Peter Graf Kielmansegg, ein humanitärer und besonnener Politologe, in einer Analyse der Vorgänge von einer »Elendsinvasion« gesprochen.[44] Das Wort mag mit negativen Konnotationen verbunden sein und will dem sozialmoralischen Klima nicht so recht entsprechen. Die Flüchtlinge verdienen Barmherzigkeit und sie haben auch Barmherzigkeit erfahren. Aber selbst eine Elendsinvasion ist eine Invasion. Es kommen gewaltige Menschenmassen, denen weitere Massen nachfolgen wollen, so daß deren ordentliche Unterbringung – von Integration vorerst ganz zu schweigen – zunehmend weniger gewährleistet werden kann. Es ist eine Frage der Zeit, wann die unablässig hereindrängenden Menschen aus fernen Regionen die Aufnahmekapazität und den Goodwill des Gastlandes überfordern.

Im Spätsommer 2015 und im Winter 2015/16 drangen diese fast unlösbaren praktischen und moralischen Probleme allmählich ins öffentliche Bewußtsein. Ein neuer Begriff rückte damals in den Vordergrund: Kontrollverlust. Wie konnte es dazu kommen? Wer trägt die politische Verantwortung dafür? Was wird aus dem Europa der offenen Binnengrenzen, wenn sich dieser Kontrollverlust an den EU-Außengrenzen nicht eindämmen läßt? Und kann man Kontrolle an den Grenzen überhaupt ausüben, ohne flagrant gegen die Gebote der Barmherzigkeit zu verstoßen?

# 3
## Wie kam es zum Kontrollverlust?

Ja, wie kam es zum Kontrollverlust? Viel muß bei der Beantwortung dieser Frage berücksichtigt, diskutiert und auch kritisiert werden. Als erstes sind die institutionellen Bedingungen zu nennen, die erheblichen Anteil an den heutigen Schwierigkeiten haben. Die moderne Migrationsforschung arbeitet gerne mit dem Modell von Push-and-Pull-Faktoren.[45] Push-Faktoren, man könnte auch von Schubkräften sprechen, sind jene sehr ungünstigen Lebensbedingungen in den Herkunftsländern, die Individuen und Menschenmassen zur Flucht veranlassen. Flucht in benachbarte Länder ist eine natürliche Reaktion, wenn die Lebensbedingungen im eigenen Staat unerträglich werden. Entschließen sich aber große Mengen von Migranten zum Aufbruch in ferne Länder, dann spielen Pull-Faktoren, man könnte auch von Sogkraft sprechen, eine erhebliche Rolle. Günstige Arbeitsmarktbedingungen, großzügige Leistungen der jeweiligen Asylsysteme, ein aus Sicht der Migranten günstiges Aufnahmeklima, offene Grenzen, Schlupflöcher oder breite Wanderwege zur illegalen Immigration üben enorme Sogwirkung aus, ferner schwache, unvorsichtige Regierungen oder eine im Zielland bereits etablierte Diaspora von Familienmitgliedern, Freunden oder zumindest von Angehörigen der eigenen Volksgruppe oder Religionsgemeinschaft. Aus der beträchtlichen Zahl von Pull-Faktoren, die den Kontrollverlust im Jahr 2015 erklären, seien nur drei besonders wichtige herausgegriffen: die Fehlkonstruktion von Schengen-Europa, das zu großzügig ausgestaltete Asylrecht und eine Abfolge von Fehlern der europäischen Regierungen und der Organe der EU in den kritischen Jahren 2014/15, die nicht zuletzt aus der deutschen Asyl- und Europapolitik resultierten.

Bis vor kurzem gefielen sich die Bundesregierungen und eine selbstgefällige Öffentlichkeit in der Haltung, dank einer Politik offener Grenzen und einer großherzigen Asylpolitik den Respekt aller europäischen Nachbarn in Europa zu verdienen. Seit Herbst 2015 stellen sich nachdenkliche Beobachter im Ausland und Millionen Deutscher im Inland aber die Frage, ob nicht vieles ganz schrecklich verkehrt gelaufen ist.

Man muß hier zwischen langfristigen und kurzfristigen Fehlern unterscheiden. In der Langzeitperspektive erwiesen sich zwei Strategien als sehr ambivalent und letztlich als eher fatal. Die eine war das ungeduldige Drängen der Bundesrepublik auf offene Grenzen zwischen den Mitgliedstaaten der Europäischen Union und die Bereitschaft, den Schutz der Außengrenzen der EU den »Frontstaaten« zu überlassen. Die Befürworter der Errichtung der Vereinigten Staaten von Europa sahen in den offenen Binnengrenzen eines ihrer schönsten Ziele und haben Europa ohne Grenzen lange Zeit als Großtat moderner Integrationspolitik gefeiert. Wann immer offensichtliche Mängel der EU – die Bürokratisierung, die Volksferne, der unkontrollierbare Lobbyismus in Brüssel, das Eurosystem – kritisiert wurden, diente der Verweis auf die offenen Grenzen jung und alt als Argument für das postnationale Europa.

Parallel zu dieser politischen Strategie verlief eine juristische Entwicklung. Aus dem ursprünglich stark eingeschränkten, nur marginal bedeutsamen Grundrecht auf Asyl gemäß Artikel 16 II (2) des Grundgesetzes (»Politisch Verfolgte genießen Asylrecht«) wurde durch Richterrecht, durch Gesetzgebung, durch Lobbyismus und lässiges Verwaltungshandeln entgegen dem ursprünglichen Willen des Parlamentarischen Rates geradezu eine Einladung zur Masseneinwanderung via Asyl. Diese schleichende Ausweitung des Asylrechts erfolgte aus gutgemeinten humanitären Motiven, die jedoch erheblich zur Hilflosigkeit angesichts der neuen Völkerwanderung beitragen. Die Gesetzgebung der Europäischen Union hat diese Tendenz noch dramatisch verstärkt.

Bei der Übertragung des Grenzschutzes auf die EU und bei der Asylpolitik handelt es sich um jahrzehntelang gepflegte institutionelle Entwicklungen. Niemand wird bestreiten, daß sich damit viele Hoffnungen und viel Goodwill verbunden haben. Solange ein unwiderstehlicher Ansturm ausblieb, haben die neuen Institutionen auch funktioniert, wenngleich nicht voll befriedigend. Jetzt aber dekuvrieren sie sich als Schönwetter-Anlagen – nicht krisenfest, lebensfremd und zum Kontrollverlust führend. Dazu kamen gravierende kurzfristige Fehlentscheidungen der Bundesregierung und der Brüsseler Führungsgremien, die 2014 begannen, sich im Frühjahr 2015 häuften und seit Mitte 2015 eine Bestandskrise des Schengen-Systems befürchten ließen.

## Die Vision: Europa ohne Grenzen

In der heutigen globalen Staatengesellschaft ist das Europa der offenen Grenzen ein Sonderfall, man könnte auch sagen: Es war und ist ein Großexperiment mit höchst ungewissem Ausgang.

Der völkerrechtliche Normalfall sind nicht offene Staatsgrenzen, sondern mehr oder weniger wachsam kontrollierte Landesgrenzen. Der Blick in die Standardwerke zum Völkerrecht im frühen 21. Jahrhundert belehrt uns, daß die angeblich so unmoderne »Drei-Elemente-Lehre« aus den Tagen vor der »Urkatastrophe« des Ersten Weltkriegs von 1914 bis 1918 völkerrechtlich immer noch maßgebend ist: »Danach ist ein politisch und rechtlich organisierter Gebiets- und Personenverband dann ein Staat, wenn eine – nach außen nur an das Völkerrecht gebundene, nach innen autonome – Gewalt gegeben ist, die einem Volk und einem Gebiet zugeordnet ist. Staatsgewalt, Staatsvolk und Staatsgebiet stellen somit die drei unabdingbaren Elemente des Staates dar.«[46]

Im Laufe seiner Entwicklung hat das moderne Völkerrecht bekanntlich zu zahlreichen Einschränkungen des Territorialprinzips geführt. Doch immer noch ist ein Staat mit Territorialhoheit und allein von ihm selbst kontrollierten Grenzen der Regelfall, auf den sich die rund 200 Mitglieder der Staatengesellschaft mit ihren heterogenen politischen Regimen geeinigt haben.

Nach den schrecklichen Erfahrungen, welche die Völker Europas in endlosen Kriegen um Territorien – und damit auch um die geheiligten Staatsgrenzen – gemacht hatten, war es kein Wunder, daß nach dem Zweiten Weltkrieg die Vision eines Europas ohne Grenzen an Strahlkraft gewann. Die europäischen Föderalisten waren überzeugt, daß der Nationalismus und der Streit um die Grenzen zu der Abfolge verheerender Kriege in der Geschichte Europas geführt hatte. Die Konstruktion eines Europas ohne Grenzen sei darauf die richtige Antwort. Daß die Staatsgrenzen bei aller Problematik auch eine Schutz- und Ordnungsfunktion im internationalen System haben, wurde schlicht übersehen. Idealisten sind nicht dazu disponiert, sich mit der Ambivalenz gewachsener Institutionen abzufinden.

Bekanntlich ist das Konzept eines Systems souveräner, nur durch das Völkerrecht regulierter Territorialstaaten einer der wichtigsten Beiträge des europäischen Staatsdenkens zur internationalen Ordnung, die sich seit dem 17. und 18. Jahrhundert herausgebildet hat. Erteilen wir hier statt langer theoretischer Ausführungen nur einem einzigen maßgeblichen Theoretiker das Wort. Der einflußreichste Völkerrechtler in der Mitte des 18. Jahrhunderts war Eméric de Vattel. In seinem grundlegenden Werk *Le droit des gens ou Principes de la loi naturelle* findet sich die Feststellung, die »*nation*« – das heißt der Staat – verfüge über »das Recht der höchsten Gewalt«, auf Grund dessen allein die Nation »über alles im Lande nach ihrem Willen befiehlt und verfügt«.[47] Somit müsse auch der Grenzverlauf mit entsprechender Grenzsicherung präzise festgelegt sein. Der souveräne Staat überwache seine Grenzen durch Zollstationen, erforderlichenfalls durch Sperranlagen und Festungen. Fremde Staaten und fremde Individuen seien verpflichtet, die Grenze zu respektieren. »Der geringste Eingriff in fremdes Gebiet« stelle eine Ungerechtigkeit dar, folglich könne der Souverän »das Betreten seines Gebietes verbieten, sei es ganz allgemein jedem Fremden, sei es in bestimmten Fällen gewissen Personen oder für einige besondere Angelegenheiten, je nachdem er es im Interesse des Staatswohls für richtig hält«.[48]

Die Wahrnehmung der Hoheitsrechte an den eigenen Grenzen diente und dient also in erster Linie dem Schutz des eigenen Staatsvolks und ebenso der Bestandssicherung des jeweiligen Regimes, sei dieses monarchisch, autokratisch, totalitär oder demokratisch. Für die Regierungen starker, den Nachbarn überlegener Staaten, ist die Grenzkontrolle auch ein diplomatisches Instrument, oder sagen wir es deutlicher: ein Instrument der staatlichen Machtpolitik. Über die Visapolitik, die Einreise- und Aufenthaltsregelungen, die Arbeitserlaubnis für Ausländer und anderes mehr kann eine Regierung positive oder negative Signale aussenden, sie kann mit Anreizen locken oder Druck ausüben. Weltweit wird das heute noch genauso praktiziert wie im 19. und 20. Jahrhundert. Wenn man beispielsweise Abend für Abend in den Fernsehnachrichten verfolgen kann, wie Israel als Retorsion gegen Anschläge aus dem Gazagebiet zeitweilig die Grenzübergänge für Arbeitskräfte sperrt oder wenigstens die Grenzkontrollen sehr empfindlich verschärft, zeigt das eine Praxis, die auch in vielen anderen Staaten geübt wird. Die Grenzkontrollen der USA, Rußlands, Chinas, der Türkei, der Staaten in Südwestasien oder im Pazifik bieten gleichfalls lehrreichen Anschauungsunterricht.

Der Souveränitätsanspruch totalitärer, autoritärer, theokratischer oder sonstwie undemokratischer Staaten wirft viele Fragen auf, die hier nicht erörtert werden sollen. Ein Punkt muß aber in unserem Zusammenhang erwähnt werden: Zu den großen zivilisatorischen Errungenschaften gehört eine entscheidende Neuerung, die sich in Europa, in Nordamerika, in Teilen Lateinamerikas, auch in Indien, Japan und anderen Staaten im 19. und vor allem im 20. Jahrhundert durchgesetzt hat, nämlich die Verbindung des Prinzips der Territorialhoheit mit dem der Volkssouveränität und der politischen Demokratie.

Die verfassungsrechtliche Umsetzung der Volkssouveränität ist denkbar vielgestaltig und dementsprechend umstritten. Wesentlich ist das Prinzip, daß die Regierung dem Staatsvolk verantwortlich ist. Der Volkswille kann sich in regelmäßigen Wahlen von Parlamenten oder Präsidenten artikulieren oder durch Referenden. Er kann mit dem Proporzwahlrecht verbunden sein oder mit bestimmten Formen des Mehrheitswahlrechts. Verfassungsrechtliche Garantien der Rechte ethnischer Minderheiten sind vielfach ebenso Teil demokratischer Verfassungen wie Vorschriften bezüglich der Sprache im

Schulunterricht und vor den Gerichten. Bei aller Vielfalt haben alle demokratischen Verfassungsformen aber *eines* gemein: Die freiheitliche Selbstbestimmung der Staatsbürger ist unauflöslich auf ein bestimmtes Territorium bezogen. Demokratie und gesicherte Grenzen gehören zusammen.

Die Territorialhoheit demokratischer Staatsvölker ist durchaus mit Ambivalenzen verbunden. »Demokratischer Staatsbürger« klingt harmlos, sprechen wir aber von Nationen oder gar vom Staatsvolk, dann kann das Mißtrauen wecken, jedenfalls in Deutschland. Die demokratischen Verfassungsstaaten haben lange gebraucht, bis sie in ihrem Innern von der Diskriminierung bestimmter Volksgruppen und Religionsgemeinschaften abgelassen haben. Ebenso haben die noch jungen Nationen in ihrer Rüpelphase nur allzu gern der Versuchung nachgegeben, sich in nationalistischem Übermut über das Lebensrecht anderer Nationen hinwegzusetzen. Dennoch spricht die historische Erfahrung für die Feststellung des weltläufigen Liberalen Ralf Dahrendorf, der 2004 erklärte: »Heute wissen wir, daß die Demokratie im Sinne der repräsentativen Regierung eng mit dem verknüpft war, was John Stuart Mill ›Nationalität‹ nannte, also dem Nationalstaat und dem unausgesprochen vorausgesetzten Vertrauen, das diesen zusammenhielt. Es gibt keinerlei Beispiele für wirksame demokratische Institutionen jenseits des Nationalstaats.«[49] Nationalstaatliche Demokratien, Territorialhoheit und autonome Kontrolle der Landesgrenzen sind nach diesem Verständnis keine Gegensätze, sondern bedingen einander.

Doch kehren wir nach diesem Exkurs zum Zusammenhang von Demokratie und Territorialhoheit wieder zum Problem der internationalen Ordnung zurück, bei dem die Grenzkontrolle nach wie vor von großer Bedeutung ist.

Die Motive, die Formen und die Intensität der Grenzziehung haben sich seit den Zeiten des römischen Limes bis zu den Grenzen im Schengenraum oft verändert. Der Marburger Politikwissenschaftler Winfried von Bredow hat unlängst in einem von historiographischer Skepsis erhellten Überblick daran erinnert.[50] Der Blick auf die Ausübung von Territorialhoheit im Laufe der Geschichte

zeigt auch, daß die Staaten ihr prinzipielles Recht zur Personenkontrolle an den Grenzen bald sehr streng, bald sehr lässig und bald in
einer Mischung von Strenge und Lässigkeit gehandhabt haben. In
vergleichsweise ruhigen Zeiten und gegenüber friedlichen, auch im
Innern homogenen Nachbarstaaten wurde die Personenkontrolle an
den Grenzen lockerer ausgeübt. So waren in den Jahrzehnten vor
dem Ersten Weltkrieg in zahlreichen Staaten Europas Visumpflicht
und Paßvermerke bei Ein- und Ausreise unüblich. Besonders libe-
ral war Großbritannien. In kritischen Lagen jedoch, wenn etwa in
einem Nachbarstaat die Cholera ausgebrochen war oder bewaffnete
Banden dort ihr Unwesen trieben, wurden die Grenzkontrollen verschärft, erst recht natürlich in Kriegen. Dann waren auch neutrale
Staaten gehalten, einen äußerst wachsamen Grenzschutz aufzuzie-
hen, während die kriegführenden Länder den Grenzverkehr für Personen aus Drittländern noch viel restriktiver handhaben. Daß in
Zeiten des Krieges im 18., 19. und im 20. Jahrhundert die Grenzen
primär als Militärgrenzen verstanden wurden und die Kontrolle
durch Militärpersonal ausgeübt wurde, versteht sich von selbst.

Dementsprechend brachten die beiden Weltkriege des 20. Jahrhunderts – doch auch die Zwischenkriegszeit der zwanziger und
dreißiger Jahre sowie die Nachkriegszeit bis in die fünfziger Jahre
hinein – ein Maximum an wachsamen, nationalegoistischen und
schikanösen Grenzkontrollen. Sie wurden legitimiert durch die
Sorge vor der Einschleusung von Spionen, Saboteuren und feind-
lichen Propagandisten, durch den Zwang zu strengen Devisenkon-
trollen, durch Rücksichtnahme auf mächtige Drittstaaten, auch
durch den Wunsch, in einer Phase der Nahrungsmittelknappheit
keine unerwünschten zusätzlichen Esser ins Land zu lassen. An den
Grenzen stand die Grenzpolizei, im Inland überwachte die Frem-
denpolizei die ausländischen Staatsangehörigen.

Das galt nicht allein für die Untertanen des einstigen Ostblocks,
die sich mit einem System der Grenzsicherung konfrontiert sahen,
von dem selbst die Potentaten des 18. Jahrhunderts nur hätten träumen können. Die wertvollen eigenen Arbeitskräfte wurden hinter
scharf überwachten Landesgrenzen eingesperrt, Reisende aus dem

gegnerischen Ausland wurden scharf kontrolliert und die Einfuhr
unerwünschter Presseerzeugnisse über die Grenzen verboten oder
doch stark behindert. Deshalb war das Verlangen nach unbeschränk-
ter Ausreise, überhaupt nach Reisefreiheit eine der wirksamsten Forderungen, die den Eisernen Vorhang durchlöcherte und die Berliner
Mauer 1989 zum Einsturz brachte. Kein Wunder auch, daß eine
Hauptforderung der neuen Demokratien in Osteuropa und Südosteuropa lautete und teilweise noch immer lautet: Aufhebung des
Visumzwangs, offene Grenzen zu den Ländern des Westens.

Auch westlich des Eisernen Vorhangs setzte sich während des
Kalten Krieges an den Demarkationslinien zum Ostblock die restrik-
tive Praxis einer Abriegelung und peinlich genauen Personenkontrolle bis ins Jahr 1989 fort, wobei sich die Überwachung weithin auf
das Inland erstreckte. Auch im befriedeten westlichen Europa wurde
das System der Grenzkontrolle nur langsam gelockert. Der in Pha-
senschritten aufgebaute Gemeinsame Markt ließ die Personenkontrolle von Bürgern der Europäischen Wirtschaftsgemeinschaft (EWG)
beziehungsweise der Europäischen Gemeinschaft (EG) durch Zoll-
beamte zwar zusehends obsolet erscheinen, dennoch wurden die
Sicherheitskontrollen noch lange Zeit beibehalten. In den Demokratien im westlichen Europa blieb die hoheitliche Zuständigkeit
der Staaten für Personenkontrollen an den Grenzen noch lange un-
angetastet. Allerdings sprachen praktische Überlegungen mehr und
mehr für eine Lockerung, ganz besonders im kleinen Grenzverkehr.
Tatsache ist: In dem ersten Vierteljahrhundert seit 1950, als die Demokratien im westlichen Europa politisch, wirtschaftlich und kul-
turell mehr und mehr zusammenwuchsen, lockerte sich das System
der Grenzkontrollen, blieb aber grundsätzlich bestehen. Das hat den
Aufbau des Gemeinsamen Marktes keineswegs behindert.

Die Brüsseler PR-Maschinerien versuchen heute den Anschein
zu erwecken, die offenen Grenzen ohne jegliche Grenzkontrolle
seien eine ganz selbstverständliche Begleiterscheinung des integrierten Europa gewesen, das während der 1950er Jahre in Erscheinung
trat und Zug um Zug zum großen Binnenmarkt der EWG ausgebaut wurde. Zeitgenossen im fortgeschrittenen Alter erinnern sich

aber noch gut daran, daß die westeuropäischen Demokratien die offenen Grenzen nur schrittweise und mit großer Vorsicht eingeführt haben. Ungläubig, auch verständnislos reagieren ihre Enkel auf Erzählungen aus den Jahrzehnten nach dem Zweiten Weltkrieg, in denen für den Grenzübertritt Visen oder Paßvermerke erforderlich waren und an den Zollstationen pingelige Taschenkontrollen vorgenommen wurden, gegebenenfalls auch Körperkontrollen zur Entdeckung von geschmuggelten Zigaretten, Nylons oder Devisen. Doch als im Zuge des modernen Tourismus in den Urlaubsmonaten Millionen die Grenzen passierten, als der kleine Grenzverkehr zunahm und Auslandsstudien attraktiv wurden, erschien das Kontrollsystem zunehmend obsolet. Im Europa der westlichen Demokratien waren eine Friedensordnung und ein Gemeinsamer Markt entstanden. Wozu also noch die Grenzkontrolle?

Die durchlässigen, doch weiterhin kontrollierten Grenzen zwischen den europäischen Demokratien waren übrigens nur Teil eines globalen Systems vergleichsweise offener Grenzen, in dem Geschäftsleuten, Experten, Studierenden, Wissenschaftlern, Journalisten und vor allem Millionen von Touristen eine meist nur durch Paß- und Visavorschriften eingeschränkte Einreise und längere Aufenthalte gestattet waren. Teil dieses Systems mit einer mehr oder weniger großzügigen Behandlung ausländischer Gäste waren Nord-, Mittel- und Südamerika, Japan, Australien, Neuseeland, Indien und Pakistan, der Nahe und der Mittlere Osten und auch Afrika. Das System kontrollierter, aber sehr durchlässiger Grenzen beschränkte sich nicht einmal auf westliche Demokratien. Auch Diktaturen erhofften sich Einnahmen aus dem Tourismus. Sie bedurften westlicher Experten und Kaufleute. Viele waren sogar erfreut, wenn gewisse Kontingente inländischer Arbeitskräfte als Saisonarbeiter in den wohlhabenden Demokratien tätig waren und Devisen beschafften – Jugoslawien in den Jahrzehnten des Kalten Krieges war so ein Fall.

Je selbstverständlicher es wurde, daß täglich viele Zehntausende die Grenzen zwischen den Staaten der Europäischen Gemeinschaft überschritten, umso weniger schien ein praktischer Nutzen in Personenkontrollen aus Sicherheitsgründen zu liegen. Im westlichen

Europa, dessen Bürger im Kalten Krieg viel privilegierter waren als die Europäer jenseits des Eisernen Vorhangs, wurden die durchlässigen Grenzen seit Mitte der 1950er Jahre allmählich selbstverständlich – Alltag für Urlaubstouristen, für Geschäftsleute, für Studierende, für Grenzgänger, kurz, für jedermann in den offenen Demokratien des Westens.

Dennoch blieb das westliche Europa bis Mitte der 1980er Jahre ein Großraum mit Tausenden von Zollstationen, Zehntausenden von Zöllnern und zahllosen Schlagbäumen. Den Reisedrang der Deutschen, Niederländer oder Franzosen hat das nicht eingedämmt. Bald verzichteten die Staaten auf die Vorlage von Pässen und begnügten sich mit Personalausweisen. Gerade im kleinen Grenzverkehr beschränkten sich die Personenkontrollen vielfach auf Stichproben. Lästig blieben an stark frequentierten Grenzübergängen die langen Autoschlangen in den Urlaubswochen oder frühmorgens und am Abend, wenn der Pendlerverkehr einsetzte. Doch das war tolerabel. Tatsächlich war das westliche Europa seit Mitte der fünfziger Jahre eine Region mit faktisch offenen Grenzen. Für Touristen galt das in den sechziger und den siebziger Jahren sogar für damals noch autoritär regierte Länder wie Spanien, Portugal oder das zeitweise unter einem Obristenregime stehende Griechenland. Selbst die jugoslawischen Kommunisten begriffen, daß der Massentourismus aus dem devisenstarken Westen nur dann in Gang kommen konnte, wenn den Urlaubern bei der Ein- und Ausreise nur ein Minimum an lästigen Grenzkontrollen zugemutet wird.

Der Verzicht der EG- beziehungsweise EU-Mitgliedstaaten auf ihre autonome Souveränität in puncto Grenzkontrollen setzte schließlich Mitte der achtziger Jahre ein und nahm gut zwei Jahrzehnte in Anspruch. Erst 1997, mit dem Vertrag von Amsterdam, war der Souveränitätstransfer an die Europäische Union weitgehend abgeschlossen. Bis eine auf archivalische Quellen gestützte wissenschaftliche Aufarbeitung der Entscheidungsprozesse möglich sein wird, die zu dieser beispiellosen Selbstentäußerung zentraler Hoheitsrechte der Staaten Europas geführt haben, wird noch einige Zeit vergehen. Die wesentlichen Bedingungen, Abläufe, Argumente und Akteure lassen sich jedoch schon heute ausmachen. Wie so oft in der europäischen Integrationsgeschichte ließen sich auch in diesem Fall die beteiligten Regierungen auf Neuerungen ein, deren weitreichende Folgen ihre Vorstellungskraft überstiegen.

Alles begann am 29. Mai 1984 in Rambouillet, als Staatspräsident François Mitterrand auf der Pressekonferenz zum Abschluß des turnusmäßigen deutsch-französischen Gipfeltreffens bekannt gab, man habe beschlossen, die Grenzformalitäten für Reisende zwischen den beiden Ländern abzuschaffen. Das solle bereits in wenigen Monaten in Kraft treten. Vorangegangen war dem ein Gespräch zwischen Bundeskanzler Helmut Kohl und dem französischen Staatspräsidenten Mitterrand sowie Premierminister Pierre Mauroy. Kohl hatte dabei als einen Punkt unter vielen die Frage der Grenzkontrollen angesprochen: »Was könnten wir an den Grenzen tun? Polizeiverwaltung und Zoll seien sehr gegen eine Aufhebung der Grenzkontrollen. Aber er sei nicht überzeugt, daß es nicht doch gehe«, so ist dieser Teil des Gesprächs im deutschen Protokoll festgehalten. Der Bundeskanzler verwies weiter darauf, »daß in den Ferienmonaten zumeist Wagen einfach durchgewinkt würden. Wirklich kontrolliert werde nur während der restlichen acht Monate. Hier könnten wir etwas tun, was dem Bürger ein Stück greifbares Europa vermittle.« Mitterrand hatte eher zögernd geantwortet und auf das Problem der niederländischen »Armada von Schwerlastwagen« hingewiesen, durch die französische Unternehmer an die Wand gedrückt zu werden fürchteten. Kohl schlug erst einmal eine Grundsatzentscheidung vor, zunächst nur Pkw mit deutschen oder französischen Kennzeichen durchlaufen zu lassen, Lastwagen aber wie bisher zu behandeln. Als einen weiteren kritischen Punkt in diesem Zusammenhang erwähnte Mitterrand die Einwanderung: »Frankreich leide sehr unter dem Problem der illegalen Einwanderung.« Kohl räumte ein, auch die Bundesrepublik habe dieses Problem: »Bei uns seien es insbesondere die Türken.« Man verließ diesen Punkt mit der Vereinbarung, Mitterrand solle das Vorhaben auf der anschließenden Pressekonferenz ankündigen, wobei Kohl noch feststellte, »die Benelux-Staaten würden dann bald nachkommen«.[51]

Warum wurde die überraschende Ankündigung zu diesem Zeitpunkt gemacht? Die Antwort liegt auf der Hand: Am 14./17. Juni 1984 fanden zum zweiten Mal Direktwahlen zum Europäischen Parlament statt. Die Wahlbeteiligung war schon damals notorisch gering. Vor allem Helmut Kohl, dem großen Befürworter erweiterter Rechte für das Europäische Parlament, war daran gelegen, der vorhersehbar geringen Wahlbeteiligung durch augenfällige Maßnahmen entgegenzuwirken.[52] Die Bekanntgabe des Vorhabens auf einem deutsch-französischen Gipfel sollte aber auch die Entschlossenheit Mitterrands und Kohls dokumentieren, in unterschiedlichen Bereichen gemeinsam die Vorreiterrolle bei der Einigung Europas wahrzunehmen. Die beiden Regierungen hatten dabei auch eine Forderung des Europäischen Parlaments aufgegriffen, das am 18. Februar 1984 in einem voreiligen, politisch aber doch wirkungsvollen Verfassungsentwurf für eine Europäische Union Maßnahmen zur »Stärkung des Zusammengehörigkeitsgefühls der Bürger der Union«[53] als dringlich bezeichnet hatte. Dementsprechend legte der deutsche Bundeskanzler und von ihm dirigiert die PR-Maschinerie der Bundesregierung Wert darauf, die Abschaffung der Grenzkontrollen unter die Devise »Europa der Bürger« zu stellen.

Für Helmut Kohl war die Abschaffung der Grenzkontrollen jedoch viel mehr als nur ein PR-Gag zur Steigerung der Wahlbeteiligung bei den anstehenden Europawahlen. Daß idealistische junge Anhänger der Europabewegung in den ersten Jahren nach Kriegsende einige Grenzpfähle symbolisch demontiert und Schlagbäume hochgestemmt hatten, gehörte zum Ursprungsmythos der Bewegung. Kohl selbst hatte sich als Schüler daran beteiligt. Auch daß der unentwegt in den Pfälzer Waldgebieten wandernde »Grenzland-Europäer«, wie er sich rückblickend nennt, auf dem Weg ins Elsaß oder nach Luxemburg nicht von zufällig gezogenen Grenzen belästigt werden wollte, ist nachvollziehbar. »Europa ohne Grenzen!« – gab es einen Slogan, mit dem sich besser für die Überwindung der Nationalstaaten werben ließ?

Im Jahr 1984 lag das Ende des Zweiten Weltkriegs bereits mehr als ein Vierteljahrhundert zurück. Die Grenzen im westlichen

Europa standen faktisch längst offen. Die Kontrollen dienten fast nur noch der Abwehr von Drogenkriminellen, vagabundierenden Einbrecherbanden aus dem benachbarten Ausland oder der Verhinderung illegaler Einwanderung. Ein weiterer Ausbau des Gemeinsamen Marktes, selbst eine Politische Union wären mit einem wenigstens prinzipiellen Festhalten an der souveränen staatlichen Grenzkontrolle in lockerer Form durchaus vereinbar gewesen. Daß dies praktisch möglich ist, zeigte später das britische Opt-out von wesentlichen Bestimmungen des Schengen-Systems. Doch die Phantasie Kohls, Mitterrands und derer, die ihnen folgten, reichte offenbar nicht aus, sich dramatische Notlagen vorzustellen, in denen einzelne Staaten oder die ganze Europäische Gemeinschaft sich veranlaßt sehen könnten, kraft eigener Souveränität die Grenzen zu ihrem eigenen Schutz wieder »dicht« zu machen. Daß das System der offenen Grenzen dreißig Jahre später eine beispiellose Völkerwanderung aus Afrika und dem Orient nach Europa erlauben würde, lag außerhalb jeder Vorstellung.

Der improvisierte Verzicht auf die Grenzkontrolle zwischen Frankreich und Deutschland im Mai 1984 war jedenfalls eine Maßnahme von denkbar weitreichender Bedeutung. Sie signalisierte die Bereitschaft zum grundlegenden Verzicht auf die autonome Sicherung der eigenen Landesgrenzen. Erstaunlich ist die demonstrative Beiläufigkeit, mit der Kohl und Mitterrand diesen folgenreichen Anstoß gaben. Genauso beiläufig wie diese Maßnahme ist übrigens die Schilderung des Vorgangs durch Helmut Kohl in seinen »Erinnerungen«. Drei knappe Sätze genügten ihm zur Schilderung eines Aktes, »der vor nicht allzu langer Zeit undenkbar gewesen wäre: Die Grenzformalitäten zwischen der Bundesrepublik und Frankreich wurden abgeschafft«.[54]

Grenzformalitäten – so leichthin betrachtete der Bundeskanzler eine Entscheidung, die ein Zentralelement jeder Staatlichkeit zur Disposition stellte. Schon bei der Vereinbarung von Rambouillet 1984 war klar, daß eine einmal erfolgte Grenzöffnung nur unter großem Prestigeverlust von Kohl und Mitterrand wieder rückgängig gemacht werden könnte. Doch es bedurfte noch eines langwierigen

Verhandlungsprozesses, bis die Schengenländer 1997 im Vertrag von Amsterdam große Teile ihrer Zuständigkeit zur Sicherung ihrer Grenzen auf die Organe der EU übertrugen.

Aus damaliger Sicht schien die Maßnahme gar nicht so weitgehend, sondern lediglich die ohnehin recht laxe Praxis der Grenzkontrolle weiterzuentwickeln. Zwischen Frankreich und Deutschland profitierte vor allem der kleine Grenzverkehr davon, im Laufe der Zeit auch immer mehr Ferienreisende, die während der Sommermonate in langen Karawanen nach Südfrankreich und Spanien strebten. Führt man sich die Gesamtheit der damaligen europapolitischen Initiativen zur Überwindung der »Eurosklerose« vor Augen, erschien der Verzicht auf die beiderseitige Grenzkontrolle in der Tat nur als ein nachgeordnetes Vorhaben. Doch die Bedeutung dieses Vorstoßes kann schwerlich überschätzt werden. Denn nachdem die beiden führenden kontinentalen Länder, Frankreich und Deutschland, am 13. Juli 1984 ein beiderseitiges Regierungsabkommen geschlossen hatten, entsprach es der Logik der Geographie in Westeuropa, daß sich die Beneluxländer dem anschlossen. Helmut Kohl hatte für derartige Sachzwänge einen seiner Lieblingssprüche parat: »Das große Wasser nimmt das kleine mit.« So kam es ein Jahr später, am 14. Juli 1985, zu dem multilateralen Abkommen zwischen der Bundesrepublik, Frankreich und den Benelux-Ländern, das in dem luxemburgischen Winzerdorf Schengen unterzeichnet wurde.[55]

Damit gab es in der Europäischen Gemeinschaft – wenngleich vorerst außerhalb ihrer Zuständigkeit – für den Personenverkehr einen großen Raum mit unkontrollierten Grenzen, der eine starke Sogwirkung ausübte. Die europäischen Föderalisten glaubten, daß mit dem Schengen-Abkommen ein Zustand erreicht sei, der »unumkehrbar« war. Würde eine Regierung versuchen, die offenen Grenzen wieder zu schließen, setzte sie sich dem Vorwurf anti-europäischer und zugleich bürgerfeindlicher Rückschrittlichkeit aus. Von nun an war die Ausweitung des Schengen-Systems auf weitere Nachbarländer zwingend. Sollten Urlauber, die es in den Osterferien und im Sommer nach Italien, Österreich oder Dänemark zog, nicht ebenfalls von derartigen Erleichterungen beim Grenzübertritt profitieren? Es waren also einerseits Argumente der Bequemlichkeit, andererseits der europäischen Symbolik, die zur Ausweitung des Schengen-Systems führten. Im Jahr 1990 trat Italien bei, 1991 Spanien, 1992 Portugal und Griechenland, 1995 Österreich, 1996 Dänemark, Finnland und Schweden.

Was aus Sicht von Grenzgängern, Urlaubern und Geschäftsreisenden eine Erleichterung war – wenngleich bei der ohnehin längst liberalen Praxis nicht eben von vitaler Bedeutung –, bereitete den Polizeibehörden, die für die Bekämpfung grenzüberschreitender Bandenkriminalität, Zwangsprostitution, illegaler Einwanderung, Drogenkriminalität oder terroristischer Aktivitäten verantwortlich waren, schlaflose Nächte. In manchen Mitgliedsländern der EG waren illegale Einwanderung und die komplizierte Asylproblematik schon in den 1980er Jahren längst Topthemen der Innenpolitik. Nach Öffnung der Archive werden Historiker das interne Ringen zwischen den auf die Ausweitung von Schengen fixierten politischen Kräften einerseits und den skeptischen Sicherheitsexperten andererseits zu analysieren haben. Die Staaten Europas fühlten sich damals zwar grundsätzlich den gleichen humanitären Werten verpflichtet, aber ihr Immigrations- und Asylrecht, auch ihre geographische Lage, ihre Aufnahmebereitschaft und ihre Integrationskapazität waren doch recht verschieden. Aus heutiger Sicht ist die Frage berechtigt: Hätte aus den hier nur angedeuteten – und aus weiteren ganz praktischen – Gründen nicht doch vieles dafür gesprochen, die Personenkontrollen an den Grenzen wenigstens prinzipiell bei den jeweiligen Staaten zu belassen? Schließlich verfügten diese schon damals über differenzierte nationale Asylrechtssysteme, und in jedem dieser Länder waren starke Kräfte aktiv, die verläßlich auf eine humanitäre Behandlung von Asylbegehrenden dringen würden. Doch die Europäische Kommission, das Europäische Parlament, die auf möglichst weitreichende Integration fixierten Exekutiven und Legislativen in den Mitgliedsländern, nicht zu vergessen die Menschenrechtsexperten, ließen erst gar keine Zweifel zu.

Heute wundert man sich, daß die möglichen Risiken einer Abschaffung der Grenzkontrollen nie sehr intensiv diskutiert wurden.

»Die meisten Rechte der Immigranten wurden nicht in der offenen
Arena der Demokratie errungen, sondern hinter den geschlossenen
Türen der Demokratie gewährt«, bemerkt dazu der niederländische
Migrationsforscher Paul Scheffer, der ganz gewiß kein intoleranter
Gegner humanitärer Einwanderungspolitik ist.[56] Ohne daß dies den
Bürgern bewußt war, die sich des bequemen Grenzübertritts erfreu-
ten, wurden somit durch leichthin getroffene Vereinbarungen unter
dem Stichwort »Europa der Bürger« komplizierte und sehr weitreichende Kontroll- und Sicherheitsprobleme ausgehebelt. Immerhin
dauerte es aufgrund der vielfach nur intern diskutierten Bedenken
der Sicherheitsdienste fünf Jahre, bis sich die beteiligten Regierungen
nach Abschluß von Schengen I auf ein Bündel von Durchführungs-
verordnungen einigten.

Im Wissen darum, daß die Personenkontrolle an den offenen
Grenzen nicht wieder eingeführt werden könne, gingen Innen- und
Außenministerien in den einzelnen Ländern daran, eine Vielzahl
bürokratischer, doch nicht besonders wirksamer Aushilfen als Ersatz
für die Überwachung der eigenen Landesgrenzen zu organisieren:
grenzüberschreitende polizeiliche Zusammenarbeit und die Schleier-
fahndung, Einrichtungen wie Europol, Frontex, Eurodac … Sie
erwiesen sich jedoch allesamt als ein nicht besonders wirksamer Ersatz, auch schon vor der Flüchtlingskrise. Weshalb sichtliche Schwierigkeiten und die erheblichen Implikationen der offenen Grenzen
nicht groß in der Öffentlichkeit erörtert wurden, ist evident. Regierungen sind generell bestrebt, ihre Projekte als Wohltaten zu preisen, die möglicherweise unerwünschten Nebenfolgen aber herunter-
zuspielen.

Da sich Staaten mit unterschiedlichen Rechtssystemen, nicht
zuletzt mit unterschiedlichen Visa-, Einwanderungs- und Asylsystemen, beim Kontrollverzicht an den eigenen Grenzen zunächst auf
einheitliche Regeln einigen müssen, führte kein Weg an der Entwicklung allgemein akzeptierter Verfahren, Normen und Bürokratien vorbei. Diese systemimmanente Logik zwang die am Schengen-
System beteiligten Länder, Schritt für Schritt auf Kernbestände des
autonomen Staatsschutzes zu verzichten, sollte der unkontrollierte

Raum offener Binnengrenzen halbwegs funktionieren. Dieser Prozeß wurde durch eine ganze Reihe von Faktoren und Akteuren beschleunigt. Es kann nicht erstaunen, daß die Brüsseler Organe nicht zögerten, die Zuständigkeit für die zahllosen Fragen, die bei offenen Binnengrenzen zur Neuregelung anstanden, für sich zu reklamieren. Je mehr EU-Mitgliedstaaten sich an dem bis 1997 allein auf multilateralen Vereinbarungen beruhenden Schengen-System beteiligten, umso plausibler schien der Anspruch der Brüsseler Instanzen, künftig für die Gesetzgebung hinsichtlich der Grenzen maßgeblich zuständig zu sein.

Das hatte weitgehende Konsequenzen. Von 1984 bis 1997 beruhte Schengen auf einem völkerrechtlichen Vertrag, den Mitgliedstaaten notfalls zeitlich begrenzt außer Kraft setzen oder aus dem sie äußerstenfalls unter Berufung auf die »clausula rebus sic stantibus« austreten konnten, wenn eine Rückkehr zur autonomen Grenzkontrolle zwingend erschien. Seit Einbeziehung des Schengen-Komplexes in das EU-Vertragssystem wurden die Rechtsregeln des Europarechts allein maßgebend, die Flexibilität ging verloren und eine auch zuvor schon innen- und außenpolitisch recht schwierige Rückkehr zu autonomen Regelungen ist fast unmöglich geworden, obgleich die Staaten, tief im Paragraphenwald versteckt, doch ein paar letzte Notfallbestimmungen in Reserve halten.

Schon als die Länder des Schengenraums noch nicht mit einer Völkerwanderung konfrontiert waren, ließ das System der offenen Grenzen bereits gravierende Ambivalenzen erkennen. Bei den Neumitgliedern in Ost- und Südosteuropa war die Aufhebung der Visumpflicht und der Grenzkontrollen überaus erwünscht. Manche der wohlhabenden Altmitglieder in Mittel- und Westeuropa bekamen dagegen eher die Nachteile zu spüren. Sie hatten freiwillig, unwiderruflich und weitgehend auf das Recht verzichtet, ihre Bürger und ihr Staatsgebiet gegen die Einreise unerwünschter Personen zu schützen. Als besonders belastend erwies sich bald die grenzüberschreitende individuelle wie organisierte Kriminalität. Das gutgemeinte Europa der offenen Grenzen hat sich aufgrund grenzüberschreitender Kriminalität zu einer Art Geschäftsmodell für

Autodiebe, Einbrecher, Mädchenhändler und Schlepper von Asylanten entwickelt und zu einem Albtraum für jährlich Zehntausende Opfer von Einbruchsdiebstählen. Nur ein kleiner Teil dieser über die unkontrollierten Autobahnen angereisten und mit ihrer Beute rasch wieder verschwundenen Täter kann aufgegriffen werden, und aufgrund unzulänglicher Beweislage wird ein noch kleinerer Teil verurteilt. Ausweisungen sind faktisch wirkungslos. Angesichts der wünschenswerten Erweiterung der EU hätten die staatlichen Grenzkontrollen ein Überschwappen der Kriminalität nicht völlig verhindern können, doch die Zahl der sozialschädlichen Straftaten wäre beim Festhalten an den Grenzkontrollen wohl erheblich geringer gewesen.

Im Jahr 2004 wurde die Agentur Frontex eingerichtet.[57] Sie ist ein beredtes Beispiel für die mangelnde Ernsthaftigkeit, mit der die EU das vitale Problem des Schutzes der Außengrenzen betrieb. Das Akronym Frontex (französisch *frontières extérieures*) ließ zwar erkennen, daß die Europäische Union das Bedürfnis verspürte, den Vorgängen an den EU-Außengrenzen größere Beachtung zu schenken. Doch die Agentur hatte lediglich den Auftrag zur Beobachtung, eingreifen zum Schutz der Grenzen sollte sie nicht. Koordination der einzelstaatlichen Maßnahmen, Datensammeln, Erstellen von Risikoanalysen und manches andere zählte zu den Aufgaben der Organisation, die im Jahr 2013, als die Flüchtlingsströme sich ankündigten, gerade einmal über 318 Mitarbeiter verfügte.[58] Die Zusammenarbeit mit »Frontstaaten«, die in Schwierigkeiten gerieten, war eine ihrer wichtigen Aufgaben, aber handeln durfte sie nur nach dem Recht des jeweiligen Staates und mit dessen Billigung. Gelegentlich beteiligten sich Frontex-Angestellte an sogenannten »Push-back«-Operationen, also dem Abdrängen von Booten voller Migranten. Das wurde vom Europäischen Parlament aufgrund der scharfen Kritik von Menschenrechtsorganisationen im Jahr 2014 untersagt. Im Oktober 2016 wurde Frontex schließlich durch leicht ausgeweitete Zuständigkeiten, Aufstockung des Budgets und Personalverstärkung in Richtung einer Art Grenzpolizei der EU umgebaut. Doch bei Tausenden von Kilometern See- und Landgrenzen mit kompliziertesten Überwachungsaufgaben ist die vorgesehene Personalausstattung mit 1500 Grenzschützern weiterhin höchst unzureichend.[59] Überdies bleiben die rechtlichen Restriktionen für »Push-Back«-Operationen bestehen.

Neben diesen und anderen Problemen der offenen Grenzen hat sich als besonders verhängnisvoll für das Schengen-System erwiesen, daß die Regierungen und die Öffentlichkeit der Mitgliedsländer sich schon lange vor der Krise von 2015 daran gewöhnt hatten, nicht mehr selbst durch wirksame Kontrollen für den Schutz ihrer eigenen Grenzen zu sorgen, sondern sich auf die komplizierten Brüsseler Bürokratien und eine umfassende Kontrolle der Außengrenzen des Schengenraums durch die zuständigen EU-Staaten blind zu verlassen. Die Mentalität der Eliten wie die der breiten Öffentlichkeit ist so ein Vierteljahrhundert lang auf Schönwetterzeiten eingestellt worden.

Heute, da urplötzlich eine Völkerwanderung aus dem Nahen Osten und aus Afrika hereinbricht, liegen die strukturellen Schwächen des neuen Systems offen zutage, dem die Demokratien Europas ihre Grenzsicherung anvertraut haben. Die Verantwortlichen hatten zwar Sorge getragen, den nationalen Grenzschutz weitgehend zu demontieren, auf den gebotenen zuverlässigen Schutz der Außengrenzen aber verzichtet. Wie läßt sich dieses schwer begreifliche Verkümmern des Gefahreninstinkts erklären?

## Das Versäumnis:
## Schengenland ohne verläßliche Grenzsicherung

Schengenland ist eine paradoxe Konstruktion. Im Binnenverhältnis gilt der Grundsatz: »Europa ohne Grenzen«. Die Landesgrenzen sind zwar nicht abgeschafft, aber die Staaten haben sich grundsätzlich verpflichtet, auf die sonst in der Welt üblichen Kontrollen zu verzichten. Ein ausgefeilter Schengen-Grenzkodex legt das im Detail fest und fixiert auch die sehr eingeschränkten Bedingungen, unter denen zeitlich eng begrenzte Abweichungen erlaubt sind. Auf diese Weise ist ein ausgedehnter Binnenraum entstanden, in dem Menschen und Waren frei zirkulieren können. Staatsbürger von Schengenland dürfen die Binnengrenzen unkontrolliert überschreiten. Doch auch Menschen, die von außerhalb kommen, erfreuen sich dieses Privilegs. Heute hat sich dieses lange unbeachtete Entgegenkommen zur Existenzfrage von Schengenland ausgewachsen. Soll Schengen weiter Bestand haben, muß die EU das ändern.

Für die Kontrolle an den Außengrenzen (Landgrenzen, maritime Grenzen, Flughäfen) ist immer noch der jeweilige Mitgliedstaat verantwortlich, jedenfalls im Grundsatz. Schließlich ist die EU kein Bundesstaat, sondern ein Staatenverbund. Nur die Staaten verfügen über eigenes Militär, eigene Polizei, eigenes Zollpersonal und sonstige Sicherheitskräfte. Nur sie können die Export- und Importkontrolle der Waren vornehmen und den Schmuggel unterbinden. Nur sie sind für die Bekämpfung der von außen eindringenden Organisierten Kriminalität oder des internationalen Terrorismus zuständig, ihnen allein obliegen Festnahme und Überwachung von »Gefährdern«, Bekämpfung des Drogenhandels, Bekämpfung von Frauen- und Kinderhandel und anderer Delikte. Nur sie kontrollieren im Auftrag der EU ein- und ausreisende Nicht-EU-Bürger. Ihnen obliegt es somit auch, nach präzisen Vorschriften der EU sowie den eigenen gesetzlichen Regelungen Asylbewerber, an denen es nie fehlt, zu registrieren, zu kontrollieren, unterzubringen, zu versorgen, die komplizierten Asylverfahren durchzuführen, abgelehnte Bewerber eventuell auch wieder abzuschieben – das Thema unserer Studie. Unter diesen Bedingungen hat die EU den Schengen-Kodex und die Verordnungen Dublin I, II und III beschlossen.

Das Regelsystem für die Grenzkontrolle wird zwar auf Vorschlag der EU-Kommission vom Europäischen Rat und vom Europäischen Parlament festgelegt und von der Kommission überwacht. Die entsprechenden Richtlinien können aber nur bei vertragsgetreuer Durchführung durch ausnahmslos alle Mitgliedstaaten funktionieren. Spezielle Sanktionen gegen Schengenländer, die gegen die Regeln verstoßen, sind jedoch ebensowenig vorgesehen wie etwa spezifizierte Vereinbarungen zu solidarischer Verteilung anerkannter Flüchtlinge auf die 28 Mitgliedstaaten.[60]

Menschen und Waren können auf verschiedene Art nach Schengenland hineingelangen oder es wieder verlassen: über Flughäfen, Landgrenzen, Seehäfen und über die ausgedehnten, schwer kontrollierbaren Seegrenzen. Die Kontrolle der Flughäfen betrifft jedes der 28 EU-Mitglieder. Dafür sind praktikable Lösungen erarbeitet worden. Für die Kontrolle der Landgrenzen sind nur jene EU-Mitglieder verantwortlich, die an Rußland, Weißrußland, die Ukraine, Moldawien und die Türkei grenzen. Elf der 28 EU-Mitglieder sind mit dieser potentiell schwierigen Aufgabe konfrontiert: Norwegen, Finnland, Estland, Lettland, Litauen, Polen, die Slowakei, Ungarn, Rumänien, Bulgarien und Griechenland. Momentan sind Bulgarien und Griechenland am stärksten mit dem Schutz der Grenze zur Türkei belastet. Es ist leicht vorstellbar, daß auch einmal die Grenzstaaten zur labilen Ukraine oder zu Moldawien in Bedrängnis geraten könnten.

Am schwierigsten ist die Kontrolle der Seegrenzen. Die meisten Schengenländer haben Seegrenzen, nur Luxemburg, Österreich, Tschechien, die Slowakei und Ungarn sind Binnenstaaten. Die meisten Schengenländer haben auch für diese Aufgabe routinierte Lösungen gefunden. Die Kontrolle erfolgt in den Häfen und durch Patrouillenboote zum Küstenschutz. Aber die Staaten mit mediterranen Seegrenzen und das von illegaler Migration gleichfalls betroffene Portugal sehen sich mit fast unlösbaren Schwierigkeiten konfrontiert. Der kritischste Bereich sind offensichtlich die Mittelmeergrenzen von Spanien über Frankreich, Italien, Malta und Griechenland bis Zypern.

Die politische, administrative und budgetäre Belastung durch die Grenzkontrollen ist somit sehr unterschiedlich verteilt und hängt ganz wesentlich von der geographischen Lage eines Landes ab. England und Irland haben daraus Konsequenzen gezogen und können sich durch ein partielles Opt-out vor allzu großem Schaden durch die zentralisierte Gesetzgebung der EU schützen. Im Bestreben, einen – wie es im Lissabon-Vertrag heißt – »einheitlichen Raum der Freiheit, der Sicherheit und des Rechts« zu schaffen, muß die EU nämlich Vorschriften erlassen, die für alle gleichermaßen gelten. Auf die besondere geographische Lage der einzelnen Mitgliedsländer wird ebensowenig Rücksicht genommen wie auf den möglicherweise vertragswidrigen außenpolitischen oder asylpolitischen Kurs der jeweiligen Regierungen. Beides ist jedoch von großer Bedeutung. Selbstverständlich ist es ein großer Unterschied, ob Schengenländer überhaupt keine EU-Außengrenze haben oder ob sie an der gefährdeten Grenze im Mittelmeer liegen.

Dort befinden sich lange, schwer zu sichernde Küstenzonen, viele Dutzende größerer und kleinerer Inseln, über die Schmuggler, Drogenhändler, Terroristen oder illegale Einwanderer ins Binnenland gelangen können. Erschwerend kommt hinzu, daß der Grenzschutz Ländern mit schwachen, auch von Korruption belasteten Regierungen aufgetragen ist wie etwa Griechenland, von denen kein energischer Grenzschutz zu erwarten ist. Doch selbst Italien, eines der wirtschaftlich leistungsfähigsten Schengenländer, fühlt sich als Opfer dieser Lastenverteilung, nach der die Mittelmeeranrainer unverhältnismäßig viel Kraft darauf verwenden müssen, Europas Grenzen gegenüber problematischen Nachbarländern zu schützen, in denen Millionen potentiell illegaler Einwanderer auf die Chance warten, sich nach Europa aufzumachen. Die ganze EU ist somit darauf angewiesen, daß die Länder an der besonders gefährdeten Mittelmeergrenze sich vertragstreu verhalten. Wichtig ist auch, ob sie zu den Staaten auf der Gegenküste relativ gute, kooperative Beziehungen unterhalten oder eben nicht – wie beispielsweise Griechenland, das seit seiner Staatswerdung im frühen 19. Jahrhundert mit der Türkei in Unfrieden lebt.

Für Länder im EU-Binnenbereich oder im Norden schienen die Verhältnisse am Mittelmeer lange Zeit von drittrangiger Bedeutung. Solange der Migrationsdruck noch halbwegs zu verkraften war, hat die EU der Tatsache wenig Beachtung geschenkt, daß die Kontrolle der Mittelmeergrenze (desgleichen auch der Landgrenze zur Türkei) für die gesamte Europäische Union von existentieller Bedeutung ist. Erst seit sich über die mittelmeerischen Mitgliedstaaten eine wahre Völkerwanderung nach Schengenland ergießt, wird einer entsetzten europäischen Öffentlichkeit bewußt, wie nachlässig die Organe der

EU und die einzelnen Mitgliedstaaten die Sicherung ihrer Außengrenzen im Lissabon-Vertrag geregelt haben.

Im Grunde sind zum zuverlässigen Schutz der maritimen Außengrenzen (aber auch der Landgrenzen) gar keine Vorkehrungen getroffen worden, denn beim Abschluß der Verträge galt die Hauptaufmerksamkeit aller Beteiligten noch der Frage, wie die Individualrechte potentieller Flüchtlinge besser gesichert werden könnten. Während diese in den Artikeln 78 bis 80 des Vertrags über die Arbeitsweise der Europäischen Union (AEUV) präzise dargelegt sind, wurde auf die Verpflichtung der EU-Organe und der Mitgliedstaaten zum verläßlichen Grenzschutz nur recht unverbindlich hingewiesen. Artikel 77 (Grenzschutzpolitik) bezeichnet den Grenzschutz bemerkenswert vage als einen Prozeß: »(1) Die Union entwickelt eine Politik, mit der a) sichergestellt werden soll, dass Personen unabhängig von ihrer Staatsangehörigkeit beim Überschreiten der Binnengrenzen nicht kontrolliert werden; b) die Personenkontrolle und die wirksame Überwachung des Grenzübertritts an den Außengrenzen sichergestellt werden soll; c) schrittweise ein integriertes Grenzschutzsystem an den Außengrenzen eingeführt werden soll.«

Der Aufbau eines integrierten Grenzschutzsystems wurde damit lediglich in Aussicht gestellt, aber nicht vollzogen. Hingegen machte der folgende Artikel deutlich, daß einer großzügigen, rechtlich genauestens überwachten Garantie des individuellen Asylrechts in allen Fragen des Grenzschutzes ein hoher Stellenwert einzuräumen sei. Artikel 78 (Asylpolitik) legte fest: »Die Union entwickelt eine gemeinsame Politik im Bereich Asyl, subsidiärer Schutz und vorübergehender Schutz, mit der jedem Drittstaatsangehörigen, der internationalen Schutz benötigt, ein angemessener Status angeboten und die Einhaltung des Grundsatzes der Nicht-Zurückweisung gewährleistet werden soll. Diese Politik muss mit dem Genfer Abkommen vom 28. Juli 1951 und dem Protokoll vom 31. Januar 1967 über die Rechtsstellung der Flüchtlinge sowie den anderen einschlägigen Verträgen in Einklang stehen.«[61]

Die bemerkenswert weitgehenden Bestimmungen des Lissabon-Vertrags, die das Tor für eine Einwanderung via Asylrecht weit geöffnet haben, gehen auf den 2004 verabschiedeten (übrigens 2005 von den Staatsbürgern Frankreichs und der Niederlande verworfenen) »Vertrag über eine Verfassung für Europa« zurück. Sie sind also bereits in einer Phase formuliert worden, in der alle Beteiligten wissen konnten, daß die EU periodisch mit einer großen Zahl von Flüchtlingen zu rechnen haben würde. Dieses Wissen hat durchaus auch im Lissabon-Vertrag Spuren hinterlassen, denn dort werden die EU-Organe verpflichtet, sich auf »eine gemeinsame Regelung für den vorübergehenden Schutz von Vertriebenen im Falle eines Massenzustroms« zu verständigen.[62] Die EU-Kommission und der Rat wurden ermächtigt, in einer Notlage »vorläufige Maßnahmen zugunsten der betreffenden Mitgliedstaaten zu erlassen«, und Artikel 80 beschwört grundsätzlich – wenn auch in dehnbaren Formulierungen – den »Grundsatz der Solidarität und der gerechten Aufteilung der Verantwortlichkeiten unter den Mitgliedstaaten«. Ganz versteckt wurde den Mitgliedstaaten in Artikel 347 (Notstandsvorbehalt) in gleichfalls unklaren Formulierungen die Möglichkeit für autonomes, aber stets mit den Mitgliedstaaten abzusprechendes Vorgehen im Krisenfall eröffnet (»bei einer schwerwiegenden innerstaatlichen Störung der öffentlichen Ordnung, im Kriegsfall, bei einer ernsten, eine Kriegsgefahr darstellenden internationalen Spannung«).

Vorkehrungen für eine wirksame und vernünftige Krisenprävention an den EU-Außengrenzen wurden jedenfalls nicht getroffen. Bei vertragswidrigem Verhalten in diesem Bereich gelten die allgemeinen Sanktionsbestimmungen des Vertrags, die einen geruhsamen Verfahrensgang vorsehen. Wie »im Falle eines Massenzustroms«[63] die Lage durch schnelles und entschiedenes Handeln unter Kontrolle gehalten werden könnte, darauf gibt es keinen Hinweis. Man übertreibt nicht mit der Feststellung, daß im Lissabon-Vertrag das Asylrecht gegenüber dem Grenzschutz Vorrang hat.

Das hat auch weitreichende Auswirkungen auf das Asylrecht selbst. Als Standard, an dem sich in Asylfragen sowohl die EU als Ganzes als auch die Mitgliedstaaten zu orientieren haben, gilt die juristisch unablässig fester und fester geschnürte Auslegung dessen, was menschenrechtlich zulässig oder geboten ist, durch den vom

Straßburger Europarat eingesetzten Europäischen Gerichtshof für Menschenrechte (EGMR).

Auf die Entstehung des komplizierten Asylrechts der EU wird gleich einzugehen sein. Hier sei noch eine weitere gravierende Hypothek erwähnt, die den Schutz der EU-Außengrenzen von vornherein belastet hat. Zwar macht die EU wichtige Vorgaben, doch die Mitgliedstaaten verfügen weiterhin über viele Reservatrechte. Wie diese wahrgenommen werden, hängt einerseits von den Vorschriften der EU, andererseits von der Außen- und Innenpolitik der jeweiligen Mitgliedstaaten ab.

Die EU beruht auf einem stark differenzierten Rechtssystem, dem sich alle Beteiligten unterordnen müssen. Aber sie ist und bleibt eben doch ein Staatensystem, in dem sich die Mitgliedstaaten viel herausnehmen können. Die sogenannten mittelmeerischen Frontstaaten Italien und Griechenland sind gute Bespiele dafür, neuerdings auch Deutschland. So hat sich bei den Regierungswechseln in Italien von der Mitte-Rechts-Regierung Silvio Berlusconis über Mario Monti und Enrico Letta zu der Mitte-Links-Regierung von Matteo Renzi rasch gezeigt, wie entscheidend die außen- und asylpolitische Orientierung der jeweiligen Schengenländer ist. Berlusconi hatte mit dem Diktator Gaddafi, der alles andere als eine Lichtgestalt war, großzügige Vereinbarungen getroffen, die diesen veranlaßten, die illegale Einwanderung nach Italien zu unterbinden. Unter den Ministerpräsidenten Letta und Renzi ist dagegen die Praxis eingerissen, die von gewissenlosen Schleusern im Mittelmeer ausgesetzten illegalen Migranten aufzunehmen (rund eine halbe Million in den vergangenen Jahren) und einen Teil von ihnen unregistriert nach Österreich und Deutschland weiterzuleiten.

Desgleichen hatte Griechenland unter dem konservativen Ministerpräsidenten Andonis Samaras (auch er sicherlich keine unumstrittene Figur) die illegale Migration zumindest einzudämmen versucht durch den Rückgriff auf Frontex und indem man die Grenze zur Türkei durch einen Zaun sicherte, während sein Nachfolger Alexis Tsipras die vom türkischen Festland aus operierenden Schleuser gewähren ließ und den größten Teil der in Griechenland gestrandeten Flüchtlinge unregistriert auf die Balkanroute entließ. Wie sich seit dem Krisenjahr 2015 in Deutschland und Österreich zeigte, hängt auch hierzulande sehr viel von der asylpolitischen Grundorientierung der Regierungen ab. Diese beiden Länder haben im Spätsommer 2015 gemeinsam das Schengen-System aus den Angeln gehoben und diesen eigenmächtigen Akt mit bemerkenswerter Chuzpe als europafreundliche Entscheidung bezeichnet. Österreich hat seine Haltung dann später revidiert.

Das Schengen-System und das Asylsystem der EU sind eben, anders als bei seiner Errichtung gedacht, kein ausschließlich bürokratisch und juristisch steuerbarer Mechanismus, sondern zugleich auch ein hochempfindliches politisches System, das nur dann einigermaßen funktionieren kann, wenn sich alle Mitgliedstaaten regelgerecht verhalten. Die größten Schwierigkeiten beim Schutz der EU-Außengrenzen erwachsen jedoch, dies sei nochmals unterstrichen, aus dem Vorrang des Asylrechts. Weil die Urteilssprüche des Europäischen Gerichtshofs für Menschenrechte sakrosankt sind, dominiert es beim Schutz der EU-Außengrenze, während das legitime Schutzinteresse der EU und ihrer Staaten gegen eine unkontrollierbare Masseneinwanderung hintan treten muß. Bei der Erfüllung ihrer Schutzaufgaben sieht sich die EU somit beinahe unüberwindlichen administrativen und juristischen Schwierigkeiten gegenüber. Jetzt rächt sich, daß die Organe der EU den Schutz der europäischen Außengrenzen routiniert und mit jener Lässigkeit behandelt haben, die politischen Großorganisationen nun einmal eigen ist.

Andererseits muß, wer die finanziell durchaus stattlichen, vielfach auch einfallsreichen Entwicklungsprogramme der EU studiert, der EU-Kommission zugestehen, daß sie viel unternommen hat und weiterhin unternimmt, um in armen oder von Bürgerkriegen erschütterten Dritte-Welt-Ländern Lebensbedingungen zu schaffen, die eine Elendsauswanderung verhindern sollen. Über Jahre hinweg hat sie die heute wieder als Allheilmittel gepriesene Strategie der Ursachenbekämpfung versucht. Neben der Entwicklungshilfe, die dazu beitragen soll, die Fluchtursachen zu bekämpfen, wurden auch

Vereinbarungen mit menschenrechtlich fragwürdigen Regierungen in den Küstenländern des Mittelmeers über die Rücknahme von abgelehnten Asylbewerbern und über die Verhinderung der illegalen Ausreise nach Schengenland getroffen.

Für ein besonders wirksames Mittel zur Verringerung des Migrationsdrucks in Afrika oder im Nahen Osten erachteten die EU-Kommission wie die Länder an der Peripherie dieser Region den Abschluß formeller oder vertraulicher, informeller Vereinbarungen zu Migrationsfragen. Verschiedene Assoziationsabkommen mit Ländern wie Marokko, Algerien, Tunesien, Libyen und Ägypten enthalten unter anderem Artikel über die Rücknahme illegaler Migranten. Die Praxis vertraglicher Rücknahmeabkommen wurde auch auf afrikanische Staaten südlich der Sahara ausgedehnt. Im Rahmen juristischer Vereinbarungen zur Grenzsicherung gegen organisierte Kriminalität, politischen Terrorismus und illegale Einwanderung haben Portugal, Spanien, Frankreich und Italien – zumeist mit Wissen der EU, jedoch kritisiert von Menschenrechtsorganisationen – noch weitergehende Vereinbarungen getroffen, in denen sich die Peripherieländer zur Mithilfe beim Migrationsmanagement verpflichteten.[64] Vieles davon wurde – und wird noch immer – unter der Hand geregelt. Ein gutes Jahrzehnt lang waren derartige Maßnahmen vergleichsweise erfolgreich. Es ist also durchaus nicht so, daß die gemeinschaftliche Bemühung um den Schutz der EU-Außengrenzen zeitweilig nicht funktioniert hätte. Freilich mußte die EU pflichtgemäß die menschenrechtlichen Vorgaben der Verträge beachten. Die einen sagten »im Übermaß«, die anderen »viel zu wenig«. Eine breite Phalanx von Menschenrechtsorganisationen hat ihr unablässig vorgehalten, sie baue an einer »Festung Europa« und wolle gegenüber den Anrainern am südlichen Mittelmeer und im Vorderen Orient eine Art modernen Limes errichten.

Aus deutscher Sicht schien das System zum Schutz der Außengrenzen lange Zeit durchaus zufriedenstellend zu funktionieren. Die Verordnungen Dublin I–III in Verbindung mit dem feingesponnenen Artikel 16a des Grundgesetzes versetzten die Bundesrepublik in eine komfortable Lage. Das großzügig ausgestaltete Asylrecht der

EU bereitete Deutschland keinen großen Kummer, denn das vorgelagerte System der sicheren Drittstaaten und ein noch halbwegs erträglicher Migrationsdruck an den Außengrenzen der EU trugen dazu bei, daß man sich keine allzu großen Sorgen machte. Wenn die belasteten Schengenländer an der Peripherie klagten, verwies man darauf, daß eben jeder Mitgliedstaat unter ungünstigen Bedingungen irgendwann einmal zum Ziel illegaler Einwanderer werden könne. Deutschland konnte zudem mit gutem Recht darauf verweisen, daß es mit der Elendseinwanderung via Asyl aus den Ländern des Balkan, die nicht der EU angehörten, genug zu tun habe.

Ideal war das freilich nicht. Das frühere System einzelstaatlicher Grenzsicherung ist demontiert. Zu Hunderten säumen verfallene Zollstationen oder Grenzerhäuschen die Grenzübergänge. Das einstmals ausgeklügelte System von Zoll, Grenzpolizei, Militär, das im Krisenfall rasch aktiviert werden konnte, ist personell ausgedünnt und für energische Grenzeinsätze nicht mehr gerüstet. Das Frontex-System ist im Aufbau, jedoch zu schwach und unterliegt zudem den Restriktionen der Mitgliedstaaten. Die Grenzen der Staaten existieren zwar wie eh und je, und die Regierungen sind verpflichtet, für alle, die als Flüchtlinge ins Land kommen, nach Maßgabe strenger Vorgaben des EGMR, des EUGH, des BVerwG oder des BVerfG zu sorgen. Doch die Landesgrenzen selbst sind unbewacht.

Jeder der entgrenzten Staaten in Schengenland gleicht einem Ei ohne Schale. Voll guten Willens, aber ohne ausreichenden Instinkt für mögliche Gefahren haben Politik und Bürokratie der EU ein System errichtet, das in ruhigen Zeiten halbwegs funktioniert, in Notlagen aber fast zwangsläufig kollabieren muss. Wie sollen sich die Nachbarländer schützen, wenn große, aber exponierte Länder wie Italien und Griechenland ihrer Verpflichtung zur Registrierung und zur humanitären Behandlung illegaler Flüchtlinge nicht nachkommen können oder wollen und diese – registriert oder unregistriert – »weiterreichen«? Und wie sollen sich die von Flüchtlingen überrannten Nachbarländer des Schengenraums oder noch nicht ins Schengen-System eingebundenen EU-Staaten verhalten, wenn die Zahl der Flüchtlinge ihre Aufnahmekapazitäten übersteigt?

Die EU-Kommission hat diese Gefahr allem Anschein nach nicht für allzu gravierend erachtet. Als im Jahr 2004 Bootsflüchtlinge aus Afrika in größerer Zahl Malta und die Kanarischen Inseln ansteuerten, berieten die Innenminister in Brüssel einen Notfallplan. Frontex, so die Überlegung, sollten weitreichende Befugnisse zum Schutz der Außengrenzen übertragen werden. Doch selbst bei den in erster Linie betroffenen Staaten herrschte wenig Neigung, die eigenen Souveränitätsrechte in bezug auf den Grenzschutz mit einer von der EU-Kommission gesteuerten Organisation zu teilen. Schon damals wurden Überlegungen laut, bei einem »Massenzustrom« die Flüchtlinge europaweit zu verteilen. Wie ungeeignet diese Maßnahme ist, läßt sich seit Herbst 2015 besichtigen. Damals, in den Jahren 2004 und 2005, als die Zahlen bald zurückgingen, hatten die EU-Innenminister schnell Entwarnung gegeben und die unrealistische Idee einer prozentualen Verteilung der Flüchtlinge auf die Mitgliedstaaten tief unter den Papierbergen der Brüsseler Bürokratie verschwinden lassen. Tatsächlich haben die Beteiligten damals versäumt, für den Fall einer weiteren Krise dieser Art vernünftige Vorkehrungen zu treffen. Weder wurde die heute so offensichtliche Fehlkonstruktion der EU-Asylpolitik als eine Hauptursache des Kontrollverlusts identifiziert, noch wurden rasch abrufbare Notstandsvereinbarungen zum Schutz der EU-Außengrenze getroffen. Wie üblich schob man die Probleme einfach vor sich her.

Heute sind wir klüger. Es war schon ein ziemlich utopischer Gedanke, davon auszugehen, daß mehr als zwei Dutzend große, mittelgroße und kleine Länder an einem komplizierten Regelwerk wie Schengen mit Dublin I–III loyal und völlig zuverlässig mitwirken könnten. Ein Blick auf die tausende von Kilometern langen, ungeschützten Küsten des nördlichen Mittelmeers von Gibraltar bis Thessaloniki oder auf die Inselwelt in der Ägäis macht deutlich, was sich ereignen kann, wenn nur ein einziges Glied in der Kette ausfällt und seinen Vertragspflichten nicht nachkommt. Drei Gefahren sind von Anfang an nicht bedacht worden:

Erstens haben weder die politischen Eliten in der Europäischen Union noch die der Bundesrepublik damit gerechnet, daß die

Kriege und Bürgerkriege außerhalb der EU Millionen von Flüchtlingen nach Europa in Bewegung setzen könnten, die nach dem
europäischen Asylrecht nicht abgewiesen werden dürfen. Berlin hat
zudem die Pull-Effekte nicht gebührend in Rechnung gestellt, die
von dem starken deutschen Arbeitsmarkt und von den äußerst
attraktiven Leistungen des deutschen Asylsystems ausgehen. Daß
eigenes Handeln oder Nichthandeln jenseits der eigenen Grenzen
folgenreiche Reaktionen auslösen kann, ist dem deutschen Denken
offenbar fremd.

Zweitens ging die deutsche Regierung wohl ganz selbstverständlich davon aus, die EU-Partner an den besonders kritischen südlichen Außengrenzen von Portugal über Spanien, Frankreich, Italien
bis Malta und Griechenland würden mit dem Ansturm der Flüchtlinge schon irgendwie fertig werden. Die Zuversicht, im Schutz der
Dublin-Verordnungen in Verbindung mit dem Artikel 16a GG relativ unbehelligt zu bleiben, war groß, und man machte sich kaum
Gedanken darüber, daß für illegale Einwanderer gemäß europäischer Menschenrechtskonvention ein Rückführungsverbot bestand,
noch wollte man sich die Konsequenzen des Verbots gewaltsamer
Abdrängung von Flüchtlingen vor Augen führen. Solidarische Hilfe
für die Länder Italien und Griechenland, die mit den an ihren Küsten gestrandeten Flüchtlingsmassen bald überfordert waren, wurde
nicht in Betracht gezogen. Doch es fehlte auch an großzügiger fi-
nanzieller Unterstützung der riesigen Flüchtlingslager jenseits des
Mittelmeers. Erst recht machten sich die dem Machiavellismus entwöhnten Bundesregierungen keine Gedanken darüber, wie man
notfalls die Diktatoren Afrikas mit finanziellen Anreizen oder Dro-
hungen dazu bringen könnte, die Flüchtlingsströme von Europa
fernzuhalten. Das alles muß nun nachgeholt werden.

Damit verband sich das dritte Versäumnis und die gefährlichste
Illusion. Ähnlich wie bei der Etablierung des Euro hatten die Spitzenpolitiker, die Parteien und eine breite Öffentlichkeit in Deutschland vergessen, daß Staaten, wenn sie sich unbeobachtet fühlen, vor
allem aber in Notlagen, egoistischen Monstern gleichen, die unter
Bruch feierlicher Vereinbarungen brüsk ihr nationales Interesse

verfolgen. Das gilt auch für Demokratien, europäische Vereinbarungen hin oder her. Mehr als andere Länder hatte Deutschland auf die Herstellung offener Binnengrenzen und eine Europäisierung der Grenzkontrollen gedrängt. Jahrelang lautete der Slogan: »Wir sind von Freunden umgeben!« Nun zeigte sich, was eigentlich vorhersehbar war: Es gibt unzuverlässige, egoistische, manchmal sogar heimtückische Freunde.

Seit dem Sommer 2015 müssen die Deutschen zu ihrer Verblüffung sogar erfahren, daß die Nachbarn ausgerechnet Deutschland selbst für ein besonders unzuverlässiges Mitglied der europäischen Völkerfamilie halten, weil die Bundesregierung durch eine Reihe unüberlegter Äußerungen, Gesten und rechtlicher Maßnahmen einen ohnehin schon kaum zu bewältigenden »Massenzustrom« zu einer veritablen Völkerwanderung hat anwachsen lassen. Alle Verantwortlichen in Berlin und bei den Länderregierungen weisen diese Beschuldigung zwar empört zurück. Doch wie immer man die deutsche Politik im Jahr 2015 auch bewerten mag, auf die Deutschen, die jahrzehntelang auf die Errichtung des gänzlich unerprobten, im Weltmaßstab einmaligen Schengen-Systems gedrängt haben, entfällt ein erheblicher Teil der Verantwortung für dessen Funktionsdefizite.

Im risikobehafteten modernen Verkehrswesen achten die Behörden streng darauf, daß Flugzeuge, Züge, Automobile oder Schiffe verkehrssicher konstruiert sind, wobei auch der Vorbeugung für den Katastrophenfall starke Beachtung geschenkt wird. Im Gesundheitswesen sind die Vorschriften ebenfalls streng, muß bei jedem Werbespot für ein Medikament auf »Risiken und Nebenwirkungen« aufmerksam gemacht werden. Desgleichen wird die Nahrungsmittelkette genau überwacht, und es gibt Notfallpläne, falls Vergiftungen oder Seuchen auftreten.

Auch das »Projekt Europa« ist ein potentiell äußerst gefahrenträchtiges Großexperiment. Daß Masseneinwanderung aus fremden Kulturen viele Probleme selbst noch in der dritten Generation hervorruft, hat sich inzwischen herumgesprochen. Umso erstaunlicher ist, daß sich Politik und Öffentlichkeit kaum Gedanken darüber gemacht haben, was geschehen soll, wenn die Grenzsicherung

dieses unerhört komplizierten, riskanten und unerprobten Modells
»Europa der offenen Grenzen« mit seinem über die Maßen groß-
zügigen, absurd komplizierten und schwer zu reformierenden EU-
Asylrecht außer Kontrolle gerät. Die Devisen »mehr Europa« und
»Priorität für die Menschenrechtspolitik« haben Jahrzehnte hin-
durch den Kurs bestimmt. Der Gefahren, die auf diesem Weg
lauerten, achtete man nicht. Inzwischen wissen die hochgemuten
Konstrukteure nicht mehr ein noch aus.

In einem alten Schottenwitz aus den Kinderjahren des Automo-
bilismus hat ein Herrenfahrer sich mit seinem prächtigen Bentley
völlig verfahren und ist in einem gottverlassenen Dorf gelandet.
Dort fragt er einen biederen Bauern nach dem Weg und erhält die
Antwort: »Sir, ich weiß zwar nicht, wie Sie wieder auf den rechten
Weg zurückfinden können, aber eines kann ich Ihnen sagen: Sie
hätten nie hierher kommen sollen!« Die Europäische Union im Allgemeinen und Deutschland im Besonderen hat doch manches mit
diesem Herrenfahrer gemein.

### Der Hauptfehler: das EU-Flüchtlingsrecht, gut gemeint, doch aus der Zeit gefallen

Mit dem zu Beginn des 21. Jahrhunderts erlassenen Asylrecht hat
sich die EU guten Willens, doch unüberlegt in die bisher schwerste
Krise ihrer Geschichte manövriert. Wie ist es dazu gekommen? Drei
große Entwicklungstendenzen sind, vereinfacht formuliert, im heutigen europäischen Asylrecht zusammengeflossen.

Da sind – erstens – die recht unterschiedlichen nationalen Traditionen des Ausländerrechts, das sich evolutionär für Forderungen
des humanitären Individualschutzes von Staatenlosen und Asylbewerbern geöffnet hat, ohne daß der demokratische Staat die letzt-
verbindliche Gestaltungsmacht aus der Hand gab.

Die innerstaatliche Ausgestaltung des Asylrechts, vollzog sich –
zweitens – von Anfang an im Gleichklang mit der Fortentwicklung
des humanitären Völkerrechts. Maßgeblich war hier die Genfer

Flüchtlingskonvention der Vereinten Nationen vom 28. Juli 1951. Parallel dazu beschlossen die im Straßburger Europarat zusammengetretenen Parlamentarier und Staaten die Europäische Menschenrechtskonvention. Diese hat mehrere Entwicklungsstadien durchlaufen und schafft für die Unterzeichnerstaaten des Europarats in Fragen des Asylrechts grundlegend andere Bedingungen als für die außereuropäischen Mitglieder der Staatengesellschaft.

Eine dritte Entwicklungstendenz ist das vor allem auf dem Recht des Europäischen Gerichtshofs für Menschenrechte beruhende heutige Asylrecht der Europäischen Union. Es ist konstitutiver Teil ihres Grundrechtsverständnisses, aber auch ihrer Grenzpolitik, und dazu bestimmt, diese international zum Vorreiter großherziger Asylpolitik zu machen. Unbeabsichtigt – doch faktisch zwingend – legt es jedem autonomen Schutz der EU-Außengrenzen fast unüberwindbare Hindernisse in den Weg. Angesicht der heutigen Krise ungebremster Einwanderung über das Asylrecht ist noch nicht entschieden, ob die Mitgliedstaaten der Europäischen Union bereit sind, die ins Schleudern geratene Europäisierung und Internationalisierung des Asylrechts widerstandslos fortzuführen.

Zu Punkt 1: Die Tatsache, daß zwei Weltkriege in Europa und Asien Hunderttausende von Staatenlosen und »displaced persons« hinterlassen hatten, hinderte die Staaten nicht, ihr Ausländerrecht wie zuvor autonom zu gestalten. Prinzipiell galt das auch für die europäischen Demokratien. Wirft man einen Blick in die Lehrbücher des Völkerrechts der frühen 1960er Jahre, findet man dort das bereits skizzierte Verständnis von Ausländerrecht, das sich aus der souveränen Territorialhoheit herleitet. »Es gibt nach geltendem Völkerrecht keine internationale Freizügigkeit«, konstatierte beispielsweise der konservative Völkerrechtslehrer Friedrich Berber im Jahr 1960 und fügte hinzu: »Es ist geradezu ein Charakteristikum für das gegenwärtige Stadium des Völkerrechts, das mit Zähigkeit an dem Prinzip der Souveränität der Einzelstaaten festhält, daß den Staaten das Recht, über die Zusammensetzung ihrer Bevölkerung souverän zu bestimmen, vorbehalten bleibt.« Dieses Recht bedeute zugleich

die Macht der Staaten, »ihre Homogenität wie ihre staatlich-histo-
rische Identität aufrechtzuerhalten, die bei Gewährung internationaler Freizügigkeit aufs äußerste gefährdet wären; man bedenke
etwa nur die Zukunft Australiens bei freier Gewährung der Einwanderung aus China, Japan und Indien.«[65] Aus dem Grundsatz der Territorialhoheit ergebe sich auch das Asylrecht. Der Staat
könne Fremden auf seinem Gebiet Asyl gewähren, »und zwar
nicht nur politisch Verfolgten, sondern auch anderen Personen,
denen er dazu geneigt ist. Das völkerrechtliche Asylrecht ist aber
nicht ein Recht des einzelnen auf Asyl kraft Völkerrechts, sondern
ein Recht des Staates, Asyl zu gewähren.« Der fortschrittlichere
Kieler Völkerrechtler Eberhard Menzel sah die Rechtslage genauso.
»Das sog. Asylrecht«, so führte er aus, sei zwar nicht befriedigend
gelöst, »doch verbleibt es bei dem Grundsatz«, fuhr er bedauernd
fort, »daß die Staaten den Zutritt zu ihrem Gebiet sperren können
und keine Verpflichtung haben, Nicht-Staatsangehörige aufzunehmen.«[66]

Seither hat sich das Völkerrecht stark weiterentwickelt. Verschie-
denste Konventionen haben dem individuellen Schutzverlangen von
Staatenlosen und Asylbewerbern einen hohen Stellenwert eingeräumt. Außerhalb Europas gilt aber weiterhin das Prinzip der Territorialhoheit. Es zeichne sich, erläutert Knut Ipsen – auch er übrigens
bedauernd – in der letzten Auflage des *Lehrbuchs des Völkerrechts* von
2014, »gegenwärtig im völkerrechtlichen Menschenrechtsschutz
keine Entwicklung ab, die eine völkergewohnheitsrechtliche Zulas-
sungspflicht in bezug auf Ausländer erwarten läßt«. Das gelte auch
für die Beendigung des Aufenthaltsrechts. Es sei bislang nicht gelungen, »eine staatliche Pflicht zur Asylgewährung für politisch Verfolgte durchzusetzen. Mithin ist der Aufenthaltsstaat im Rahmen
seiner Rechtsordnung befugt, einem auf seinem Hoheitsgebiet befindlichen Ausländer aufzugeben, dieses Territorium (ggf. binnen
einer Frist) zu verlassen.«[67]

Primat der Zuständigkeit des Einzelstaats und des Staatswohls –
von dieser Prämisse ausgehend, hat sich das Asylrecht der europäischen Demokratien nach dem Zweiten Weltkrieg zunächst ent-

wickelt. Dabei war das Ausländerrecht der einzelnen Staaten im einzelnen recht unterschiedlich ausgestaltet. Das galt auch für das Asylrecht der Bundesrepublik Deutschland. Der Parlamentarische Rat hatte dem Artikel 16 des Grundrechtskatalogs, der – allerdings unter Gesetzesvorbehalt – die Ausbürgerung sowie die Auslieferung Deutscher an das Ausland untersagte, den Artikel 16 II (2) GG hinzugefügt: »Politisch Verfolgte genießen Asylrecht.« Im ursprünglichen Verständnis des Parlamentarischen Rats und der frühen Bundesrepublik war darunter nur der Rechtsanspruch eines politisch verfolgten Ausländers zu verstehen, nicht an einen Drittstaat ausgeliefert zu werden. Kein Gedanke daran, daß ein Flüchtling einen Anspruch auf Aufnahme oder auf Unterhalt als Asylberechtigter hatte.[68] Ohnehin war es in den Anfängen der Bundesrepublik unvorstellbar, daß es Flüchtlinge aus Asien oder Afrika in das zerstörte und übervölkerte Land ziehen könnte. Die frühe Bundesrepublik war ein Auswanderungsland. 1952 emigrierten mehr als 130 000 Bundesbürger, viele nach Kanada oder nach Australien. Noch 1956 registrierte die Statistik 68 100 Auswanderer.[69]

Bis in die 1960er Jahre hat sich an dem stark eingeschränkten Verständnis des Artikels 16 II (2) GG nach Ausweis der Verfassungskommentare und der Rechtsprechung nichts geändert. In den Jahren 1956/57 beispielsweise, als die Bundesregierung nach dem Aufstand in Ungarn für die Aufnahme Zehntausender Flüchtlinge einer Rechtsgrundlage bedurfte, regelte sie deren Aufnahme und Verteilung nicht über den Grundrechtsartikel 16 II (2), sondern durch einfache Rechtsverordnung, gestützt auf Artikel 119 GG (Flüchtlinge und Vertriebene), der ursprünglich für die Verteilung Vertriebener oder aus der DDR geflohener deutscher Staatsangehöriger vorgesehen war.[70] Auch als das Bundesverfassungsgericht im Jahr 1959 erstmals mit der Klage eines exilierten polnischen Staatsangehörigen befaßt war, ging es nur um das Auslieferungsrecht. Doch jetzt nahm das Gericht wie bei anderen Grundrechten auch eine konkretisierende Interpretation vor und vermerkte, beim Artikel 16 sei im Rahmen des deutschen Verfassungsrechts eine weite Auslegung geboten.

Inzwischen ging allerdings von der gleich zu erörternden Genfer Flüchtlingskonvention eine spürbare Wirkung aus. Als der Bundesgesetzgeber im Jahr 1965 erstmals ein Ausländergesetz erließ, nahm er auf beide Rechtsquellen Bezug, einerseits auf die sogenannten Konventionsflüchtlinge gemäß der Genfer Flüchtlingskonvention von 1951, andererseits auf den Grundrechtsartikel 16 II (2) in der prinzipiell weiten, flüchtlingsfreundlichen Interpretation des Bundesverfassungsgerichts.

Es ist hier nicht der Ort, die komplizierte Entwicklung des deutschen Asylrechts zu schildern. Wesentlich ist nur die Feststellung, daß es sich in der Interaktion von deutschem und europäischem Richterrecht und autonomer staatlicher Gesetzgebung vollzogen hat. Wie andere Grundrechte ist auch das Asylrecht einerseits durch Richterrecht, andererseits durch den Gesetzgeber ausgeweitet, verfahrensmäßig geschützt und materiell unterfüttert worden. Aus dem bloßen Auslieferungsverbot wurde ein durch manche Vorbehalte eingeschränkter, in vielem aber doch zwingender subjektiver Asylanspruch politisch Verfolgter. Dabei wurde der ursprünglich auf den eingeschränkten Sachverhalt der politischen Verfolgung begrenzte Schutz großzügig auf den Tatbestand der Verfolgung ausgeweitet, wie er in der Genfer Flüchtlingskonvention festgelegt war. So ist im Verlauf der siebziger und der achtziger Jahre des vorigen Jahrhunderts aus dem ursprünglich recht eingeschränkten Asylrecht des Artikels 16 II (2) ein ausgedehntes Asylrechtssystem mit komplizierten Rechtsregeln, Verfahren und Ansprüchen auf Unterstützung geworden, in denen die Bedingungen für Schutzgewährung und Leistungen präzise festgelegt waren.

Von Mitte der 1970er Jahre an wurde das neuartige Asylrecht zunehmend in Anspruch genommen. Schon 1980 hat die Zahl der Ausländer, die in der Bundesrepublik um Asyl nachsuchten, erstmals die Grenze von hunderttausend Antragstellern überschritten.[71] Während der Kriege und Bürgerkriege im zerfallenen Jugoslawien, als bis Mitte der 1990er Jahre jährlich Hunderttausende Flüchtlinge in Deutschland Zuflucht suchten, wurde der Asylgrund »politischer Flüchtling« auf Kriegs- und Bürgerkriegsflüchtlinge ausgedehnt. Damals verfügte die Bundesrepublik im überparteilichen Konsens und kraft eigener Souveränität eine gezielte Einschränkung des Grundrechts im Artikel 16a. Allerdings wurden durch diese Grundgesetzänderung die Vorschriften der Genfer Flüchtlingskonvention nicht in Frage gestellt, vielmehr ausdrücklich bestätigt. Nicht der Anspruch auf Asyl als solcher wurde eingeschränkt, vielmehr erfand der Gesetzgeber das leicht praktikable Konzept der sicheren Drittstaaten. Das waren Staaten, in denen die Genfer Flüchtlingskonvention und die Europäische Menschenrechtskonvention galten und Flüchtlinge bereits die Möglichkeit gehabt hätten, Asyl zu beantragen. Mit diesem Kunstgriff wurde die Zuwanderung über Land faktisch unterbunden. Flüchtlinge aus Kriegs- und Bürgerkriegsländern erhielten auch weiterhin Asyl, allerdings nur vorläufig. Beides, die Gebote humanitärer Aufnahme notleidender Flüchtlinge und das Ziel der Verhinderung einer Überlastung der Asylkapazität wurden so einigermaßen ins Gleichgewicht gebracht. Entscheidend blieb jedoch: Das Asylrecht wurde weiterhin bei Respektierung der völkerrechtlichen Vorschriften als nationales Recht festgelegt.

Die Ausgestaltung des ursprünglich recht eingeschränkten politischen Asylrechts zum umfassenden Flüchtlingsrecht war jedenfalls schon in den Jahrzehnten weit vorangeschritten, als die Bundesrepublik noch über die Alleinzuständigkeit für die gesetzliche Regelung dieses sensiblen Bereichs verfügte. Seither ist das ursprünglich nationale Recht vom EU-Recht weitgehend überlagert worden, das ein noch großzügigeres, geradezu uferloses Flüchtlingsrecht statuiert und in deutsches Recht übernommen werden muß. Zwischen dem ursprünglichen Asylrechtsverständnis des Grundgesetzes gemäß Artikel 16 II (2) GG, das lediglich die Auslieferung politisch Verfolgter an Drittstaaten untersagte, und dem heute in Deutschland geltenden Flüchtlingsrecht liegen zwar keine Welten, aber die im Laufe der Zeit vorgenommenen Veränderungen lassen den ursprünglichen Willen des Parlamentarischen Rats nicht mehr erkennen. Heute ist aus dem ursprünglichen politischen Asylrecht faktisch ein weit geöffnetes Tor für die Einwanderung dritter Klasse geworden.

Die Entwicklungsgeschichte dieses Rechtsverständnisses ist allerdings nur verständlich beim Blick auf eine Sonderentwicklung, die im westlichen Europa schon bald nach dem Zweiten Weltkrieg begonnen hat.

Zu Punkt 2: »Der Staat oder die organisierte Unmoralität« – diese Kennzeichnung des modernen Staates durch Friedrich Nietzsche[72] hatte sich im Zweiten Weltkrieg wieder einmal schrecklich bewahrheitet. Danach wollten wenigstens die Demokratien den Weg zum Besseren beschreiten. Die Staaten, so die Überzeugung, sollten durch Internationales Recht domestiziert werden. In diesen Zusammenhang gehört die Allgemeine Menschenrechtserklärung der UN vom 10. Dezember 1948, deren praktische Bindewirkung allerdings weitgehend deklaratorischer Natur war, sodaß auch der Sowjetunion die Zustimmung nicht schwerfiel.

In den frühen 1950er Jahren sind jedoch zwei internationale Konventionen geschlossen worden, die für die Entwicklung des Asylrechts von größter Bedeutung waren: die Genfer Flüchtlingskonvention vom 28. Juli 1951 (GFK) und die Europäische Konvention zum Schutze der Menschenrechte und Grundfreiheiten (EMRK) vom 4. November 1950.

Die Genfer Flüchtlingskonvention war durchaus global angelegt, aber nur auf Fälle *vor* dem Stichtag des 1. Januar 1951 bezogen und dazu bestimmt, das Elend der Opfer von Kriegen und politischer Diktatur aufarbeiten zu helfen. Noch kein Gedanke daran, künftige Flüchtlinge vor Gewaltregimen oder künftige Kriegsopfer mit Rechtsansprüchen auszustatten. Die Bestimmung, wer als Flüchtling zu gelten habe, war umständlich, zugleich aber sehr weitreichend und verdient es, wegen ihrer grundlegenden Bedeutung im Wortlaut zitiert zu werden. In Artikel A 2 GFK wird als Flüchtling eine Person definiert, »die infolge von Ereignissen, die vor dem 1. Januar 1951 eingetreten sind, und aus der begründeten Furcht vor Verfolgung wegen ihrer Rasse, Religion, Nationalität, Zugehörigkeit zu einer bestimmten sozialen Gruppe oder wegen ihrer politischen Überzeugung sich außerhalb des Landes befindet, dessen Staatsangehörigkeit sie besitzt, und den Schutz dieses Landes nicht in Anspruch nehmen kann oder wegen dieser Befürchtung nicht in Anspruch nehmen will; oder die sich als staatenlose infolge solcher Ereignisse außerhalb des Landes befindet, in welchem sie ihren gewöhnlichen Aufenthalt hatte, und nicht dorthin zurückkehren kann oder wegen der erwähnten Befürchtungen nicht dorthin zurückkehren will.«

Das sind ohne Frage weitreichende Kriterien, die stark auf die subjektiven Befürchtungen von Verfolgten abheben und den Gerichten einen erheblichen Gestaltungsspielraum eröffnen, allerdings damals nur mit dem Ziel der Regelung von Verfolgung, die *vor* dem Stichtag 1. Januar 1951 lag. Außerdem war die Teilnahme an der Konvention ins Ermessen der Regierung des jeweiligen Unterzeichnerstaates gestellt. Artikel 44 (Kündigung), der bis heute gilt, legte fest: »1. Jeder vertragschließende Staat kann das Abkommen jederzeit durch eine an den Generalsekretär der Vereinten Nationen zu richtende Mitteilung kündigen. 2. Die Kündigung wird für den betreffenden Staat ein Jahr nach dem Zeitpunkt wirksam, an dem sie beim Generalsekretär der Vereinten Nationen eingegangen ist.«

Neben der Definition des Begriffs Flüchtling enthielt schon die ursprüngliche Konvention eine Reihe weiterer Bestimmungen, die bei der Fortentwicklung der Flüchtlingsrechte bis heute von großer Bedeutung sind. In Artikel 23 (Öffentliche Fürsorge) haben sich die Unterzeichnerstaaten beispielsweise verpflichtet, »den Flüchtlingen, die sich rechtmäßig in ihrem Staatsgebiet aufhalten, auf dem Gebiet der öffentlichen Fürsorge und sonstigen Hilfeleistungen die gleiche Behandlung wie ihren eigenen Staatsangehörigen« zu gewähren. Genauso weitreichend ist heute Artikel 33 (Verbot der Ausweisung und Zurückweisung): »Keiner der vertragschließenden Staaten wird einen Flüchtling auf irgendeine Weise über die Grenzen von Gebieten ausweisen oder zurückweisen, in denen sein Leben oder seine Freiheit wegen seiner Rasse, Religion, Staatsangehörigkeit, seiner Zugehörigkeit zu einer bestimmten sozialen Gruppe oder wegen seiner politischen Überzeugungen bedroht sein würde« (das sogenannte *Non-refoulement*-Verbot). Dieser Schutzbestimmung lagen

Erfahrungen mit den menschenverachtenden totalitären Regimen der 1930er und 1940er Jahre zugrunde. Im Zweiten Weltkrieg hatten viele Verfolgte ihr Leben verloren, ganz besonders jüdische Flüchtlinge, weil sie von neutralen Staaten an das Dritte Reich ausgeliefert worden waren. Unter den Bedingungen des Kalten Krieges leuchtete auch allgemein ein, weshalb Flüchtlinge nicht an die zeitgenössischen kommunistischen Regime in ihren Herkunftsländern ausgeliefert werden durften. Immerhin waren diese Rechtsgarantien aber mit Einschränkungen versehen. Artikel 23 kann nicht von illegalen Flüchtlingen in Anspruch genommen werden, und Artikel 33 erlaubt die Ausweisung eines Flüchtlings, der »aus schwerwiegenden Gründen als eine Gefahr für die Sicherheit des Landes anzusehen ist, in dem er sich befindet«, oder »weil er wegen eines Verbrechens oder eines besonders schweren Vergehens rechtskräftig verurteilt wurde«.

Eine entscheidende Ausweitung erfuhr die Genfer Flüchtlingskonvention durch den Wegfall der zeitlichen Befristung. Das entsprechende Protokoll von 1967 schuf für die Unterzeichnerstaaten, aber genauso für Flüchtlinge, die sich darauf berufen wollten, völlig neue Bedingungen. Seither gilt auch in der Bundesrepublik die Genfer Flüchtlingskonvention für alle Flüchtlinge weltweit. Einige Staaten sind dem Protokoll nur mit Einschränkungen beigetreten. Zu ihnen gehört übrigens die Türkei, die ihre Verpflichtungen auf Flüchtlinge begrenzte, die aus Europa kommen – eine Vorkehrung, die sich im Syrienkrieg im Frühjahr 2016 als wichtig herausgestellt hat.

Die globale Wirksamkeit der Genfer Flüchtlingskonvention hält sich in Grenzen. Sie ist nicht sanktionsbewehrt, und so fühlen sich selbst die Demokratien außerhalb Europas – die USA, Indien, Australien, Japan – durchweg frei, sie nach eigenem Gutdünken anzuwenden, eingeengt zu interpretieren oder faktisch zu ignorieren. Daß autoritäre Regierungen, selbst wenn sie zu den Unterzeichnerstaaten gehören, sich mit einer Vielzahl von Vorkehrungen und Argumenten herauszuwinden wissen, kann erst recht nicht überraschen.

Ausschlaggebend für die seitherige Entwicklung in Europa und für die Unterzeichnerstaaten völkerrechtlich genauso bindend wie die

Genfer Flüchtlingskonvention war die Europäische Konvention zum Schutze der Menschenrechte und Grundfreiheiten. Sie wurde am 4. November 1950 vom Straßburger Europarat verabschiedet. 1950 gehörten ihm die damaligen westlichen Demokratien Europas an: Belgien, Dänemark, Deutschland (erst 1951 als Vollmitglied), Frankreich, Griechenland, Großbritannien, Irland, Island, Italien, Luxemburg, Niederlande, Norwegen, Schweden und die Türkei. Später traten weitere Demokratien bei. Erst nach dem Ende des Kalten Krieges änderte sich die Zusammensetzung des Europarats grundlegend. Jetzt gehören ihm alle europäischen Staaten an, dazu Rußland, die Ukraine, Georgien, Armenien und Aserbaidschan, heute insgesamt 47 Staaten. Man übertreibt nicht mit der Feststellung, daß die europäische Staatenwelt damit einen Sonderweg eingeschlagen hatte, der Flüchtlingen sehr viel weiterreichende Garantien eröffnete, als die außereuropäischen Staaten für angebracht halten.

Vor dem Ende des Kalten Krieges und im ersten Jahrzehnt danach stand die Fortentwicklung des Asylrechts noch nicht im Zentrum der Aktivitäten des Europarats. Durch die Reform des EGMR hat sich das stark geändert. Der mit hauptamtlichen Richtern und einem gestuften Instanzenzug ausgestattete Gerichtshof versteht sich auch als Wächter über das Asylrecht der Mitgliedstaaten. Die besondere Aufmerksamkeit der von den Mitgliedsländern benannten und für die Amtszeit von neun Jahren gewählten Richter gilt einer peinlich genauen Anwendung der Genfer Flüchtlingskonvention im Interesse von Flüchtlingen. Gegenüber früher sind die Rechte von Asylbewerbern ganz außergewöhnlich gestärkt worden. EMRK Artikel 34 (Individualbeschwerden) statuiert: »Der Gerichtshof kann von jeder natürlichen Person, nichtstaatlichen Organisation oder Personengruppe, die behauptet, durch eine der Hohen Vertragsparteien in einem der in dieser Konvention oder den Protokollen dazu anerkannten Rechte verletzt zu sein, mit einer Beschwerde befaßt werden. Die Hohen Vertragsparteien verpflichten sich, die wirksame Ausübung dieses Rechts nicht zu behindern.« Entsprechend groß ist die Zahl der anhängigen Verfahren (Anfang 2010 etwa 100 000),[73] aus denen das Gericht jene herausgreift, die ihm vordringlich erscheinen.

Die Unterzeichnerstaaten haben sich den Urteilssprüchen des Gerichts zu unterwerfen, das sein Urteile allerdings nur mit Geldstrafen sanktionieren kann. Viel gravierender ist der Umstand, daß diese Urteile die Verfassungsorgane der Unterzeichnerstaaten binden. Länder wie Österreich oder die Niederlande räumen Urteilen des Europäischen Menschenrechtsgerichtshofs sogar denselben Rang ein wie den Grundrechtsartikeln ihrer Verfassungen. Auch in Deutschland werden die Urteile der Straßburger Richter für unfehlbar erachtet. Sie haben den Rang regulärer Bundesgesetze. 2004 hat sich das Bundesverfassungsgericht für eine möglichst konventional-freundliche Auslegung von Individualrechten ausgesprochen.[74]

Der Straßburger Gerichtshof ist heute ein gewichtiger Akteur in der Asylrechtsfrage und hat zur gegenwärtigen Krise des Schengen-Systems einen gewichtigen Beitrag geleistet. Hier nur zwei Beispiele: Mit einem Urteil vom 21. Dezember 2011 hat der EGMR die Rückführung von Flüchtlingen nach Griechenland entsprechend der Dublin-II-Verordnung untersagt, weil die dortigen Aufenthaltsbedingungen menschenunwürdig seien. Das deutsche Bundesinnenministerium hat daraufhin Weisung erteilt, vorerst keine Asylbewerber, für deren Verfahren und Unterhalt eigentlich Griechenland zuständig wäre, dorthin zurückzusenden.[75] Damit hat sich das Straßburger Gericht nicht nur über gültiges EU-Recht hinweggesetzt. Es hat den Flüchtlingen in Griechenland auch signalisiert, sie könnten ohne Furcht vor Abschiebung nach Deutschland weiterreisen, das angenehmere Asylbedingungen gewährt als Griechenland. Daß das vertragswidrige Handeln der griechischen Regierung die Umleitung der illegal nach Griechenland eingereisten Flüchtlinge in Richtung Deutschlands begünstigt hat, mag nicht beabsichtigt gewesen sein, erwies sich aber als weitreichende, bis zum heutigen Tag folgenschwere Konsequenz dieses Urteilsspruchs.

Wie der Europäische Menschenrechtsgerichtshof mit seinen Urteilen den eigenständigen Grenzschutz an der mittelmeerischen EU-Außengrenze gegen illegale Einwanderer geradezu unmöglich gemacht hat, zeigt das gegen Italien ergangene Urteil im Fall Hirsi Jamaa.[76] Vor Errichtung des EGMR war der italienische Grenzschutz durchaus resolut vorgegangen. Anfang der 1990er Jahre hatten Schleuser zahlreiche Albaner illegal über die Adria nach Italien transportiert. Die italienische Regierung reagierte darauf, indem sie – Abschiebungsverbot der Genfer Flüchtlingskonvention hin oder her – der Marine den Auftrag gab, die Boote der unerwünschten Illegalen abzufangen und unverzüglich nach Albanien abzudrängen oder bereits Angelandete, die man aufgegriffen hatte, ohne große Umstände zurückzuführen.

Ähnlich sind italienische Seestreitkräfte auch im Jahr 2009 verfahren, diesmal gegenüber Libyen. Ein Boot mit zwei Dutzend Flüchtlingen aus Eritrea und Somalia in Richtung Italien war in internationalen Gewässern vor Lampedusa aufgegriffen und nach Libyen abgeschoben worden, mit dessen Präsident Gaddafi die Regierung Berlusconi Vereinbarungen zur Rücknahme Illegaler getroffen hatte. Doch nun kam der Europäische Gerichtshof für Menschenrechte ins Spiel. Der Fall beschäftigte die dortigen Richter zwei Jahre lang. Schließlich entschied die Große Strafkammer des EGMR gegen Italien, das an jeden der 24 Flüchtlinge 15 000 Euro Entschädigung zu zahlen hatte. In der Urteilsbegründung verwiesen die Richter auf die Verletzung einer ganzen Reihe von Vorschriften der Genfer Flüchtlingskonvention. Der Anspruch der Flüchtlinge auf wirksamen Rechtsschutz sei durch die Kollektivausweisung ohne rechtsstaatlich korrekte Prüfung ihres Asylanspruchs verletzt worden. Jeder Einzelfall müsse geprüft werden. Desgleichen sei gegen das Verbot verstoßen worden, Flüchtlinge an Staaten auszuliefern, in denen ihnen möglicherweise Folter und unmenschliche Behandlung drohe. Die kollektive Ausweisung der aus Somalia und Äthiopien stammenden Bootsflüchtlinge sei auch ein Verstoß gegen die Zusatzprotokolle zur Flüchtlingskonvention. Durch die Rückführung sei den Flüchtlingen jede Möglichkeit genommen gewesen, einen Asylantrag zu stellen.[77]

Das Urteil war von denkbar weitreichender Bedeutung. Es verpflichtete Italien in einem nach allen Regeln der Kunst durchgepaukten Präzedenzfall auf strenge Beachtung des Prinzips der Nichtzurückweisung (*non refoulement*) von Flüchtlingen. Seither sah sich

die italienische Marine gehalten, rund eine halbe Million Bootsflüchtlinge aus dem Mittelmeer aufzunehmen und zu den vorgelagerten Inseln oder aufs italienische Festland zu transportieren.
Ungewollt wurde dabei auch den kriminellen Schleusern ein Dienst
erwiesen, und die italienische wie die griechische Regierung können
seither ihre Untätigkeit gegen illegale Einwanderer mit diesem Rich-
terspruch begründen. Überhaupt sind alle Mitgliedstaaten der EU
gehalten, diesem Urteil zu entsprechen. Bisher hat kein einziger
EU-Staat die Vorgaben des Gerichts in Frage gestellt.

Die Entscheidung der Straßburger Richter beleuchtet übrigens
auch die Problematik, die sich aus einer sehr weitreichenden Auslegung des Kreises der Asylberechtigten gemäß der Genfer Konvention ergibt. Von den 24 ohne große Umstände zurück expedierten
Bootsflüchtlingen, die vom EGMR zum Grundsatzfall gemacht wurden, waren elf Somalier, also Bürgerkriegsflüchtlinge. Diesem potentiell riesigen Personenkreis wird in Artikel 15c der EU-Qualifikationsrichtlinie »subsidiärer Schutz« mit vorläufigem Aufenthaltsrecht
zugesprochen. Das erwähnte Urteil betraf aber auch einige Eritreer.
In Eritrea herrscht eine Diktatur. Die meisten Asylanten aus Eritrea
sind junge Männer und haben ihrem Land den Rücken gekehrt, weil
sie dem dreijährigen Militärdienst entgehen wollen. Für sie hat die
Qualifizierungsrichtlinie 204/83 der EU einen Berufungsgrund geschaffen. Der dort formulierte Artikel 9e sieht als »Verfolgungshand-
lung« vor: »Strafverfolgung oder Bestrafung wegen Verweigerung des
Militärdienstes in einem Konflikt, wenn der Militärdienst Verbrechen oder Handlungen umfassen würde«, die Kriegsverbrechen oder
Verbrechen gegen die Menschlichkeit beinhalten. Da bei Streitkräf-
ten in den Kriegszonen Asiens und Afrikas solche Delikte eher die
Regel als die Ausnahme sind, werden Deserteuren aus diesen Gebieten nach dem europäischen Rechtsverständnis seither besondere
Privilegien eingeräumt.

Tatsächlich verpflichtet die Genfer Menschenrechtskonvention
keinen Unterzeichnerstaat explizit zur Aufnahme von Flüchtlingen.
Faktisch sind die Unterzeichnerstaaten aber daran gehindert, Illegale, die auf dem Seeweg einreisen wollen, ohne gründliche Prüfung

eines möglichen Asylanspruchs in das jeweilige Herkunftsland zurückzuschaffen. Nach Meinung des Gerichts ist die ausführliche
und kostspielige Prüfung des möglichen individuellen Asylanspruchs eines zur illegalen Einreise entschlossenen Ausländers höher
einzuschätzen als das Recht des Staates, sich selbst und damit zugleich die EU-Außengrenze vor der »Notlage« eines »Massenzustroms« zu schützen.

Man mag argumentieren, daß die Straßburger Richter allein
darauf verpflichtet sind, über die individuellen Menschenrechte von
Asylsuchenden zu wachen. Es braucht sie nicht zu kümmern, ob
ihre Urteile das Schengen-System zerstören, einzelnen EU-Ländern
unerträgliche Lasten aufbürden und chaotische Verfahrensregeln
verursachen. Schwer nachvollziehbar ist jedoch, daß sich die europäischen Demokratien den Rechtssprüchen von Richtern unterwerfen, die guten Willens, aber zugleich niemandem verantwortlich
sind. In dem erfahrungsgemäß besonders sensiblen Flüchtlingsrecht,
das auch demographisch weitreichende Folgen hat und in vielen
Fällen letztlich ein Einwanderungsrecht dritter Klasse ist, haben
die Legislativen und Exekutiven der Demokratien ihren politischen
Primat zugunsten weitreichender Zuständigkeiten internationaler
Richter zur Disposition gestellt.

Der Vergleich mit der Praxis außereuropäischer Demokratien
von den USA und Kanada über Japan und Australien bis Indien und
Lateinamerika verdeutlicht, daß die Staaten der EU sich damit
rechtspolitisch auf einen Sonderweg begeben haben. Die Verfassungsorgane der aufgeführten Länder tragen der Genfer Menschenrechtskonvention in Asylfragen zwar mehr oder weniger Rechnung,
sind aber nicht gewillt, ihre entsprechende Gesetzgebung dem Vo-
tum internationaler Gerichtshöfe widerstandslos zu unterwerfen.
Das führt zum dritten Entwicklungsstrang der Asylgesetzgebung,
zum Flüchtlingsrecht der Europäischen Union.

Zu Punkt 3: Im Diskurs zur Asylpolitik nimmt die Öffentlichkeit
nur zögernd zur Kenntnis, daß das deutsche Flüchtlingsrecht in weiten Teilen nicht mehr in Berlin, sondern in Brüssel gestaltet wird.

Bahnbrechend war diesbezüglich die sogenannte Qualifizierungsrichtlinie 204/83/EU vom 29. April 2004. Sie wurde sozusagen zur
Magna Charta europäischer Asylpolitik. Zu einem Zeitpunkt, da
sich die heutige Völkerwanderung in die EU über das Asylrecht und
die damit verbundenen Probleme für die EU-Außengrenze bereits
deutlich abzeichneten, verpflichtete die EU ihre Mitglieder faktisch
darauf, dem individuellen Asylrecht von Flüchtlingen von außerhalb der EU unbedingten Vorrang vor dem Schutz der Außengrenze
einzuräumen.[78]

Der 2002 unterbreitete Vorschlag kam aus den bürokratischen
Tiefen der EU-Kommission, hatte die ebenso verschlungenen Entscheidungsprozesse des Europäischen Rats durchlaufen und ist 2007
durch Umsetzungsgesetz im deutschen Recht implantiert worden.
Eine wissenschaftliche Analyse der Entstehung dieser Richtlinie steht
noch aus. Doch auch ohne das Mikroskop historiographischer Untersuchung ist gut zu erkennen, daß all denen, die ein uferloses Asylrecht anderen gleichfalls gewichtigen Rechtsgütern voranstellen, hier
ein Meisterwerk gelungen ist. Gestützt auf die Genfer Flüchtlingskonvention definiert die Richtlinie als »Flüchtling« einen Drittstaatsangehörigen gemäß dem eben referierten Artikel 1, A, 2 GFK. Die
Kriterien für Verfolgung und zur Abgrenzung der Tatbestände sind
so weit gefaßt, daß es schwerfällt, einem Asylbewerber nachzuweisen,
daß eines der Verfolgungsmerkmale, die er anführt (auch wenn sie
objektiv nicht gegeben sein müssen), nicht auf ihn anwendbar ist.

Subsidiären Schutz gemäß den Qualifikationskriterien der EU-
Richtlinie 204/83 können aber auch Personen beanspruchen, denen
»ernster Schaden« droht. Als ernsthafter Schaden gilt gemäß Artikel 15 der Qualifikationsrichtlinie »a) die Verhängung oder Voll-
streckung der Todesstrafe, b) Folter oder unmenschliche oder er-
niedrigende Behandlung oder Bestrafung eines Antragstellers im
Herkunftsland oder c) eine ernsthafte individuelle Bedrohung des
Lebens oder der Unversehrtheit einer Zivilperson infolge willkürlicher Gewalt im Rahmen eines internationalen oder innerstaatlichen bewaffneten Konflikts«. Während sich die beiden erstgenann-
ten Gefahren, die subsidiären Schutz erforderlich machen können,

aus der Genfer Flüchtlingskonvention und ihren Protokollen ablei-
ten lassen, stellt der letzte, fast als unerheblich angehängte Punkt
einer unübersehbaren Schar von Kriegs- und Bürgerkriegsflüchtlin-
gen vorläufigen Schutz in einem EU-Land in Aussicht.[79]

Größere Kriege und Bürgerkriege herrschten im ersten Jahrzehnt des 21. Jahrhunderts bereits in gut einem Dutzend Ländern,
Tendenz steigend. Vorhersehbar war, daß Millionen den erweiterten
Flüchtlingsstatus in Anspruch nehmen könnten. Man muß allerdings hinzufügen: »Subsidiärer Schutz« ist kein Asylstatus im strengen Sinne, sondern ein auf ein Jahr beschränktes Aufenthaltsrecht,
das zweimal verlängert werden kann. In der Praxis und in der Perzeption der Flüchtlinge wie der breiten Öffentlichkeit verschwim-
men diese Unterschiede allerdings leicht.

Aus heutiger Sicht hat der Gesetzgeber mit dieser sehr weitreichenden, für alle EU-Mitglieder verbindlichen Neuerung sehenden Auges die Tore der EU für die große Völkerwanderung nach
Europa geöffnet. Bereits im Jahr 2004, als die Richtlinie verabschiedet wurde, war wohlbekannt, daß die Kriege und Bürgerkriege in
Somalia, im Sudan, in Westafrika, in Afghanistan und im Irak, in
Palästina und im Unabhängigkeitskampf der Kurden gegen den
Irak, den Iran und die Türkei Millionen entwurzelt hatten, die fern
ihrer Heimat umherirrten oder in benachbarten Zufluchtsländern
in Lager gepfercht lebten. Für Asylsuchende waren die EU-Richt-
linie 204/83 und andere Zusicherungen ein Segen, für den Staat, der
für Aufnahme, Überprüfung, Unterbringung und gegebenenfalls
Integration zuständig ist, konnten sie zum Problem werden. Dennoch wollten sich die EU-Regierungen nicht gegen diese in der
Kommission formulierten humanitären Kriterien und Maßnahmen
wenden, jedenfalls nicht öffentlich. Auch die Bundesrepublik, die
prinzipiell eine großzügige Politik betrieb, auf die sie stolz war, hielt
sich zurück. Der Bundesgesetzgeber setzte die Richtlinie zwar erst
im Jahr 2007 um, aber diese Verzögerung ergab sich nicht etwa
aus grundsätzlichen Bedenken gegen die höchst weitreichenden
Verpflichtungen. Den deutschen Gesetzgebungsorganen und dem
Bundesverfassungsgericht lag es fern, die Zuständigkeit der EU oder

des Europäischen Menschenrechtsgerichtshofs in Zweifel zu ziehen. Kritik am Umsetzungsgesetz wurde eigentlich nur von denen geübt, die einen noch weitergehenden Verfahrensschutz für Flüchtlinge forderten. Im Jahr 2013 haben Bundestag und Bundesrat dann der Umsetzung der novellierten Qualifikationsrichtlinie 2011/95/EU zugestimmt, obschon die Masseneinwanderung über die durchlässigen Seegrenzen Italiens bereits begonnen hatte.

Auch beim Blick auf die Asylregelungen ist die Feststellung angebracht, daß Deutschland die Masseneinwanderung des Jahres 2015 wohlmeinend, aber völlig unüberlegt mit verschuldet hat. Anders als viele andere EU-Mitglieder hatte Deutschland, als der Andrang groß wurde, das Kriterium »politische Flüchtlinge« bereits aufs Äußerste gedehnt und ist dann mit Hilfe des Konzepts »sichere Drittstaaten« wieder zurückgerudert. Als die Qualifikationsrichtlinie 2007 durch Umsetzungsgesetz in Kraft trat, blieb die Regel »kein Asyl für Bewerber aus sicheren Drittstaaten« wirksam. Die Dublin-Verordnungen bestätigten diese Praxis. Beruhigt konnte der deutsche Gesetzgeber konstatieren, daß selbst die aus heutiger Sicht unverantwortlich lässigen und denkbar komplizierten Vorschriften der EU-Qualifikationsrichtlinie keine untragbare Belastung nach sich ziehen würden.

Ein besonderes Problem bei der Umsetzung der Richtlinie stellen nicht zuletzt die aus Sicht der Behörden geradezu absurden Verfahrensvorschriften dar, auf deren Einhaltung die Gerichte, der Gesetzgeber, zahlreiche auf Asylverfahren spezialisierte Anwälte, die Pro-Asyl-Lobby und nicht zuletzt mitleidige Bürger peinlich achten. Die neue Richtlinie 2011/95/EU sieht zur Sicherstellung eines »höheres Schutzniveaus« noch eine weitere – gut gemeinte – Ausweitung vor. Das besondere Augenmerk gilt dabei einer Ausweitung des Begriffs »Familienangehörige« und den Gründen von Verfolgung, die mit »geschlechtlicher Identität und sexueller Orientierung« zusammenhängen. Zugleich ist aufgrund eines Urteils des Bundesverfassungsgerichts eine Verbesserung des Leistungsniveaus für Flüchtlinge vorgesehen.

Immerhin hatte sich die Bearbeitung von Asylverfahren bis zum Jahr 2015 eingespielt, war gewiß kostspielig, aber administrativ verkraftbar. Weder die Politik noch eine breite Öffentlichkeit stellten sie grundsätzlich in Frage. Noch waren die Antragszahlen überschaubar und lagen beispielsweise im Jahr 2009 bei 33 033 Asylbewerbern. Im Jahr 2010 waren es 48 589 und im Jahr 2011 dann 53 347.[80] Damit konnte man leben. Problematisch war allenfalls, daß eine beträchtliche Zahl abgelehnter Asylbewerber mit Verweis auf das Rückführungsverbot aufgrund von Gefährdungen im Lande blieb. Andere schöpften sämtliche Widerspruchsmöglichkeiten aus oder wiesen ärztliche Atteste vor, und nicht zuletzt blieb ein Teil aufgrund der Lässigkeit von Kommunen oder bestimmter Bundesländer in Deutschland. Im Juni 2016 hielten sich schließlich 550 000 abgelehnte Asylbewerber in Deutschland auf, die eigentlich hätten zurückgeführt werden müssen, darunter 400 000 bereits länger als sechs Jahre.[81]

Schon die grobe Problemskizze der eng miteinander verflochtenen nationalen, völkerrechtlichen und europarechtlichen Entwicklungstendenzen des heutigen Asylrechts vermittelt einen Eindruck vom Dschungel der Rechtsvorschriften, der nur unter Einsatz schweren Geräts und bei leidenschaftlichem Widerstand aller Interessierten gelichtet werden könnte. Das schwere Gerät ist durchaus vorhanden, bleibt aber im Depot. Kann und darf man es wirklich herausholen?

Prinzipiell könnte die Genfer Konvention von jedem der Unterzeichnerstaaten gemäß Artikel 47 durch Mitteilung an den Generalsekretär der Vereinten Nationen ohne Angabe von Gründen mit einjähriger Frist gekündigt werden. Für die Kündigung der EMRK ist gemäß Artikel 58 (Kündigung) prinzipiell eine Kündigungsfrist von sechs Monaten durch eine an den Generalsekretär des Europarats gerichtete Notifikation vorgesehen. Unnötig zu sagen, daß beides einen weltweiten Sturm der Entrüstung auslösen würde. Zudem enthält die EMRK in der Fassung vom 22. Oktober 2010 in Artikel 15 (Notstandsfall) eine weitreichende Bestimmung: »Wird das Leben der Nation durch Krieg oder einen anderen öffentlichen Notstand bedroht, so kann jede Hohe Vertragspartei Maßnahmen treffen, die von den in dieser Konvention vorgesehenen Maßnahmen abweichen, jedoch nur, soweit es die Lage unbedingt erfordert und wenn die Maßnahmen nicht in Widerspruch zu den sonstigen völkerrechtlichen Verpflichtungen der Vertragspartei stehen.«

Die Einbeziehung der Genfer Flüchtlingskonvention und der Europäischen Menschenrechtskonvention in die Neufassungen der Europäischen Verträge versperrt allerdings diese in jeder Hinsicht höchst heikle, wenngleich verfahrensmäßig einfache Option. Gegenwärtig verpflichtet der Artikel 78 (Asylpolitik) die Mitgliedstaaten der EU ausdrücklich auf einen sehr weitreichenden Flüchtlingsschutz und bestimmt in diesem Zusammenhang wörtlich: »Diese Politik muß mit dem Genfer Abkommen vom 28. Juli 1951 und dem Protokoll vom 31. Januar 1967 über die Rechtsstellung der Flüchtlinge sowie den anderen einschlägigen Verträgen im Einklang stehen.«[82] Offenkundig ist jedenfalls, daß die Konstrukteure der heute geltenden Verträge die einseitige Aufkündigung der Genfer Flüchtlingskonvention oder der Europäischen Menschenrechtskonvention durch einen einzelnen Mitgliedstaat und durch die gesamte EU zu verhindern suchten.[83] Nun gehört der »Raum der Freiheit, der Sicherheit und des Rechts«, in dem auch das Asylrecht verankert ist, nur zu den »geteilten Zuständigkeiten« der Union mit den Mitgliedstaaten.[84] Einzelne Staaten könnten versuchen sich herauszuwinden, weil sie »ihre jeweilige nationale Identität«, ihre »grundlegenden politischen und verfassungsmäßigen Strukturen einschließlich der regionalen und lokalen Selbstverwaltung«, »die Aufrechterhaltung der öffentlichen Ordnung« und »die nationale Sicherheit«[85] oder auch den Schengenraum durch den Pull-Faktor Asylrecht gefährdet sehen. England und Irland haben sich ohnehin durch ihre Opt-outs gegen eine Umverteilung von Flüchtlingen abgesichert und verfügen somit über Spielraum für die frei gewählte Aufnahme von Kontingenten.

Letztlich kann man die gegenwärtigen Schwierigkeiten der EU als ganzes und ihrer jeweiligen Mitgliedstaaten überhaupt nur verstehen, wenn man sich diese hochkomplizierte juristische Problematik vor Augen führt.

Halten wir einige Hauptpunkte fest. Das heutige europäische Flüchtlingsrecht, das ist vielleicht das auffälligste Merkmal, ist völlig

aus der Zeit gefallen. Wesentliche Normen der Genfer Flüchtlingskonvention und der Europäischen Konvention für Menschenrechte
sind vor fünfzig oder gar sechzig Jahren entstanden, sozusagen in
grauer Vorzeit, als Frankreich, Großbritannien, selbst Belgien und
Portugal noch über riesige Kolonialreiche geboten. Es waren dies
zugleich die Jahre des Kalten Krieges und der Erschütterung durch
die humanitären Katastrophen zweier Weltkriege. Daß bereits eine
Epoche vor der Tür stand, in der Europa mit einer neuen Völkerwanderung von vielen Millionen aus Asien und Afrika konfrontiert sein
würde, war unvorstellbar – auch in der Bundesrepublik Deutschland,
die im Grundgesetz den zaghaften Satz aufgenommen hatte, der die
Auslieferung von Ausländern an Drittstaaten untersagte. Doch auch
in dem berühmten Asyl-Paragraphen findet sich noch keine Spur
eines mit allen Gewährleistungen eines Rechtswegestaates geschützten Flüchtlingsrechts.

Es folgten jene Jahrzehnte einer fast naturwüchsigen Fortentwicklung des ursprünglich realistisch konzipierten Rechts auf politisches Asyl und dessen Umwandlung in ein Rechtssystem mit indi-
vidueller Anspruchsberechtigung für jedermann außerhalb der EU.
Dabei haben die Konstrukteure des Flüchtlingsrechts der EU in
dem an und für sich sympathischen Bestreben, jedem Flüchtling
optimalen Rechtsschutz zu gewähren, alle Einwände der praktischen
Vernunft beiseite geschoben. Rechtsvorschriften aus einer längst vergangenen Epoche, die zudem im Laufe der Zeit grotesk ausgeweitet
wurden, gelten inzwischen als Gebot zwingender menschenrecht-
licher Verpflichtung als unantastbar.

Das Flüchtlingsrecht der EU ist nicht nur aus der Zeit gefallen.
Im globalen Konzert demokratischer Staaten ist es auch ein ver-
fassungsrechtliches Unikum. Staaten wie Kanada, die USA, Japan,
Südkorea, Australien, Indien oder die Demokratien Lateinamerikas – sie alle haben die Genfer Flüchtlingskonvention unterschrie-
ben. Ihre Regierungen und ihre Bürger sind ebenso wie die Europäer durchaus mehr oder weniger sensitiv für Flüchtlingstragödien.
Aber sie sind nicht bereit, den Menschen außerhalb der eigenen
Grenzen ein aufwendiges Asylverfahren mit Aufenthaltsperspektive

zu garantieren. Erst recht ist keine dieser Demokratien so kühn,
man kann auch sagen tollkühn, die eigene Asylgesetzgebung und
das Ausländerrecht den Vorgaben und der Oberaufsicht internationaler Richter zu unterwerfen, die idealistisch gesinnt sein mögen, doch die Konsequenzen ihrer Entscheidungen getrost außer
acht lassen können. Sind diese Länder deshalb schlechtere Demokratien? Sind ihre Parteien und Wähler weniger mitfühlend, weil
sie die Möglichkeit uferloser Aufnahme notleidender Flüchtlinge
gegen die vielen anderen legitimen Ziele nationaler Politik abzu-
wägen verstehen?

Bei nüchterner Betrachtung ist das hochkomplizierte, vielfach
auch widersprüchliche Asylrecht der EU das Ergebnis nachvollzieh-
barer, aber auch geschichtlich relativer historischer Entwicklungen.
Vor dreißig und vierzig Jahren hat man es selbst in den europäischen Demokratien noch weniger dogmatisch definiert. Wie fast
immer, wenn Länder von unvorhergesehenen Ereignissen überrollt
werden, sind zwei Faktoren im Spiel: weltpolitische Faktoren, die
sehr schwer zu beeinflussen sind, und Politikversagen seitens der
betroffenen Staaten. Bei der zusehends rasanten Entwicklung hin
zum kaum mehr steuerbaren Asylrecht hat Deutschland sichtlich
eine führende Rolle gespielt. Das Grundgesetz enthielt ursprünglich kein absolutes, ein für allemal normiertes Flüchtlingsrecht.
Politik und Rechtsprechung erwecken zwar den Anschein, die aktuellen, den Geboten der Vernunft widersprechenden Vorschriften
seien der Ausfluß sozusagen ewiger Menschenrechte, die nicht an-
gerührt werden dürften. Tatsächlich bestätigt die windungsreiche
Entwicklung des deutschen Asylrechts jedoch, daß im Grundgesetz
kein ein für allemal positivrechtlich normiertes Asylrecht verankert
ist. Vielmehr ist das Recht historisch relativ, sprich politisch verän-
derbar. Bisher ist die Veränderung im Sinne kontinuierlicher Ausweitung zu einem von festen Verfahrensregeln geschützten Individualrecht für jedermann erfolgt, der von außerhalb der EU kommt
und Rechtsschutz begehrt. Doch auch positives Recht läßt sich
durchaus umgestalten, wenn die Erfahrung zeigt, daß es überzogen
ist und andere Rechtsgüter beeinträchtigt.

Knappe zehn Jahre lang hatte die Europäische Union mit ihrem hybriden Asylrecht Glück. Da sich der Andrang von Bewerbern zahlenmäßig im Rahmen hielt, war ihr großzügiges Flüchtlingsrecht verkraftbar. Inzwischen aber ist eine dynamische Völkerwanderung nach Europa in Gang gekommen, die nicht mehr aufhören will.

Die Staatengesellschaft außerhalb der EU umfaßt heute weit über sechs Milliarden Menschen.[86] Letztlich sichert die EU jedem von ihnen ein individuell einklagbares, sorgfältig zu prüfendes Asylrecht zu. Nicht alle werden das in Anspruch nehmen können oder wollen. Zum Zusammenbruch des Asylrechtssystems wird es freilich schon kommen, wenn demnächst oder auf mittlere Sicht einige weitere Millionen von der Möglichkeit Gebrauch machen, sich im wohlhabenden Europa – genauer gesagt in bestimmten EU-Ländern – für einige Zeit oder auf Dauer niederzulassen. Dann wird mehr kollabieren als nur das Asylrechtssystem. Doch nun offenbart sich, daß das derart weitreichende Flüchtlingsrecht nicht nur viel zu weitreichend, sondern auch schwer revidierbar ist. Kein Wunder, daß weder die EU-Kommission noch die EU-Regierungen einräumen wollen, daß das Asylsystem dringend der Revision bedarf. Solange die Europäische Union an ihrem gutgemeinten, aber aus der Zeit gefallenen Flüchtlingsrecht festhält, wird jeder Versuch eines effektiven Schutzes der EU-Außengrenzen aufgrund rechtlicher Selbstfesselung scheitern. Die Risiken sind groß. Der Fortbestand des Schengenraums steht auf dem Spiel, früher oder später auch die Kohäsion der Europäischen Union und letzten Endes ein Europa, wie die heutigen Europäer es kennen und – jedenfalls mehrheitlich – erhalten sehen möchten.

Es stimmt ja schon: Zum Selbstverständnis moderner europäischer Demokratien gehört ein differenziertes Asyl- und Flüchtlingsrecht, das dem Postulat der Menschenwürde entspringt. Barmherzigkeit gegenüber Staatenlosen und Verfolgten ist gewiß nicht das einzige Prinzip im heterogenen Wertesystem der Verfassungsstaaten. Aber ohne Mitleid wären die Demokratien kalte, abstoßende Ungeheuer. Doch genauso richtig ist, daß die Hilfe mit Verstand organi-

siert werden müßte, das heißt mit klarem Bewußtsein für drohende
Gefahren. Elastische Umstellung überholter Systeme auf neue Bedingungen gehört zu den Geboten der Staatskunst.

### Fehlender Weitblick: der deutsche Beitrag

Verstärkter Migrationsdruck aus der chaotischen Umwelt, die offenen Außengrenzen von Schengenland, ein überdrehtes Asylrecht –
das alles sind Strukturbedingungen, die der gesamten Europäischen
Union zu schaffen machen. Doch warum hat ausgerechnet Deutschland einen so fatalen Beitrag zum Debakel des Schengen-Systems
geleistet? Einige der Antworten sind eben skizziert worden. Schengen
war von Anfang an ein deutsches Projekt. Helmut Kohl hat es lan-
ciert und vorangetrieben. Dieser realistisch veranlagte Bundeskanzler
war von dem praktischen Wert des Vorhabens überzeugt. Es war
bequem für die Bürger und nützlich für den grenzüberschreitenden
Güterverkehr im großen Binnenmarkt. Doch in Sachen Europa war
Kohl auch ein Visionär. Genauso wichtig wie der Nutzen war für ihn
die politische Symbolik. Offene, unkontrollierte Landesgrenzen –
das war ein handgreiflicher Beweis für das Ende der Nationalstaaten,
die vor allem auch auf dem Prinzip gegenseitiger Abgrenzung beruht
hatten.

Es wäre verkehrt, die Verantwortung für solche Parforceritte nur
dem Bundeskanzler anzulasten, der sich als erster aufs Pferd ge-
schwungen hat und der Meute vorangeritten ist. Ein Kanzler käme
nicht weit, wenn ihm die Parteien, die Medien, die Wirtschaft, die
Wähler nicht folgen. Eine große Mehrheit der Deutschen hat damals die prinzipielle Preisgabe der Kontrolle über die Landesgrenzen
mit erstaunlichem Gleichmut hingenommen. Wachsamkeit über
die Kernelemente der Staatlichkeit, die unter kritischen Bedingungen reaktivierbar wären, war bereits während Kohls Kanzlerschaft
unterentwickelt. »Die Bundesrepublik ist die Staat gewordene Ver-
neinung des Ernstfalls«, hat ein Intellektueller die Zeitstimmung
jener Jahre höhnisch glossiert.[87] Wer sich den Ernstfall nicht mehr

vorstellen kann und will, verzichtet auch gern darauf, die eigenen Landesgrenzen durch eigene Sicherheitskräfte zu kontrollieren.

Europabegeisterung erklärt somit vieles. Auch im Bereich der Grenzsicherung sollte deutsche Politik sozusagen über Brüssel laufen. So gesehen steht Angela Merkel in der Nachfolge Helmut Kohls, in dessen Kabinett sie gelernt hat. »Ich will eine europäische Lösung«, dieses Mantra der Bundeskanzlerin in der gegenwärtigen Bestandskrise von Schengen ist ein traditionalistischer Reflex, mit dem die aufeinander folgenden Bundesregierungen seit den weit zurückliegenden Jahren Helmut Kohls auf von außen kommende Krisen zu antworten pflegen.

Häufig mußte auch die schon immer prekäre Mittellage Deutschlands als Argument für die Europäisierung herhalten. Der Glaube, das wiedervereinigte Deutschland sei auf allen Seiten von Freunden umgeben, gehörte zu den Grundüberzeugungen der 1990er Jahre und des ersten Jahrzehnts im 21. Jahrhundert. In Bonn und später in Berlin dominierte die Neigung, die Europäische Union, formulieren wir es etwas keck, als Club der Harmlosen zu betrachten. War es somit nicht ein Zeichen gutnachbarlicher Gesinnung, die Landesgrenzen nach allen Seiten zu öffnen und den Grenzschutz nahen oder fernen europäischen Nachbarn zu überlassen?

Daß die geostrategische Lage mitten in Europa eher ein beharrliches Festhalten an der eigenen Grenzsicherung erfordern könnte, kam den maßgeblichen Spitzenpolitikern nicht in den Sinn – weder Helmut Kohl noch Joschka Fischer, noch Angela Merkel. Durfte man denn wirklich darauf vertrauen, daß diese Nachbarn alle unliebsamen Gäste fernhalten würden? Polen als zuverlässiger Grenzpolizist gegen die organisierte Kriminalität in Weißrußland, in Rußland und in der Ukraine … Österreich als Schildwache gegen die mafiösen Banden und die Elendsmigration aus den Ländern des Balkans … Italien als Marine-Infanterist am Mittelmeer, dessen Geostrategie die deutsche Öffentlichkeit ohnehin wenig interessierte? Selbst über die Westgrenze mit den besonders befreundeten Ländern Frankreich, Belgien und die Niederlande konnten unangenehme Gesellen einreisen. Solange die Sozialisten Mitterrands in

Paris regierten, waren Hunderttausende von Tunesiern, Algeriern und Marokkanern nach Frankreich in die dortigen Parallelgesellschaften eingewandert. Ähnlich unvorsichtig waren Belgien und die Niederlande gewesen. Selbst wenn es gelang, die dortigen Arbeitslosen vom deutschen Arbeitsmarkt fernzuhalten, würde es den in westlichen Nachbarländern aufgenommenen jungen Männern vielleicht Freude machen, in Köln oder anderswo halbkriminelle Milieus zu installieren. Probleme, die heute jedermann beschäftigen, wurden gut ein Vierteljahrhundert hindurch ignoriert, denn sie wären als europapolitisch inkorrekt betrachtet worden. So ist auch die Vernachlässigung des Schutzes der EU-Außengrenzen im Europäischen Verfassungsvertrag und danach im Vertragswerk von Lissabon von Deutschland gleichmütig hingenommen worden.

Hinzu kam noch eine Grundeinstellung, die auch auf die Fragen der Asylpolitik ausstrahlt: In Deutschland existiert seit vielen Jahrzehnten eine tief verwurzelte, begrüßenswerte Kultur globaler Hilfsbereitschaft. Barmherzigkeit gegenüber Notleidenden weit jenseits der eigenen Landesgrenzen – diese Einstellung ist parteiübergreifend, konfessionsübergreifend, verfügt über zahlreiche Institutionen und beruht auf einem dichten Wurzelwerk von unermüdlich aktiven Vereinen, Kirchengemeinden, Hilfsorganisationen und Freiwilligen, die man pauschal als Zivilgesellschaft bezeichnet. Kultur globaler Hilfsbereitschaft … Anders als in manchen anderen wohlhabenden Ländern erfreut sich die deutsche Entwicklungshilfe schon über ein halbes Jahrhundert einer ungebrochenen öffentlichen Unterstützung. Landauf, landab ist die Hilfe für die »Dritte Welt« ein wichtiger Teil der Identität deutscher Kirchengemeinden, seien sie evangelischer oder katholischer Konfession. Die Hilfsbereitschaft geht aber weit über den politischen und religiösen Raum hinaus. Stets lösen ferne Naturkatastrophen in Deutschland eine im Wortsinn grenzenlose Hilfsbereitschaft aus – der Tsunami im Indischen Ozean 2004, das Erdbeben auf Haiti 2010 oder das Erdbeben in Nepal 2015. Es ist immer dasselbe Bild: quasi stündlich abrufbare, gut ausgerüstete Einsätze des Technischen Hilfswerks (THW), des Roten Kreuzes, zahlreicher privater Organisationen mit engagierten

Helfern und ein riesiges Spendenaufkommen, nimmermüde aktiviert durch das Fernsehen.

Kein Wunder, daß die Deutschen auch in Sachen Asyl mehrheitlich anders ticken als manche ihrer europäischen Nachbarn. Schon seit den Tagen der alten Bundesrepublik gibt es Tausende von Initiativen, Organisationen und Projekten und darüber hinaus eine breite Forschung mit dem Ziel, Migranten zu unterstützen und für die Akzeptanz der Migration zu werben. Dieter Oberndörfer hat diese Grundorientierung mit der Kurzformel »Vom Nationalstaat zur offenen Republik« auf den Punkt gebracht.[88] Die Regierungen des Bundes und der Länder, die Parteien, die Wirtschaft, die Kirchen und eine Vielzahl weiterer Organisationen begreifen die deutsche Gesellschaft als Einwanderungsgesellschaft und werben für eine breite Unterstützung. Wie stark das gewirkt hat und immer noch wirkt, schlägt sich regelmäßig in den Umfragen nieder.

Im Herbst des Krisenjahres 2015 hat das Pariser Institut français d'opinion publique (Isop) eine Vergleichsuntersuchung von sieben Ländern der EU publiziert. Die Sozialforscher hatten die fünf Großen in der westlichen und südlichen EU ausgewählt (Deutschland, Frankreich, Großbritannien, Italien, Spanien), dazu die mittelgroßen Niederlande und den Kleinstaat Dänemark. Die im folgenden wiedergegebenen Daten sind zwischen 12. und 14. Oktober 2015 erhoben worden.[89] Der Befund gibt eine Momentaufnahme zu einem Zeitpunkt, als die Völkerwanderung auf der Balkanroute nach Österreich und Deutschland bereits einen Monat lang im Gang war. Das Bild, das dieser Schnappschuß von den Einstellungen in Deutschland liefert, deckt sich grosso modo mit den Ergebnissen entsprechender deutscher Umfragen in den Vorjahren.

Auf die These, es sei »unsere Pflicht«, Migranten aus Krieg und Elend Asyl zu gewähren, reagierten in Frankreich und Großbritannien 46 Prozent der Befragten negativ, in Italien 32 Prozent, in Deutschland aber nur 21 Prozent. Obwohl das Land bereits mitten in der Flüchtlingskrise steckte, hielten immer noch rund 80 Prozent der Deutschen an ihrer uneingeschränkt positiven Grundeinstellung zum europäischen Asylrecht fest.

Ferner wurde gefragt, mit welchen Maßnahmen der Flüchtlingskrise begegnet werden solle. Mit Entwicklungshilfe an die Herkunftsländer? Mit verstärkter Kontrolle an den Außengrenzen und
mit Bekämpfung heimlicher Immigration? Mit militärischem Eingreifen in Syrien? Wie zu erwarten, plädierten 55 Prozent der befragten Deutschen – ähnlich wie die Bundesregierung – für eine verstärkte Entwicklungspolitik. Dagegen sprachen sich nur 35 Prozent
der Briten und 26 Prozent der Franzosen für entwicklungspolitische
Maßnahmen aus. Bemerkenswert war auch, daß nur eine Minderheit von 15 Prozent der befragten Deutschen verstärkte Grenzkontrollen oder ein härteres Vorgehen gegen illegale Migranten
wünschte, während immerhin 30 Prozent in Frankreich und England (auch dort nur eine Minderheit) dies für angezeigt hielten. Fast
unnötig zu sagen, daß in Deutschland nur 12 Prozent militärisches
Eingreifen in Syrien befürworteten, gegenüber immerhin 29 Prozent
in Frankreich und 27 Prozent in Spanien.

Neben moralischen Motiven ließen sich die befragten Deutschen
bei ihrer Grundeinstellung »Wir schaffen das!« deutlich vom Vertrauen auf die deutsche Wirtschaftskraft leiten. Zu einem Zeitpunkt,
als die Schwierigkeiten bei Aufnahme und Unterbringung bereits
offen zutage traten, waren noch 56 Prozent der Befragten mehr oder
weniger entschieden der Meinung, Deutschland verfüge über die
wirtschaftlichen und finanziellen Mittel, mit der Herausforderung
fertig zu werden. Dieses Selbstbewußtsein unterscheidet sich signifi-
kant von den Einstellungen in den anderen großen Volkswirtschaften. Mit der These: »Unser Land hat die wirtschaftlichen und finanziellen Mittel, Migranten aufzunehmen«, zeigten sich 78 Prozent der
befragten Italiener, 73 Prozent der Franzosen und 64 Prozent der Spa-
nier nicht einverstanden. Fügen wir gleich hinzu: Bald erbrachten die
Umfragen auch in Deutschland deutlich skeptischere Einschät-
zungen. Doch hier handelt es sich um die Grundeinstellungen, mit
denen die Deutschen in die Flüchtlingskrise hineingingen.

Offensichtlich dominiert in der deutschen Gesellschaft eine stark
ausgeprägte Mentalität, die man als eine Mischung von global orientierter Barmherzigkeit, Pazifismus, Europaglaube und Glaube an die

Leistungskraft der deutschen Wirtschaft bezeichnen könnte. Die global orientierte Barmherzigkeit erklärt auch die wichtige Rolle der Zivilgesellschaft während der Herausforderungen in den Jahren 2015 und 2016. Als 2015 Hunderttausende in Deutschland eintrafen, war die Herausforderung für die öffentliche Verwaltung nur zu schaffen dank Unterstützung der großen Hilfsorganisationen, der vielen ehrenamtlichen Helfer, der Kirchengemeinden, Jugendinitiativen und der Spendenbereitschaft von seiten hilfsbereiter Privatleute.

Das alles war viel mehr als nur eine einmalige Aufwallung. Die bemerkenswerte, auch im Ausland bestaunte tätige Hilfe für Flüchtlinge aus den Krisenzonen des Nahen und Mittleren Ostens ist die Fortsetzung von Aktivitäten, die – wenig beachtet, aber durchaus effektiv – seit gut zehn Jahren im Gang waren. Schon zu Beginn des Bürgerkriegs im Irak sind die christlichen Kirchen auf die dort von sunnitischem und schiitischem Fanatismus bedrohten Christen aufmerksam geworden. Schätzungsweise 1,5 Millionen Chaldäer, Nestorianer, armenisch-katholische oder armenisch-apostolische Christen waren damals nach Syrien und Jordanien geflüchtet. Bald liefen deutsche Hilfsmaßnahmen auf allen Ebenen an: in den Kirchengemeinden, seitens der Landeskirchen und in den Diözesen. Die Arbeit der zahlreichen Aktivisten wurde von engagierten Parlamentariern unterstützt. In der CDU haben besonders Volker Kauder und Wolfgang Schäuble darauf hingewirkt, daß Deutschland bereits im November 2008 offiziell ein Kontingent von 2500 Christen aus den Katastrophengebieten des Irak aufgenommen und unter den Bundesländern nach dem Königsteiner Schlüssel[90] verteilt hat.

Ähnlich sensitiv waren auch die Reaktionen auf die furchtbare Verfolgung der vergleichsweise kleinen kurdischen Religionsgemeinschaft der Jesiden im Nordirak durch den »Islamischen Staat« im Jahr 2014. Auch hier erwuchsen die Hilfsmaßnahmen aus einem engen Zusammenwirken zwischen Helferkreisen in den Kommunen, in den Landkreisen und seitens der Politik auf Landesebene im Verbund mit der jesidischen Diaspora. Seit Jahrzehnten leben an die 100 000 Jesiden in Deutschland, vor allem im südlichen Niedersach-

sen und im nordöstlichen Nordrhein-Westfalen – in Kalkar, Celle,
Lüneburg, Hannover, Stade, aber auch im badischen Pforzheim.
Die meisten dieser religiös eng zusammengeschlossenen Gemeinden
mit ihren über die Jahrhunderte hinweg nur mündlich überlieferten
religiösen Mythen und Riten sind in den späten 1980er Jahren aus
der Türkei in die Bundesrepublik geflohen. 2009 setzte eine verstärkte Flucht aus dem Irak ein. So war es ganz selbstverständlich,
daß im Jahr 2014 beim Vorrücken des »Islamischen Staats« überpar-
teiliche Initiativen auf die Übernahme von Kontingenten dieses bedrohten Volkes drängten. Die Bundesregierung entschied sich für
eine präferentielle Berücksichtigung von Jesiden im regulären Asylverfahren. Doch immerhin hat das Land Baden-Württemberg ein
Kontingent von tausend Jesiden übernommen. Die Hilfsbereitschaft
galt aber genauso muslimischen Notleidenden. An der gesellschaft-
lichen Basis wie parteiübergreifend in den Spitzenetagen der Politik
war die Sensitivität für das Schicksal der Flüchtlinge aus Syrien und
aus dem Irak jedenfalls von Anfang an groß.

In dieses Bild fügt sich auch eine im europäischen Vergleich
bemerkenswerte Initiative der Bundesregierung in Zusammenarbeit
mit dem UNHCR. Lange bevor die Flüchtlingszahlen aufgrund des
syrischen Bürgerkriegs anwuchsen und unabhängig von den regulären Asylverfahren nahm Deutschland im März 2013 auf der Grundlage von Beschlüssen der Bundesinnenminister rund 5000 syrische
Flüchtlinge vor allem aus Lagern im Libanon auf. Das sogenannte
HAP-Programm (Humanitäres Aufnahmeprogramm) wurde im Dezember 2013 um weitere 5000 syrische Flüchtlinge aufgestockt, und
im Juni 2014 nochmals um 10 000 Flüchtlinge und Vertriebene. Anträge aus Familien der syrischen Diaspora fanden dabei besondere
Berücksichtigung.

Die Beispiele illustrieren, weshalb große Teile der deutschen
Öffentlichkeit so wohlwollend reagierten, als die Flüchtlingszahlen
in den Jahren 2013 und 2014 sichtlich zunahmen. Im Januar 2013
hatte Bundespräsident Joachim Gauck bei einem Besuch des damals
noch wenig beachteten Bundesamts für Migration und Flüchtlinge
(BAMF) in Nürnberg gefordert, Deutschland müsse »offene Tore

und Herzen für Zuwanderer« haben. Er hatte an das Schicksal ehemaliger DDR-Flüchtlinge erinnert, die in den Jahrzehnten der Teilung in die Bundesrepublik gekommen waren, und auch zum Ausdruck gebracht, daß die Zuwanderer eine »Bereicherung« und keine »Belastung« seien. Von seiner stark verbreiteten Ansprache blieb vor allem der Begriff »Willkommenskultur« haften.[91]

Wenn die öffentlich-rechtlichen Medien die Flüchtlingsthematik behandelten, wurden diese herzlichen Appelle und Begründungen vielfach variiert und oft verbunden mit empörten Berichten über die abscheulichen Brandanschläge auf Unterkünfte, die für Flüchtlinge vorbereitet oder von diesen bereits bewohnt wurden. Zweieinhalb Jahre lang, bis der Flüchtlingszustrom in den Monaten August bis November 2015 seinen Kulminationspunkt erreichte, wurde die herzliche Aufnahme von Zuwanderern sowie die ihnen zuteil werdende humanitär und kosmopolitisch geprägte Fürsorge als sozialmoralische Selbstverständlichkeit gewertet, abwartende Skepsis hingegen als xenophob stigmatisiert und in die Nähe der dumpfen »Pegida«-Bewegung, wenn nicht gar krimineller Brandstiftung gegen Flüchtlingsunterkünfte gerückt.

Wenn die Bundesregierung den seit 2012 immer rascheren Anstieg der Zahl von Asylbewerbern gelassen zur Kenntnis nehmen konnte, so nicht zuletzt mit Blick auf die breite Unterstützung in großen Teilen der Gesellschaft. Warnungen, die ungebremste Aufnahme unübersehbarer Massen könne auch eine Belastung bedeuten, wurden in dieser Phase selten laut. Noch betrachtete man die Protestpartei Alternative für Deutschland (AfD) als Randphänomen, und die Flüchtlingspolitik der CSU unterschied sich noch nicht von jener der Schwesterpartei CDU. Zu den Berichten über das Flüchtlingselend und die Todesfahrten übers Mittelmeer sendete das Fernsehen beinahe Abend für Abend Bilder aus dem Bürgerkrieg in Syrien. Gab es eine überzeugendere Legitimation für eine großherzige Flüchtlingspolitik?

Führt man sich die in der deutschen Bevölkerung vorherrschende barmherzige und stark universalistische Mentalität vor Augen, waren die Entscheidungen und Fehlentscheidungen der

Bundesregierung in den Jahren seit 2012 wenig überraschend. Die von Angela Merkel geführten Regierungen befanden sich durchaus im Einklang mit den vorherrschenden Einstellungen in der deutschen Gesellschaft. Wenn die außenpolitische Mentalität großer Teile der Deutschen als Mischung von global orientierter Barmherzigkeit, von Pazifismus, von Europaglaube und vom Glauben an die Leistungskraft der deutschen Wirtschaft bezeichnet werden kann, so trifft diese Charakterisierung auch auf die außenpolitische Mentalität in den staatstragenden Parteien und beim Spitzenpersonal der Bundesregierung zu. Ganz gleich, ob die von der CDU/CSU geführten Koalitionen von der FDP oder von der SPD mitgetragen wurden, zu Beginn des neuen Jahrtausends hatte sich eine politische Generation in den höchsten Positionen eingefunden, die seit einem Vierteljahrhundert daran gewöhnt war, den Ausbau, die Ausdehnung und den Zusammenhalt der Europäischen Union als vorrangiges deutsches Interesse zu verstehen. Damit verband sich der Gedanke, Europa als Friedensmacht zu etablieren, aber auch als Projekt universalistischer Humanität. *Der Europäische Traum. Die Vision einer leisen Supermacht*, unter diesem Titel hat der amerikanische Futurologe James Rifkin seine Beobachtungen über die in Brüssel lebendigen Vorstellungen veröffentlicht.[92] Diese Vorstellungen waren und sind auch in Berlin handlungsleitend.

Der Befund läßt sich in bezug auf die Spitzenpolitiker leicht präzisieren. Im Entscheidungszentrum der Flüchtlingspolitik und – untrennbar damit verbunden – der Europapolitik trägt eine Gruppe von Parlamentariern die Verantwortung, die größtenteils in den 1950er Jahren geboren wurden und heute zwischen 56 und 66 Jahre alt sind. Da die Bundeskanzlerin bereits seit mehr als zehn Jahren die Hauptrolle spielt, kann man die dafür zuständigen Spitzenchargen des politischen Establishments ungeachtet aller Verschiedenheit als »die Generation Merkel« bezeichnen. In dieser Gruppe fallen die wesentlichen Entscheidungen, und sie weist ungeachtet der parteipolitischen Unterschiede eine bemerkenswerte Homogenität der Mentalität auf. Mentalitätsprägend für diese Machtequipe war die lange Amtszeit von Helmut Kohl (1982–1998). Merkel, Schäuble,

Seehofer haben seinen Kabinetten angehört, und er hat ihre europäische Grundorientierung maßgeblich geprägt. Der Ziehvater Thomas de Maizières, Richard von Weizsäcker, war gleichfalls ein bekennender Europäer. Die Lebensläufe von Peter Altmaier und Ursula von der Leyen weisen eine starke Brüsseler Prägung auf. Frank-Walter Steinmeier steht in der Tradition des Auswärtigen Amtes, das unter den Bundesministerien seit mehr als einem halben Jahrhundert sozusagen die Zitadelle supranationaler Orientierung darstellt. Andrea Nahles und Heiko Maas begannen ihre Karriere unter dem Einfluß des prononciert pro-europäischen, antinationalen und pazifistischen Oskar Lafontaine, in einem weiteren Sinn wurden aber auch sie von dem stark auf die europäische Einigung bezogenen Meinungsklima in der Ära Kohl beeinflußt. Über allen thront Bundespräsident Joachim Gauck, eine moralische Instanz besonderer Prägung und von schwer kalkulierbarem Eigenwillen.

Seitdem die Genannten zusammen mit ihren Helfern in maßgebliche Positionen gerückt sind, ist es für sie ganz selbstverständlich, ihre Politik nicht nur im nationalen Rahmen, sondern vorbehaltlos im Kontext des supranationalen Entscheidungssystems Europäische Union zu treffen. Das entspricht durchaus den Bedingungen des europäischen Mehr-Ebenen-Systems. Der europäische Quasi-Staat wird in starkem Maß als Selbstzweck verstanden und nicht bloß als Instrument zum kooperativen Ausgleich in einem multilateralen Entscheidungssystem. Es ist kaum zu übersehen, daß diese grundsätzliche, emotional stabile, erfahrungsgesättigte EU-Orientierung der deutschen Top-Politiker alles in allem stärker ausgeprägt ist als diejenige der britischen, französischen, spanischen und sogar der italienischen Machteliten, bei denen das nationale Interesse noch dominiert. Die Flüchtlingskrise sollte dies ganz unbarmherzig offenbaren.

Weil die Bundeskanzler im deutschen Regierungssystem zunehmend präsidial regieren, hat es den Anschein, als sei die Gesamtheit der Entscheidungen und Fehlentscheidungen in der Flüchtlingsfrage allein von der Bundeskanzlerin getroffen worden. Daß sie in dem Drama, das sich zur Tragödie der europäischen Union entwickelt, die Hauptrolle spielt, soll nicht bezweifelt werden. Dennoch ist der Hinweis am Platz, daß Deutschland und Europa nicht allein mit der Kanzlerin, sondern mit einem breit gefächerten Regierungshandeln konfrontiert sind, das auch deshalb so schwer zu bremsen ist, weil fast alle maßgeblichen Akteure in den entscheidenden Fragen eine homogene Mentalität aufweisen – gut europäisch, barmherzig, unkonfrontativ und traditionalistisch. Und die Bundesregierung kann sich dabei sicher fühlen, weil die Oppositionsparteien der Grünen und der Linken noch flüchtlingsfreundlicher sind. Diese Mentalitätsprägung der deutschen politischen Eliten bestimmt die aus heutiger Sicht so problematische Politik der Bundesregierung seit dem raschen Anstieg der Flüchtlingszahlen und ebenso das augenblickliche Krisenmanagement. Barmherzige, humanitär unanstößige, europakonforme Entscheidungen sind demnach eine Selbstverständlichkeit. Weshalb eine derart ausgerichtete Bundesregierung in den Jahren 2013, 2014 und auch danach das vertragswidrige Handeln Italiens und Griechenlands nicht kritisch zu problematisieren, sondern die Probleme eher unter der Decke zu halten suchte, ist aus diesem Blickwinkel gut nachvollziehbar. Noch stand die Flüchtlingsfrage nicht im Zentrum des öffentlichen Interesses. Was Bedenken und Entsetzen erregte, waren die menschlichen Tragödien auf den von Schleusern mit Flüchtlingen vollgestopften Seelenverkäufern.

Rückblickend kann es auch kaum erstaunen, daß mit Ausnahme einiger überregionaler Blätter nur wenige Beobachter und niemand in politischen Spitzenpositionen in bezug auf Fluchtgründe, Herkunftsländer, Zusammensetzung oder soziale Herkunft der Flüchtlinge kritisch differenzierten, von den längerfristigen Fragen der Unterbringung oder Integration ganz zu schweigen. Das BAMF überprüfte zwar jeden Einzelfall in langwierigen, juristisch komplizierten Prüfverfahren und sortierte die Asylbewerber in entsprechende Kategorien. Doch lange spielte es in der Perzeption kaum eine Rolle, ob ein Flüchtling aus der Kriegszone in Libyen, Syrien oder im Nordirak kam oder aus einem der großen Flüchtlingslager in der Türkei, ob es sich um Kriegsflüchtlinge handelte oder um sogenannte Wirtschaftsflüchtlinge aus Afrika südlich der Sahara oder aus dem Maghreb.

Die in den Medien übermittelten Bilder von den fernen Kriegen lenkten von den Gefahren der offenen Außengrenzen ab, und die angebliche Überlastung Italiens oder die tatsächliche Überlastung Griechenlands machte die Einwanderung über die offenen Grenzen akzeptabel, obschon sie nach dem Recht der EU weitgehend illegal war. Die Öffentlichkeit beruhigte sich bei dem Gedanken, die Flüchtlingsverwaltung würde die Ankömmlinge schon sortieren und alle, die keinen Asyl- oder Flüchtlingsanspruch hatten, über kurz oder lang wieder loswerden – irgendwie und irgendwann oder auch gar nicht. Kommunen und Bundesländer gingen erst in dem Moment lautstark in die Öffentlichkeit, als die Flut die kommunalen Einrichtungen an den Rand des Kollaps brachte, während die bürokratischen Aufnahmeverfahren des BAMF unter dem Ansturm seit August 2015 zeitweilig zusammenbrachen. Jetzt erst ging die von der Flüchtlingsflut besonders betroffene bayerische Staatsregierung unter Seehofer auf Gegenkurs.

Der Kulminationspunkt der offiziellen Willkommenspolitik liegt bekanntlich im September 2015. Unterstützt von zahllosen Helfern aus der Zivilgesellschaft, von allen Bundestagsparteien und vom öffentlich-rechtlichen Fernsehen ließ sich die offizielle Willkommenseuphorie vier, fünf und sechs Wochen lang halten. Seither dominieren schwere Sorgen.

Was im September 2015 als eine sensationelle Grenzöffnung für die Flüchtlinge erschien, war eigentlich nichts anderes als die Fortsetzung einer langjährigen Politik, die sich auf breite gesellschaftliche Akzeptanz stützte. Nur waren jetzt die Flüchtlingszahlen so ungeheuer und lagen so außerhalb jeder Erfahrung, daß die Willkommensgesten der Bundesregierung genauso neu und befremdlich wirkten wie die neue Völkerwanderung selbst. Dies gesagt, ist aber nun doch zu fragen, weshalb die Bundesregierung und die maßgeblichen Bundestagsparteien das Gefahrenpotential der neuen Völkerwanderung so lange nicht erkennen konnten oder wollten.

Wenn normale Bürger einen derartigen Vorgang allein als Aufgabe der Barmherzigkeit definieren, mag das lobenswert sein, zumindest aber verständlich. Für Regierungen gilt das nicht. Von ihnen muß erwartet werden, daß sie skeptische Vorsicht walten lassen und langfristig drohende Gefahren erkennen. Seit dem europaweiten Debakel im Herbst und Winter 2015/16 wird entsprechend kritisch diskutiert, ob ein kluges, energisches, rechtzeitiges Vorgehen der Bundesregierung nicht geeignet gewesen wäre, die Krise des Schengen-Systems zu verhindern.

Hinterher ist man immer klüger. Heute scheint es, als habe die Bundesregierung die Zeichen der Zeit lange gar nicht erkannt. Daß die Politik seit einer Reihe von Jahren im Krisenmodus steht, entschuldigt viel, aber nicht alles. In den Jahren 2013, 2014 und auch noch im ersten Halbjahr 2015 beschäftigten sich die im Bundestag vertretenen Parteien mit scheinbar Vordringlicherem: Ukrainekrise, NSA-Skandal, Bundestagswahl, Etablierung der Großen Koalition und Implementierung der sozialpolitischen Vereinbarungen, Strafarbeit an der vorschnell beschlossenen Energiewende, Europawahlen, Installierung der neuen EU-Kommission, Abwendung eines »Grexit«.

Daß der rasche Anstieg der Flüchtlingszahlen lange Zeit als nachrangiges Problem galt, ist wenigstens teilweise nachvollziehbar, zumal die Opposition von Linken und Grünen unablässig und durchaus schrill einen Mangel an Empathie für die Flüchtlinge bei der schwarzroten Bundesregierung rügte. Das alles ist zu bedenken, denn es trug wesentlich dazu bei, daß sich die Bundesregierung erst im Spätsommer 2015 urplötzlich veranlaßt sah, die Flüchtlingskrise als gefährlichste aller Krisen zu bezeichnen – seit der Wiedervereinigung, seit Beginn der Europapolitik, seit Bestehen der Bundesrepublik, seit dem Zweiten Weltkrieg … Man muß also schon fragen: Weshalb hat es dann so lange gedauert, bis die Verantwortlichen den Ernst der Lage erkannten?

Die Antwort ist ebenso klar wie moralisch zwiespältig: Die schöne universalistische Barmherzigkeit in Verbindung mit gut europäischer Gesinnung hatte eine Kehrseite, und diese trägt die

Aufschriften: mangelnder Gefahreninstinkt, fehlende Härte und träges Weiterwursteln wie bisher.

Die institutionellen Pull-Faktoren für eine Intensivierung der großen Massenflucht reichen, wie erörtert, weit zurück, sind aber bis in die Anfänge der Krise unverzagt weiter ausgebaut worden. Noch im Jahr 2011 hat die schon erwähnte EU-Qualifikationsrichtlinie zum Asyl[93] die Aufnahme- und Aufenthaltsbedingungen für Flüchtlinge verschiedenster Kategorien nochmals erleichtert. Die akute Krise von Schengenland hat dann im Juli 2012 mit der faktischen Öffnung der maritimen Außengrenzen der EU und der Politik des »Weiterreichens« der Flüchtlinge durch Italien und Griechenland begonnen. Weitsichtige Politiker in Brüssel oder in Berlin, an denen es leider fehlte, hätten schon damals erkennen können oder sogar erkennen müssen, daß damit die ohnehin labile Konstruktion des gesamten Schengen-Systems in Gefahr geriet. Es würde zwangsläufig ins Trudeln geraten, nahm man die mit dem Segen des Papstes von den italienischen Regierungen Letta und Renzi sowie von der zwar ungesegneten, aber ebenso bedenkenlosen griechischen Regierung Tsipras betriebene Politik an der EU-Außengrenze widerstandslos hin.

Daß Deutschland von dem vertragswidrigen Verhalten Italiens und Griechenlands unmittelbar und ganz erheblich betroffen war, ließ sich seit 2013 beobachten. Wäre es mit rechten Dingen zugegangen, hätte sich die vergleichsweise niedrige Zahl von Asylanträgen nicht so dramatisch erhöhen können. In den Jahren 2006 bis 2012 schwankte sie zwischen 30 100 (2006) und 64 000 (2012). Für den plötzlichen Anstieg der Erstanträge auf 109 580 im Jahr 2013 und 173 072 im Jahr 2014 konnte nur die Politik des »Weiterwinkens« in Italien und Griechenland ursächlich sein. Vom Januar bis Juli 2014 erreichten 125 000 Flüchtlinge Italien, doch nur 35 000 stellten dort Asylanträge.[94] Ähnlich prekär, aber noch intransparenter war die Lage in Griechenland.

Seit 2014 berichtete die Presse, wie schon erwähnt, verstärkt über ausgefeilte Praktiken der italienischen Behörden, Tausende von nicht registrierten Flüchtlingen in Richtung Deutschland durchzuwinken.[95] Im Jahr 2015 wuchsen sich solche und andere Tricksereien vor aller Augen zu einer ungenierten Abschiebepraxis aus. Züge voller junger Männer aus Afrika und von jungen Frauen mit kleinen Kindern trafen nun an der bayerischen Grenze ein, wo die Reisenden von der Polizei empfangen und registriert wurden.[96] Zur gleichen Zeit setzte die illegale Einwanderung über die Balkanroute ein. Die für den südlichen Abschnitt an der österreichischen Grenze zuständige Rosenheimer Polizei meldete, so Eckart Lohse, Redakteur der *Frankfurter Allgemeinen Zeitung*, in einem Zeitungsbericht, »1170 illegale Grenzübertritte von Flüchtlingen im April, 2000 im Mai, 4770 im Juni, 6400 im Juli, 9500 im August 2015«.[97] Die deutschen Behörden waren über den Kontrollverlust an den EU-Außengrenzen genau informiert, ebenso über die vertragswidrige Praxis Italiens und Griechenlands, einen Teil der Flüchtlinge unregistriert weiterzuleiten.[98] Die Ursachen für die dramatische Zunahme der Asylbewerber in Deutschland waren also bekannt, und die daraus resultierenden Schwierigkeiten in den Aufnahmezentren wie in den Kommunen nicht zu übersehen. Schon 2014 führte das Verteilungssystem auf die Länder und Kommunen zu schweren Belastungen, die 2015 von Monat zu Monat noch zunahmen. Der dumpfe Protest der von Rechtsradikalen dirigierten »Pegida«-Bewegung war ein alarmierendes Anzeichen für den Unmut und die wachsenden Sorgen, da sich durch die obrigkeitsstaatliche Verteilung gerade kleinere Kommunen mit einer beträchtlichen Zahl von Flüchtlingen konfrontiert sahen.

Es fehlte nicht an Warnungen von Seiten der eigenen Nachrichtendienste, der Botschaften und von Sicherheitsexperten der Europäischen Union. Im Herbst 2015 wurden beispielsweise die Prognosen bekannt, die der neu ernannte, aus der französischen Verwaltung kommende Executive Director von Frontex, Fabrice Leggeri, im März 2015 formuliert hatte: »Unsere Quellen berichten uns, daß zwischen 500 000 und eine Million Migranten bereit sind, Libyen zu verlassen.«[99] Noch stand also die illegale, durch die Rettungsmaßnahmen für die Flüchtlinge asylrechtlich legalisierte Migration von Libyen nach Italien im Zentrum der Aufmerksamkeit. Griechenland mit den Flüchtlingen aus Syrien interessierte damals nur als Epizentrum der Eurokrise.

Bei der neu ins Amt gelangten EU-Kommission unter Jean-Claude Juncker lagen zwei Tendenzen im Widerstreit: Es gab diejenigen, die erkannten, daß die Union dem Kontrollverlust an den Grenzen unverzüglich mit unsentimentalen Maßnahmen entgegentreten müsse, sonst würde eine nicht mehr zu bremsende Völkerwanderung die Gesellschaften der EU überrennen und das Schengen-System aufs schwerste gefährden. Die Befürworter dieser Linie drängten auf energisches Vorgehen gegen die Schleuser, plädierten für die präventive Zerstörung ihrer Schiffe und Schlauchboote an Land und hatten auch das vorgesehen, was im Brüsseler EU-Slang als »GSVP-Operation« bezeichnet wird, zu deutsch: Maßnahmen der Gemeinsamen Sicherheits- und Verteidigungspolitik gegen Libyen in Gang zu setzen. Ob und wie weitreichend dabei auch an militärische Maßnahmen gedacht war, blieb offen.

Desgleichen wurden jene Strategien diskutiert, die seit der zweiten Jahreshälfte 2015 in aller Munde sind: Einflußnahme auf die Türkei, Einwirkung auf die Herkunftsländer in Afrika, Aktivitäten bei den Vereinten Nationen mit dem Ziel einer Stabilisierung der Lage in Libyen, finanzielle Hilfsmaßnahmen zur Aufnahme und Unterbringung der Flüchtlinge in Italien und Griechenland, doch auch schon Überlegungen für eine Umverteilung dort angelandeter Flüchtlinge in die Länder der Europäischen Union. Daraus hat sich der dann im September 2015 vorgelegte Plan der EU-Kommission herauskristallisiert, eine Umverteilung von 160 000 Flüchtlingen aus Italien, Griechenland und Ungarn nach festen Länderquoten beschließen zu lassen. Es war somit eine bunte Vielfalt von Maßnahmen, die in Brüssel diskutiert wurde, während nach Meinung der Sicherheitsexperten ein alsbaldiges hartes Vorgehen gegen die Schleuser und gegen Libyen vordringlich gewesen wäre. Wie das allerdings mit den Vorschriften der Europäischen Menschenrechtskonvention vereinbar wäre, blieb unklar.

Unbeantwortet blieb auch die Frage, wie die EU argumentativ mit dem humanitären Imageverlust umgehen sollte, der aus einem

strikten Vorgehen zum Schutz der EU-Außengrenze ganz zwangsläufig resultieren würde. Schon jetzt fand sich nämlich eine Mehrheit in der EU-Kommission, bei den Regierungschefs, auch im
Europäischen Parlament, die mit allem Nachdruck für die unbedingte Priorität humanitärer Rettungsmaßnahmen eintrat und wei-
che, mit den Vorgaben der Europäischen Menschenrechtskonvention zu vereinbarende Lösungen bevorzugte. Immer wieder kam es
zu Havarien der Boote und Schiffe, die von den Schleusern auf die
gefährliche Fahrt übers Mittelmeer geschickt, ihrem Schicksal überlassen oder schlicht ausgesetzt wurden, in der Erwartung, die Ret-
tungskräfte Italiens und der EU würden schon für den Weitertrans-
port sorgen. Das schrecklichste Unglück ereignete sich am 19. April
2015. Damals kenterte ein Seelenverkäufer, auf dem angeblich
950 Menschen zusammengepfercht waren. Nur 27 Schiffbrüchige
wurden gerettet. Dies nahm der italienische Ministerpräsident Matteo Renzi zum Anlaß, eine sofortige Sondersitzung des Europäischen Rats zu verlangen. Sie fand am 23. April statt. Der Rat verabschiedete einen Zehn-Punkte-Plan, in dem die Fortsetzung und
Verstärkung der bisherigen Rettungspolitik bekräftigt wurde. Der
entscheidende Satz in der Erklärung lautete: »Unsere unmittelbare
Priorität ist es, zu verhindern, daß noch weitere Menschen auf See
ums Leben kommen.«[100] Ein strengeres Vorgehen gegen die Schleuser fand zwar ebenfalls Eingang in die Erklärung, Konkretes wurde
aber nicht beschlossen, sondern sollte erst einmal gründlich vorbereitet werden.

Nach Lage der Dinge führte an weiteren Rettungsaktionen vorerst kein Weg vorbei. Das Timing des Sondergipfels war höchst kontraproduktiv, hätte man den Schutz der EU-Außengrenzen wirklich
mit dem gebotenen harten Durchgreifen wiederherstellen wollen.
So hat der Europäische Rat damals ein fatales Signal ausgesandt – an
Italien, an Griechenland, an die Türkei, an die Warlords in Libyen,
an die Hunderttausende potentieller Flüchtlinge in Libyen und in
der Türkei, nicht zuletzt an die Schleuser. Entscheidend war, was auf
dem Gipfel nicht explizit formuliert wurde, aber wohl so verstanden
werden konnte: Die EU würde die bereits voll in Gang gekommene

Völkerwanderung nicht unterbinden, sondern – wie zuvor schon Italien – das kriminelle Geschäftsmodell der Schleuser tolerieren, eigentlich vorerst mit ihnen stillschweigend kooperieren, um sie nach gründlicher Observierung eines Tages vielleicht einmal abzuservieren. Die bereits vorgesehene dritte Phase gewaltsamer Bekämpfung der Organisierten Kriminalität, in der eine Vernichtung der Schiffe und Schlauchboote schon auf dem Festland sowie ein schonungsloses Vorgehen gegen die Schleuser erlaubt sein sollte, war ganz offensichtlich auf die lange Bank geschoben worden.

Den Berichten zufolge gehörte die deutsche Bundeskanzlerin zu jenen, die mit allem Nachdruck für die unbedingte Priorität der Rettungsmaßnahmen eintraten. Diesen Akzent setzte sie auch bei der Rückkehr nach Berlin. Zwei Fregatten der Bundesmarine wurden für die Operation »Triton« abgestellt. Sie brachten künftig die gewissenlosen Schleuserkapitänen ausgesetzten oder in Schlauchbooten zusammengepferchten Flüchtlinge an die Küste Italiens, von wo sie sich auf den Weg nach Deutschland machen konnten. Eine größere Absurdität läßt sich kaum vorstellen, auch kein besseres Beispiel dafür, wie sich humanitäre Erpressung bezahlt macht. Die Seestreitkräfte Europas wurden von sentimentalen Regierungen zu einem ganz unentbehrlichen Zwischenglied in der Schleuserkette umfunktioniert – womit sie gehorsam dem Urteil hoher internationaler Richter Folge leisteten, die niemandem verantwortlich sind und stets den Beifall der Wohlmeinenden ernten.

Selten in der neuesten Geschichte hat man ein derart offensichtliches, von moralischem Getöse überdecktes Zusammenspiel zwischen kriminellen Organisationen und schwächlichen Regierungen beobachten können. Innerhalb kürzester Zeit wurde so aus einer anfangs noch überschaubaren Fluchtbewegung übers Mittelmeer eine gut funktionierende, von kriminellen Profis perfekt gesteuertes, empörend inhumanes System zur illegalen Masseneinwanderung via Asylrecht. Lassen wir dabei die ethische Frage beiseite, wieweit Regierungen, die das ermöglichen, an den Tausenden von Toten im Mittelmeer mitschuldig geworden sind. Jedenfalls hat die Bundesregierung mitgemacht, denn sie hat die vertragswidrige Praxis

Italiens und bald auch Griechenlands gedeckt. Schon vor dem
Großalarm im Juli 2015 wurden entgegen den Verordnungen von
Dublin I–III und im Widerspruch zum deutschen Asylrecht Zehntausende aus Libyen und noch viel mehr aus der durchaus sicheren
Türkei kommende Flüchtlinge aufgenommen – zu Lasten der deutschen Länder und Kommunen, die bereits stark unter dem Zustrom
ächzten.

Seit Frühjahr 2015 überstürzten sich die Ereignisse dann. Für
diese bereits sichtlich kritische Vorphase der Flüchtlingskrise, die im
Sommer 2015 mit voller Wucht hereinbrach, muß man natürlich
noch viel bohrender fragen: Weshalb hat die Bundesregierung das
vertragswidrige, für die EU und für Deutschland schädliche Verhalten Italiens und Griechenlands weiterhin so widerstandslos hingenommen und nur intern Beschwerde geführt? Weshalb hat die
EU-Kommission, die Verantwortung trägt für den Schutz der EU-
Außengrenzen, so demonstrativ gelassen reagiert?

Zur gleichen Zeit legten die Regierungen der großen EU-Nach-
barländer Deutschlands im Westen und Süden im Kampf gegen den
Flüchtlingsandrang eine geradezu demonstrative Zurückhaltung an
den Tag. Gewiß, sie waren nicht die erste Wahl der über Italien und
die Balkanroute ziehenden Flüchtlinge, praktizierten nun aber mit
einem gewissen Zynismus eine Art »Unwillkommenskultur«, die
sich von der wohlmeinenden, wenngleich bereits sichtlich naiven
deutschen Aufnahmebereitschaft deutlich unterschied. Hier ließ
sich studieren, wie sich die Implementierung der überzogenen
EU-Richtlinien zum Asyl[101] mit einer Mischung von scheinbarem
Gesetzesgehorsam, spürbarer Unlust und offener Ablehnung sabo-
tieren läßt bei gleichzeitiger Beschwörung großmütiger moralischer
Prinzipien.

Im Jahr 2014, als Deutschland 202 815 Asylbewerber aufnahm,
wurden in England ganze 31 945 registriert. Selbst Frankreich, ein
großes Land wie Deutschland und ein Leuchtturm der Menschenrechte, nahm nur 64 310 Asylbewerber auf. Seit den Tagen Mitterrands hat die Willkommenskultur bei den westlichen Nachbarn
Deutschlands einer Haltung unwilliger Ablehnung Platz gemacht.

Wie erbarmungslos Behörden zulangen können, demonstrierte Frankreich im Einvernehmen mit England beim Vorgehen gegen die illegalen Flüchtlingslager an den Zugängen zum Eurotunnel. Das sollte abschreckend wirken, und das tat es auch. Am Grenzübergang Menton, wo sich die Flüchtlingsmassen auf italienischer Seite stauten und die Einreise nach Frankreich erzwingen wollten, ließ Paris die Grenze durch Polizeikräfte ebenfalls brüsk schließen.

Das große Italien nahm 2014 nur 64 625 Asylbewerber auf und entledigte sich des überwiegenden Teils der Ankömmlinge vertragswidrig, indem es sie Richtung Norden ziehen ließ. Gleichzeitig forderte es wie Griechenland von der EU zusätzliche Geldmittel und eine Verteilung seiner Überlast von Flüchtlingen auf andere EU-Länder. Dagegen meldete Spanien, das am Mittelmeer ähnlich exponierte Seegrenzen hat wie Italien, erstaunlicherweise nur 5615 Asylbewerber. Hier wirkten offenbar der in den Exklaven von Ceuta und Melilla mit hohen Mauern, Stacheldraht und brutalem Polizeieinsatz aufgebaute Abschreckungseffekt und darüber hinaus die Vereinbarungen mit den afrikanischen Staaten an der Peripherie.

Deutschland und Schweden, wo linksliberale, grüne und sozialdemokratische Überzeugungen tonangebend sind, hielten dennoch an ihrer Willkommenskultur fest und ließen zu, daß Italien und Griechenland mit Billigung der EU-Kommission die Dublin-Verordnungen unterminierten.

In den Anfängen der Flüchtlingskrise war für die politisch Verantwortlichen das Treibenlassen in Tateinheit mit moralischer Überhöhung der Willkommenskultur noch aus einem anderen Grund eine willkommene Option. Die rasche Zunahme der Flüchtlinge und deren landesweite Verteilung hatte wie ein Konjunkturprogramm für den Rechtsradikalismus gewirkt, nicht nur in Sachsen. 2013 wurden laut Bundeskriminalamt 69 Angriffe gegen Flüchtlingsheime registriert, 2014 waren es bereits 199, und 2015 waren es 1027, darunter 95 Brandanschläge gegen bereits bezogene oder in Vorbereitung befindliche Unterkünfte von Asylbewerbern.[102] Unter den stabilen, moderaten Demokratien Europas hatte nur das bei Flüchtlingen gleichfalls sehr beliebte Schweden eine ähnlich besorgniserregende

Zahl von Brandstiftungen zu beklagen.[103] Politik und Öffentlichkeit haben darauf, wie es sich gehört, schockiert und empört reagiert. Vielleicht hätten zügigere Strafverfahren und ein härteres Durchgreifen der Polizei die Anschläge rascher eindämmen können. 2016 gingen die Übergriffe wohl auch deshalb zurück, weil in den bisher durchgeführten Verfahren der volle Strafrahmen ausgeschöpft wurde. Gleichzeitig arbeiteten sich Politik und Medien an den irritierenden, kläglichen und politisch doch stark überschätzten »Pegida«-Demonstrationen ab. Auch die hemmungslosen Agitationen und Pöbeleien in den ohnehin beim Transport politischer Botschaften eher fragwürdigen sozialen Medien beunruhigten.

Für alle, die den Rechtsextremismus aus gutem Grund als Landplage betrachteten, war es verführerisch, die Aufnahme der vielen Flüchtlinge als moralische Großtat zu feiern und alle Zweifel gegen die uferlose Asylpolitik in die rechtsradikale Ecke zu kehren. Dadurch gerieten die mit der ganz unerwarteten Völkerwanderung nach Europa einhergehenden Risiken zeitweilig ebenso aus dem Blick wie die Sorgen der Bevölkerung, die in ihrer überwältigenden Mehrheit nichts mit Xenophobie oder gar mit Gewaltkriminalität gegen Flüchtlinge im Sinn hat. Auf die Wirkung des Sperrfeuers gegen »Dunkeldeutschland« vertrauend, hielt die Bundesregierung die Wählerbasis für gesichert, die ihre Asylpolitik trug. So waren auch innenpolitisch die Weichen gestellt für die kommenden Turbulenzen.

Offene Außengrenzen der EU in Italien und Griechenland, eine untätige EU-Kommission, unkontrollierte Binnengrenzen, die noch auf breiter gesellschaftlicher Basis ruhende Willkommenskultur in Deutschland, dazu der Pull-Faktor starker Diaspora-Gemeinden – im Frühjahr 2015 war alles geradezu perfekt vorbereitet für die Flüchtlingswelle, die im Spätsommer 2015 hereinbrach.

In unserem Zusammenhang interessieren in erster Linie die Ursachen und Strukturbedingungen des Kontrollverlusts. Doch darf ein Blick auf die Wochen im Spätsommer 2015 nicht ganz fehlen, in denen die Bundesregierung ihren Kurs in der Flüchtlingsfrage gegen alle Bedenken festgelegt hat. Die Vorgänge sind noch in jedermanns

Erinnerung und bedürfen keiner ausführlichen Darstellung. Zudem erscheinen jetzt in zunehmender Menge Aufsätze und Monographien von Journalisten, die auf zeitgenössische Recherchen abonniert sind.

Als Angela Merkel den Bundesinnenminister anwies, eine unregulierte Einreise der Flüchtlingsmassen aus den sicheren Drittstaaten der EU zu genehmigen, als sie ihre Willkommensgesten mit den Worten »Wir schaffen das!« bekräftigte, wurde sie zur Inkarnation jener Willkommenskultur, die in Deutschland schon lange vorherrschend war. Sie weckte damit aber bei den Flüchtlingen Erwartungen und rings in Europa Befürchtungen, die sich nicht mehr einfangen ließen.

In jenen dramatischen Wochen Ende August und Anfang September 2015 hätte jedoch kein mitfühlender Mensch der Bundesregierung raten können, die hilflosen Flüchtlinge, die sich in Ungarn stauten, an der deutschen Grenze abzuweisen. Spontane Hilfsbereitschaft war nach Lage der Dinge moralisch und auch politisch geboten. Nur wurde sie eben rasch als uneingeschränkte Einladung zur Masseneinwanderung über den Balkan verstanden. Die Ambivalenz gut gemeinter deutscher Entscheidungen ließ sich bereits erahnen, und schon damals wurde gefragt, ob es nicht an der Zeit wäre, die freundliche Einladung in das deutsche Asylsystem ein paar Wochen später zu beenden. In höchsten Spitzenpositionen sind Fehler zwar nicht unbedingt die Regel, aber auch keine Ausnahme. Doch mit Hilfe der Apparate, die den Regierungen großer Länder zur Verfügung stehen, sind selbst schlimme Patzer korrigierbar. Hätte man in Berlin also wenige Wochen nach der hektisch verfügten Außerkraftsetzung der Dublin-Verordnung noch eine rechtzeitige Kurskorrektur vornehmen können?

Wahrscheinlich war erst am Sonntag, 13. September, der *point of no return* erreicht. Damals hat sich die Bundesregierung zu der halbherzigen Entscheidung durchgerungen, die Grenzkontrollen durch den Bundesgrenzschutz wieder einzuführen, ohne aber für eine *Cooling-off*-Periode – also eine Abkühlungsphase, bis sich das neue Verfahren eingespielt hat – die Grenze in Bayern zu schließen.

Wäre eine dramatische Entscheidung zur Grenzschließung im Einvernehmen der Regierungsparteien beschlossen und gut kommuniziert worden, hätte das den Flüchtlingsstrom quer durch Europa vielleicht auf ein erträgliches Maß zurückgeführt. Vielleicht …

Mit der ihr eigenen Freundlichkeit hätte die Bundeskanzlerin erklären müssen, daß Deutschland, ohne durch die europäischen Vereinbarungen dazu gezwungen zu sein, seit Beginn der Grenzöffnung durch Italien und Griechenland an die 600 000 Flüchtlinge aufgenommen habe, jetzt aber an den Grenzen der administrativen Aufnahmefähigkeit angelangt sei, vor allem aber an den Grenzen der voraussichtlichen Integrationskapaziät einer so riesigen Zahl von Flüchtlingen aus heterogenen Sprachräumen und Gesellschaften. Daher müsse man nun wieder zum Dublin-System zurückkehren, dies jedoch – leider, leider – verbunden mit einer vorläufigen Schließung der Grenzen. Für die Bewältigung des bei Schließung der deutschen Grenze kurzfristig auftretenden Chaos werde großzügige Hilfe an die davon betroffenen EU-Mitgliedsländer fließen.

Zur Beruhigung der Flüchtlinge hätte ein Hinweis auf die Möglichkeit eines späteren Familiennachzugs im Fall der bereits aufgenommenen Kriegsflüchtlinge dienen können. Und der Dank an die Beamten und freiwilligen Helfer wäre mit der Bitte zu verbinden gewesen, nun alle Kraft auf die ohnehin ungeheuren Aufgaben der Unterbringung, Verteilung, humanitären Betreuung und der beginnenden Integration zu verwenden, Stichwort: Das schaffen wir! Eine solche Rede wurde nicht gehalten, denn die Argumente gegen eine Kurskorrektur haben offenbar überwogen. Drei Jahre hindurch hatte sich die gesamte EU beim Blick auf die Flüchtlingsströme übers Mittelmeer vor das Dilemma gestellt gesehen, entweder die EU-Außengrenze mit allen Mitteln zu verteidigen oder das Leben der von den Schleusern mißbrauchten Flüchtlinge zu retten. Auch Deutschland hatte sich für die integrationspolitisch verheerende Alternative entschieden, die Öffnung der Außengrenze zu tolerieren, ja sogar durch eigene Seestreitkräfte zu unterstützen. Noch als Ungarn in seiner Not und durchaus im Einklang mit EU-Recht die Grenze schloß mit den zu erwartenden häßlichen

Szenen, hatte Berlin vom hohen Roß aus seine moralische Miß-
billigung ausgesprochen. Schwer vorstellbar, wenngleich von der
Staatsräson eigentlich geboten, daß dieselbe Bundesregierung wenige
Tage später selbst Grenztruppen aufmarschieren ließ, um armselige
und zugleich zornige Flüchtlinge mit Drahtzäunen, Wasserwerfern
und Tränengas abzuwehren! Überdies wollte die Bundesregierung die
Hoffnung nicht aufgeben, mit Hilfe des zeitweilig zum Propaganda-
apparat verschlampten »Willkommens-Rundfunks«[104] die gute
Stimmung weiter aufrechtzuerhalten. So blieb die vorerst letzte
Möglichkeit der Kurskorrektur ohne katastrophalen Gesichtsver-
lust ungenutzt – zur Freude der Grünen, der Linkspartei und des
immer noch sehr starken Pro-Asyl-Lagers, doch mit dem Risiko,
daß alles früher oder später in einem großen Katzenjammer enden
würde, auch für die Bundeskanzlerin.

Lassen wir dahingestellt, ob sie eine Überzeugungstäterin aus
linksprotestantischem Pfarrhaus ist oder nicht. Nach ihren öffentlichen Äußerungen kann sie in der Tat als Verkörperung der Kultur
globalisierter Barmherzigkeit begriffen werden, die in weiten Teilen
der deutschen Gesellschaft handlungsleitend ist. Andere vermuten
bei ihr eine im naiven Fortschrittsdenken verhaftete Geschichts-
philosophie. Zu oft argumentiere sie, diese oder jene unschöne
Maßnahme sei »mit den Bedingungen des 21. Jahrhunderts« nicht
mehr vereinbar – als ob zu erwarten sei, daß egoistische Staaten
und bösartige Gegner im neuen Jahrhundert anders tickten als in
früheren Epochen der Weltgeschichte. Wieder andere nehmen an,
sie sei eine Art Europameisterin in der Disziplin Pragmatismus
und finde immer die passenden moralischen, europapolitischen,
juristischen oder diplomatischen Argumente. Schließlich sei es ihr
bei der Eurorettung und bei der Energiewende auch gelungen, hastig getroffene, wenngleich verkehrte Krisenentscheidungen in eine
Politik des Durchwurstelns zu überführen.

Künftige Merkel-Biographen werden also zu tun haben, und
die Wahrscheinlichkeit ist groß, daß die Forschung ein Gemisch
von Motiven entdecken wird, deren jeweilige Gewichte sich konti-
nuierlich verschieben.

Will man nicht über »innerste« Motive, die Dominanz einer Gewissensethik oder anderes mehr spekulieren, muß man sich an irdischere Kalküle halten. Spitzenpolitiker pflegen zuallererst an die koalitionspolitischen Rückwirkungen ihrer Maßnahmen zu denken. Der Widerstand der SPD-Führung gegen eine abrupte Kurskorrektur am 13. September hätte sich wohl kaum überwinden lassen. Selbst wenn die damals hoch angesehene Bundeskanzlerin zum blitzschnellen Umschwenken bereit gewesen wäre wie unmittelbar nach Fukushima, um die Landtagswahl in Baden-Württemberg aus dem Feuer zu reißen, würde sie wahrscheinlich eine Koalitionskrise riskiert haben. Vor allem aber hätte sie die Option einer künftigen Koalition mit den Grünen, an der ihr offenbar viel gelegen ist, begraben müssen. Dazu kamen die von der Publizistik schon damals hinlänglich beleuchteten Befürchtungen, bei einer provisorischen Grenzschließung könne Deutschland von der öffentlichen Meinung in Europa als Totengräber des Schengen-Systems und zudem als brutale Macht nach historisch hinlänglich bekannten Mustern angeprangert werden. Ungarn war zwar mit der Grenzsperrung gegen Serbien vorangegangen. Doch daß der Rückstau, der auf dem Balkan entstehen würde, wenn Deutschland seine Grenzen schloss, eine Art Domino-Effekt mit weitreichenden Wirkungen auslösen mußte, war unschwer vorhersehbar. So wurde der starke Flüchtlingszustrom nicht abgebremst, sondern verstärkt und verstetigt.

Weshalb die Bundesregierung alle Sicherungen ausschaltete, weshalb der Deutsche Bundestag und der Bundesrat nicht formell mit der faktischen Außerkraftsetzung der Dublin-Verordnungen befaßt wurden, warum eine eingehende Beratung im Europäischen Rat unterblieb – das alles sind kritische Fragen, mit denen sich künftige Historiker gründlich beschäftigen werden. Noch ist es zu früh, für eine empirisch belastbare Darstellung der Berliner Entscheidungsprozesse im August und September 2015. Vieles ist schon recherchiert worden, viel mehr wird noch zutage kommen.[105] Wie so oft haben sich außenpolitische und parteipolitische Beweggründe verknäult, dies verstärkt durch das schwer zu entschlüsselnde Krisenverhalten der Bundeskanzlerin.

Tatsächlich hätten auch unter den erschwerten Bedingungen der folgenden Monate die weiterhin gültigen Qualifikationsrichtlinien der EU, die Vorschriften des Dublin-Systems, der Schengen-Grenzkodex, der Grundgesetzartikel 16a und das deutsche Asylverfahrensgesetz ein umsichtigeres Verhalten vorgeschrieben. Doch in der obersten Machtetage Deutschlands hat damals niemand gewagt, an die Rechtslage zu erinnern, etwa daran, daß selbst die so großzügige Qualifikationsrichtlinie der EU nur einer »Zivilperson« subsidiäres Bleiberecht in Aussicht stellt, der »eine ernsthafte individuelle Bedrohung des Lebens oder der Unversehrtheit … infolge willkürlicher Gewalt im Rahmen eines internationalen oder innerstaatlichen bewaffneten Konflikts droht«.[106]

In der zweiten Jahreshälfte 2015 kam rund die Hälfte der unreguliert nach Deutschland einströmenden Flüchtlinge ursprünglich aus Syrien, genauer gesagt aus der Türkei. Der syrische Bürgerkrieg tobte bereits seit vier Jahren. Drei Millionen Flüchtlinge hatten nach Angaben der türkischen Behörden im Nachbarland Schutz gesucht und gefunden, ein kleinerer Teil in riesigen, wohl vergleichsweise ordentlich eingerichteten Flüchtlingslagern. Die Existenzbedingungen in der Türkei waren sicherlich bedrückend, zumal bis 2015 ein Arbeitsverbot bestand. »Ernster Schaden« drohte diesen Flüchtlingen beim Verbleiben in der Türkei aber nicht.

Von den bereits angekommenen Landsleuten ermutigt, von attraktiven Aufnahme- und Aufenthaltsbedingungen in Deutschland, Österreich und Schweden angelockt, von Schleusern transportiert und kujoniert und von den türkischen Instanzen bei der illegalen Überfahrt nach Griechenland stillschweigend toleriert, strebten nun Hunderttausende aus der Sicherheit in der Türkei über die nahe gelegenen griechischen Inseln in jene fernen, aber durchaus erreichbaren EU-Länder, wo sie unter weitaus günstigeren Bedingungen gleichfalls in Sicherheit waren. Alle EU-Länder, die sie passierten, waren nach geltendem EU-Recht und nach Artikel 16a GG ebenfalls »sichere Länder«, das Schengenland Griechenland genauso wie Ungarn, Slowenien und Österreich, ebenso die EU-Länder Kroatien und die Slowakei. Zahllose dieser Flüchtlinge verdienten herzliches

Mitleid. In Deutschland bestand jedoch keine Aufnahmeverpflichtung gemäß geltendem EU-Flüchtlingsrecht. Dieselbe Rechtslage galt auch für Iraker, Afghanen, Pakistani und andere, die über die Türkei nach Griechenland gelangten.

Ein Wechsel von einem Land, wo ein Kriegs- oder Bürgerkriegsflüchtling nicht mehr für Leib und Leben fürchten muß, in ein anderes, wo er gleichfalls sicher ist, sich aber besser zu stellen glaubt, ist in der EU-Qualifikationsrichtlinie nicht vorgesehen. Indem die deutschen Instanzen und große Teile der veröffentlichten Meinung diese bedauernswerten Menschen pauschal als Kriegs- und Bürgerkriegsflüchtlinge im Sinn der EU-Qualifikationsrichtlinie oder gar als politische Flüchtlinge bezeichneten, verunklarten sie ganz bewußt die Rechtslage. Kein EU-Mitgliedsland ist verpflichtet, einen derartigen Mißbrauch des EU-Flüchtlingsrechts hinzunehmen. In einer überschaubaren Zahl von Fällen unberechtigter Einreise mag der aufnehmende Staat ein Auge zudrücken. Im Frühherbst 2015 handelte es sich aber nicht mehr um kleinere Zahlen, sondern um Hunderttausende. Angesichts dieses ganz einmaligen »Massenzustroms« hätte Deutschland jeden Grund gehabt, unter Berufung auf die sehr detaillierten Ermächtigungen im Schengener Grenzkodex[107] in Absprache mit den betroffenen Nachbarländern und in den dann fälligen Erörterungen auf EU-Ebene bis zur Beruhigung der Lage die Grenzen vorläufig zu schließen. »Komplettes Systemversagen«, seufzte ein Rechtsexperte aus dem Bundesinnenministerium auf dem Höhepunkt der Flüchtlingskrise, denn für 98 Prozent der nach Deutschland kommenden Flüchtlinge sei die Bundesrepublik »eigentlich gar nicht zuständig«.[108]

Mehr als erstaunlich war auch die Rechtsbasis, auf der die Bundesregierung die ungesteuerte Masseneinwanderung in das deutsche Asylsystem legitimierte. Tief im Paragraphendschungel des Asylverfahrensgesetzes in der Fassung vom 2. September 2008 versteckt findet sich eine Ermächtigung der Exekutive, die es in sich hat. Die Bestimmung in Paragraph 18 verdient es, im Wortlaut zitiert zu werden. Dort heißt es im Absatz 4: »Von der Einreiseverweigerung oder Zurückschiebung ist im Fall der Einreise aus einem sicheren Drittstaat (§ 26a) abzusehen, soweit ... 2. das Bundesministerium des Innern es aus völkerrechtlichen oder humanitären Gründen oder zur Wahrung politischer Interessen der Bundesrepublik Deutschland angeordnet hat.«[109] Dieser sichtlich nur für Einzelfälle gedachte Kautschukparagraph wurde jetzt als Ermächtigung interpretiert, die Einreise und Unterbringung Hunderttausender von Flüchtlingen zu verfügen. Doch selbst bei einer derart maßlosen Überinterpretation wären die deutschen Grenzbehörden verpflichtet gewesen, »den Ausländer erkennungsdienstlich zu behandeln«.

Genauso erstaunlich ist, daß die eben erwähnte Anweisung des Bundesinnenministers zur Außerkraftsetzung von Dublin-Verordnungen gemäß Artikel 18 (4) 2 AsylVfG sichtlich ohne Beschlußfassung des Bundeskabinetts erfolgte, auch ohne umgehende Rückkopplung zum Deutschen Bundestag. Daß die Bundestagsfraktionen und die Länderregierungen das zunächst widerstandslos hinnahmen, ist nachvollziehbar. Ende August und in den ersten Septemberwochen 2015 war in der Tat eine Notstandslage gegeben, und in dieser Situation war die fragliche Ermächtigung ein problematisches, aber vielleicht doch kurzfristig tolerables Aushilfsmittel. Daß sie seither von der Regierung Merkel – ohne gesetzliche Ermächtigung durch den Bundesgesetzgeber – allem Anschein nach weiterhin als Rechtsbasis für die faktische Außerkraftsetzung des geltenden Europarechts sowie des Asylrechtsartikels 16a GG dient, ist – milde formuliert – höchst auffällig, deutlich gesagt aber »rechtsstaatswidrig« und »ohne demokratische Legitimation«.[110] Ähnlich wie der hastig vollzogene Atomausstieg oder die Außerkraftsetzung der *Nobail-out*-Vorschriften des Maastricht-Vertrags im Mai 2010 ist das ein weiteres Beispiel für die zunehmende Exekutivlastigkeit des politischen Systems der Bundesrepublik, die mit der Verführung zu obrigkeitsstaatlicher Außerkraftsetzung geltender Rechtsvorschriften verbunden ist. Stillschweigend wurden übrigens auch die Überprüfungsverfahren des BAMF verwässert. Waren die Beamten bis in den Herbst 2015 durch strenge gesetzliche Vorgaben zur sorgfältigen Überprüfung des Aufenthaltsstatus verpflichtet, wurde nun angeordnet, die Anträge derer, die behaupteten, aus Syrien zu kommen, nur noch schriftlich zu bearbeiten und auf mündliche Befragung über die tatsächlichen Fluchtgründe zu verzichten. Überdies wurde nun ein Großteil derer, die über sichere Drittstaaten eingereist waren, als Asylbewerber nach den viel günstigeren Bestimmungen der Genfer Flüchtlingskonvention eingestuft. Bald wurde daraus ein Streitthema innerhalb der schwarz-roten Koalition, dessen Hin und Her hier nicht zu interessieren braucht. Tatsache ist jedenfalls, daß auch solche anfangs stillschweigend vorgenommenen Vergünstigungen den Pull-Faktor in den kritischen Monaten verstärkten.[111]

Es erübrigt sich, den jetzt unvermeidlichen Kontrollverlust im einzelnen zu beschreiben. Von Anfang September an war in der Statistik zu Erstanträgen beim BAMF nur noch ein Bruchteil der Ankömmlinge erfaßt. In den Monaten bis August 2015 waren die Zahlen ständig gestiegen. Im September aber wurden 40 487 Flüchtlinge mit Erstanträgen registriert, im Oktober 52 730, im November erfaßte das EASY-System[112] 206 101 Zugänge und für das Gesamtjahr 2015 waren es 1 091 894 Zugänge. Wie viele Antragsteller im Lande blieben, wie viele schließlich reguläre Asylverfahren beantragen würden und mit welchem Ergebnis, wie groß die Dunkelziffer war – das alles blieb unklar. Die deutschen Behörden verloren völlig die Übersicht. Ende September 2015 war aus dem BAMF zu vernehmen, daß vermutlich 290 000 Flüchtlinge unregistriert eingereist seien.[113] Dieser Blindflug der Behörden setzte sich monatelang fort. So wurde später beispielsweise bekannt, daß allein von den 91 671 Zugängen im Monat Januar 2016[114] nach Angaben der Bundespolizei 77 Prozent ohne Pässe einreisen durften.[115] Als besonders problematisch erwies sich dabei die unkontrollierte Einreise unbegleiteter Minderjähriger aus Afghanistan, Syrien, dem Irak, Somalia und Eritrea. Ende 2015 belief sich deren Zahl auf über 60 000. Sie müssen aufwendig betreut werden und stellen, da sie jung und damit leicht beeinflußbar sind, naturgemäß ein besonders beliebtes Ziel islamistischer Rekrutierung dar.[116] Der Mordanschlag im Kreis Würzburg im Juli 2016 ist nur ein Beispiel dafür. Es war nicht der letzte.

Die Reaktion im In- und Ausland war höchst widersprüchlich. Lob des moralischen Kraftakts auf der einen Seite, Entsetzen über so viel Unverstand auf der anderen. Nicht zu Unrecht hatte Deutschland immer als wohlgeordneter, zuverlässig kontrollierter, auch sicherheitsbewußter moderner Staat gegolten. Tempi passati. Nie zuvor in den 65 Jahren bundesdeutscher Geschichte hat eine Bundesregierung ein derartiges Chaos verschuldet und seine Fortsetzung wie gelähmt toleriert, bis die Sperrung der Balkanroute durch eine Koalition der Willigen unter Führung Österreichs im März 2016 dem Kontrollverlust ein Ende machte.

Die Rückwirkungen auf die EU und bis weit in die Krisenzonen im Nahen Osten und nach Afrika hinein waren gravierend. Wie viele Zehntausende sich zu dieser Zeit auf die Willkommenssignale hin in der Türkei und in Afrika auf den Weg machten, wird sich nie genau klären lassen. Daß es sehr viele waren, steht außer Frage. Aus eigener Machtvollkommenheit hatte die Bundesregierung das ohnehin schon überlastete Schengen-System zeitweilig außer Kraft gesetzt und damit die chaotische, unkontrollierte Einwanderung erheblich verstärkt. Nun ging von dem wirtschaftlich potenten, vermeintlich zutiefst humanen, zugleich jedoch für die Rückwirkung auf Europa naiv unsensiblen Deutschland ein starker Anreiz aus, der Flüchtlinge in großer Zahl nach Europa lockte und einen beispiellosen Kontrollverlust verursachte. Jetzt drohte die Destabilisierung des Balkans und zugleich die Diskreditierung der EU.

Nach dem Gesetz der Personalisierung demokratischer Herrschaft im frühen 21. Jahrhundert hatte das einerseits so hochmoralische, andererseits so beunruhigende Deutschland ein Gesicht – das der Bundeskanzlerin Angela Merkel. Für ihre Bewunderer war sie ein strahlendes Vorbild christlicher Nächstenliebe. Am 18. September 2015 – die deutsche Willkommenskultur hatte soeben den Zenit erreicht und war kurz vor dem Umkippen – porträtierte *Der Spiegel* sie auf seiner Titelseite nach dem Vorbild der heiligen Mutter Teresa als »Mutter Angela« mit dem Zusatz: »Merkels Politik entzweit Europa«.[117] Beides war zutreffend, die Lobreden und das verständnislose Kopfschütteln.

Wie es diplomatischer Courtoisie entspricht, spendeten manche EU-Regierungen zwar dem moralischen Mut der Bundesregierung und dem Idealismus der Deutschen angemessenes Lob, doch insgeheim bekreuzigten sich viele beim Blick auf das wieder einmal tief erregte und unvorsichtige Land in der Mitte Europas. Bisweilen äußerten die Partner ihren Unwillen sogar in aller Öffentlichkeit. So ließ etwa der französische Ministerpräsident Manuel Valls im stürmischsten Monat der Flüchtlingskrise, im Februar 2016, die Bundesregierung auf der Münchner Sicherheitskonferenz mit der Erklärung abblitzen, die EU müsse die Botschaft aussenden, »daß wir keine Flüchtlinge mehr aufnehmen«.[118] Frankreich, der engste Verbündete in Europa, ging damit zu der deutschen Lieblingsidee eines dauerhaften Umverteilungsmechanismus innerhalb der Europäischen Union brüsk auf Distanz. Nach Ansicht ihrer Kritiker, deren Schar rasch zunahm, wirkte jetzt die tatkräftige, aber diesmal fehlprogrammierte Kanzlerin als starker Pull-Faktor auf die beispiellose Völkerwanderung. Wie keine andere Führungsgestalt in Europa schien sie die Ambivalenz von Entscheidungen zu verkörpern, die gut gemeint sind, aber die Bundesrepublik und mit ihr einen ganzen Kontinent ins Schleudern bringen können.

So dachten auch kritische Beobachter in Deutschland selbst. Nach dem anfänglichen Hoch stürzten die Zustimmungswerte der Bundeskanzlerin bei den Umfragen jäh ab. Jetzt begann jene Phase hektischer Improvisationen, die im folgenden zu erörtern sein wird. Sie hat bis zur Schließung der Balkanroute Anfang März 2016 angedauert, genau besehen bis heute. Nachdem der erste »Massenzustrom« mit Mühe und Not gestoppt ist, weigert sich die Bundesregierung aber noch immer, den effektiven Schalter des Artikels 18 (4) 2 AsylVfG wieder umzulegen und die europarechtlich verankerte, korrekte »Europäische Lösung« des Dublin-Übereinkommens erneut in Kraft zu setzen.

# 4
## Improvisierte Strategien
### (September 2015 bis März 2016)

Im Oktober 2015 war nicht mehr zu verkennen, daß aus dem anfangs verharmlosten Flüchtlingsproblem eine Völkerwanderung von beispielloser Wucht geworden war, von der eine ganz neue Gefahr für den Zusammenhalt der EU und für die Zukunft der betroffenen Großgesellschaften ausging. Nun warteten die politischen Granden plötzlich mit der Feststellung auf, das sei die größte Krise Europas seit dem Zweiten Weltkrieg. Entsprechend hektisch waren die Versuche, die Lage wieder unter Kontrolle zu bekommen.

Beim Blick auf das Sammelsurium von Maßnahmen, die seit Frühherbst 2015 in Gang gesetzt wurden, ist es fast ein Euphemismus, von Strategien zu sprechen. Wenn eine kompliziert konstruierte Staatengemeinschaft mit offenen Grenzen aus heiterem Himmel von einer Völkerwanderung überrascht wird, ist zunächst kaum mehr zu erwarten als hektische Improvisation. Sucht man diese wirren Reaktionen zu klassifizieren, lassen sich drei Ansätze unterscheiden: erstens »europäische Lösungen«, zweitens eine verschärfte nationale Gesetzgebung, um die Einwanderung weniger attraktiv zu machen oder abgelehnte Flüchtlinge zurückzuführen, drittens eine konsequente Grenzsperrung für Flüchtlinge.

Bekanntlich sprach sich die Bundesregierung für eine »europäische Lösung« aus. Gemeint war damit ein Bündel heterogener Strategien. Europäisch waren diese Strategien insofern, als Berlin grundsätzlich versuchte, den Flüchtlingsandrang durch gemeinsam im Europäischen Rat beschlossene Maßnahmen zu reduzieren, also: Umverteilung der Flüchtlingsmassen nach festen Quoten beziehungsweise Kontingenten auf alle 28 Staaten der EU; Vereinbarungen mit der Türkei, um die illegale Migration über die Ägäis und Griechenland zu verhindern, sowie bessere Überwachung der Seegrenzen im Mittelmeerraum vor den Küsten Libyens. Dazu kam die

»Ursachenbekämpfung«: intensivierte Hilfe für Flüchtlingslager außerhalb der EU im Nahen Osten sowie in Afrika und milliardenschwere Hilfsprogramme für die Herkunftsländer, was den Zustrom sozusagen an der Quelle austrocknen sollte. Zur Ursachenbekämpfung gehörten auch die mit großer Intensität wieder aufgenommene Friedensdiplomatie zur Beendigung des nun schon fünf Jahre andauernden Bürgerkriegs sowie die Krisendiplomatie im Falle Libyens. Was von der bedrängten Bundesregierung als in sich geschlossenes Konzept präsentiert wurde, war tatsächlich ein Sammelsurium von Maßnahmen, von denen die meisten nur mittelfristige oder langfristige Entlastung versprachen – wenn überhaupt.

Eine zweite Gruppe von Maßnahmen zur Stabilisierung der Lage betraf die nationale Gesetzgebung. Man kann sie mit dem Stichwort der drei A – »Abschieben, Abschrecken, Abweisen« umschreiben. Wie nachhaltig sie sich auswirken werden, ist noch unklar. Solange das Flüchtlingsregime der EU wie bisher in Kraft bleibt, solange die Seegrenzen der EU offen sind und solange das attraktive Deutschland weiterhin die Flüchtlinge aus Krisenregionen derart anzieht und keine Anstalten zur Grenzschließung macht, ist darauf wohl kein dauerhafter Verlaß.

Mit dem drastischen Konzept, gegen die anders nicht zu stoppende Völkerwanderung zeitweilig Grenzen zu schließen, wurde schließlich ein drittes, schon fast vergessenes Hilfsmittel wieder entdeckt. Wegen der moralischen, rechtlichen und diplomatischen Rückwirkungen war diese Notfallmaßnahme tief im europäischen Instrumentenkasten versteckt. Das seit Jahrhunderten bewährte klassische Instrument staatlichen Selbstschutzes wurde erst hervorgeholt, als die Zweifel an der Wirksamkeit »europäischer Lösungen« wuchsen. Wie sich zeigen sollte, war das die einzige, schlagartig wirksame Maßnahme. Erst als sich die Balkanstaaten, geführt von Österreich und ermutigt durch eine Mehrheit der EU-Regierungen, dafür entschieden, schwenkte auch Griechenland ein und bemühte sich, seinen Verpflichtungen nachzukommen. Nun zeigte sich auch die Türkei zu einem mit vielen kritischen Bedingungen verknüpften Rücknahmeabkommen mit der EU bereit. Etwas pointiert könnte man formulieren: Eine durchaus labile »europäische Lösung« zum Abbruch des Flüchtlingsstroms kam zustande, weil sich die Staatengruppe auf dem Balkan dafür entschied, dem Schutz der eigenen Landesgrenzen unbedingte Priorität einzuräumen.

Mitte März 2016, so läßt sich resümieren, ist ein vorläufiges Containment der ersten Welle der neuen Völkerwanderung erzielt worden, was einen Monat zuvor noch kaum zu erhoffen war. Wie dieses Zwischenergebnis multilateraler Geheimdiplomatie zustande kam, läßt sich bisher nur in groben Umrissen erkennen. Wie lange es hält und wie rasch es von neuen Migrationswellen geprüft werden wird, ist nicht abzusehen. Immerhin ermöglichen die bekannten Fakten eine kritische Diskussion der zum Einsatz gebrachten Strategien.

## Warum ist aus der Strategie europäischer Umverteilung ein Flop geworden?

»Eine Million Flüchtlinge auf 507 Millionen Menschen zu verteilen, das geht.« Mit diesem Satz brachte Parlamentspräsident Martin Schulz das Konzept solidarischer Umverteilung auf den Punkt.[119] Wie sich zeigte, geht es nicht.

Die EU-Kommission und die föderalistische Mehrheit im Europäischen Parlament sahen in der Umverteilung einen Ausweg aus ihren Nöten. Die stark betroffenen Länder Italien, Griechenland, Malta, vor allem aber Deutschland, Österreich und Schweden, anfangs auch Ungarn, griffen die Idee gerne auf. Die EU-Kommission stützte sich dabei auf die Artikel 78 (Asylpolitik) und 80 (Grundsatz der Solidarität) des Lissabon-Vertrags über die Arbeitsweise der Institutionen (AEUV). Der Vorschlag, zuerst einmal eine große Zahl von Flüchtlingen aus Italien, Griechenland und Ungarn auf die 28 Mitgliedstaaten nach einem festen Schlüssel umzuverteilen, war als Einstieg in einen »dauerhaften Mechanismus« gedacht, »der in Notsituationen automatisch ausgelöst werden könnte«.[120] Doch eben die Aussicht, daß der Mechanismus von Dauer sein sollte, ließ viele der EU-Regierungen zurückschrecken. Mehr als eine »freiwillige«, einmalige Tranche von 120 000 Menschen war auf der Konferenz der EU-Innenminister vom 21. September nicht durchzusetzen, und auch das nur gegen heftigen Widerstand der EU-Länder in Ostmitteleuropa.[121]

Zunächst sollten 66 000 Flüchtlinge verteilt werden: 50 400 aus Griechenland und 15 600 aus Italien. Die Verteilung der weiteren 54 000, die eigentlich aus Ungarn stammen sollten, wurde auf einen späteren Zeitpunkt verschoben und sollte nach demselben Schlüssel erfolgen. Jedem der Aufnahmeländer wurde das Recht eingeräumt, von seinem Anteil maximal 30 Prozent jährlich auszusetzen. Nach dem mit bürokratischer Pedanterie errechneten und schließlich von den EU-Innenministern beschlossenen Verteilungsschlüssel waren folgende Anteile vorgesehen: Deutschland (13 009), Frankreich (9898), Spanien (6127), Polen (3881), Niederlande (2978), Rumänien (1890), Schweden (1830), Belgien (1869), Tschechien (1215), Österreich (1491), Ungarn (988), Finnland (982), Slowakei (612), Kroatien (434).[122]

Wohlgemerkt: Es ging nur um die Umverteilung aus Italien, Griechenland und Ungarn und nicht darum, mit der Völkerwanderung nach Deutschland durch Umverteilung fertig zu werden! Die Erfahrung hat die EU-Staaten allerdings gelehrt, daß aus einmaligen Schlüsseln für gewöhnlich verbindliche Quoten werden, und das lag auch durchaus in der Absicht der Kommission und des Europäischen Parlaments. Als dann im Oktober und November die nicht enden wollenden Flüchtlingskolonnen über den Balkan vorwiegend nach Österreich, Deutschland und Schweden zogen, schien es vielen Regierungen erst recht geboten, von der Umverteilung die Finger zu lassen. Vor allem in den Ländern Ostmitteleuropas und auf dem Balkan stießen die Umverteilungspläne auf heftigen Widerstand. Bei den hohen EU-Funktionären, doch auch in der Bundesregierung hatte man sich über die historischen Erfahrungen der östlichen Mitgliedsländer keine großen Gedanken gemacht.

Esten, Letten und Litauer konnten sich mit der Zuweisung fremder Flüchtlinge nicht anfreunden, nachdem sie ein halbes

Jahrhundert hindurch hatten erleben müssen, wie die Sowjetunion ihre nationale Identität durch gezielte Ansiedlung von Russen aufzuweichen und zu zerstören versuchte. In Polen, Tschechien und in der Slowakei waren andere Erinnerungen verhaltensbestimmend. Dort hatte man sich nach 1945 der deutschen Einwohner durch Vertreibung entledigt, um endlich in einem Staat mit ethnisch homogener Bevölkerung leben zu können. Sollte diese durchaus erwünschte Homogenität nun durch in Brüssel ausgehandelte Quoten und – so war zu befürchten – dauerhafte Ansiedlung muslimischer Syrer, Afghanen, Iraker oder afrikanischer Migranten aufgeweicht werden?!

Wieder anders war das historisch gewachsene nationale Bewußtsein bei Slowenen und Kroaten. In den Balkankriegen der 1990er Jahre hatte die Frage der nationalen Identität eine durchaus fatale und zudem sehr wichtige Rolle gespielt – übrigens auch bei Beitrittskandidaten wie Serbien, Albanien und Bosnien-Herzegowina. Inzwischen hatte man gelernt, daß seitens der EU in Fragen der ethnischen Zugehörigkeit einerseits recht entspannte, andererseits aber bezüglich des Minderheitenschutzes sehr strenge Vorstellungen herrschten. Man hatte sich angepaßt, doch die Aussicht, künftig dazu verpflichtet zu sein, nach festen Schlüsseln Migranten aufzunehmen und dadurch die ohnehin schon bestehenden Spannungen zwischen den verschiedenen Volksgruppen womöglich noch zu verschärfen, ließ die Regierungen auf Abstand gehen.

Kroaten, Slowenen, Slowaken, Ungarn, Serben, ferner Bulgaren und Rumänen zeigten sich auch aus anderen Gründen reserviert. Sie hatten ihre römisch-katholisch oder orthodox-ostkirchlich geprägte Identität im Kampf gegen Invasionen oder Unterdrückung durch die muslimischen Türken entwickelt. Nun verlangten ahnungslose EU-Funktionäre im Einvernehmen mit historisch ignoranten, zu allem hin noch arroganten Deutschen, von denen die neue Völkerwanderung zu einem Gutteil verschuldet worden war, unter Berufung auf universalistische Werte ausgerechnet in einer Phase erneuter Gefährdung durch einen militanten Dschihadismus die zwangsweise Ansiedlung muslimischer Migranten!

So sahen und sehen es viele in Warschau, Prag, Bratislava, Zagreb und Budapest. Die EU, nicht zuletzt Deutschland, hatten mit der unüberlegten Forderung nach solidarischer Umverteilung in ein Wespennest gestochen. Die aus Wien und Brüssel zu vernehmende Drohung der Kürzung wirtschaftlicher Hilfe für widerspenstige osteuropäische Länder machte die Lage nicht besser.

In Brüssel, in Berlin, anfänglich auch in Wien, fehlte aber auch die Sensibilität für die Gegebenheiten im westlichen Europa. Die dortigen Regierungen waren gar nicht unzufrieden damit, daß die Osteuropäer die zwangsweise Umverteilung vehement ablehnten, und hielten sich erst einmal bedeckt. Tatsächlich waren einige der ehemaligen Kolonialmächte in Sachen Einwanderung aus muslimischen Ländern oder aus Afrika gebrannte Kinder. Das galt für England, für die Niederlande, für Belgien, nicht zuletzt auch für Frankreich. Seit gut sechzig Jahren und mehr hatte jede dieser Gesellschaften ihre eigene, komplizierte Migrationsgeschichte, die fast überall von anfänglicher Aufnahmebereitschaft über eine Politik ratlosen Treibenlassens zur Vorsicht und zunehmend zur Ablehnung geführt hatte.

Großbritannien beispielsweise hatte im Jahr 1947 im British Nationality Act 800 Millionen Einwohnern des Commonwealth das Recht zugebilligt, ohne Visum nach England zu kommen und hier zu arbeiten. Maßgebend war dabei die Commonwealth-Idee. Später erhoffte man sich billige und willige Arbeitskräfte. Das Konzept ließ sich schon Anfang der 1960er Jahre nicht mehr durchhalten, als die Einwanderung aus Indien, aus Pakistan und aus der karibischen Inselwelt unaufhaltsam anstieg. Als Innenminister Rab Butler den Immigration Act vorlegte, der 1961 Gesetz wurde, stellte er fest, daß ein Viertel der Erdbevölkerung berechtigt sei, sich in dem ohnehin schon dicht bevölkerten England anzusiedeln. Das könne so nicht weitergehen.[123] Seither wurde die Einwanderung beständig erschwert, für den Familiennachzug oder für bestimmte Kontingente aber auch wieder erleichtert. Unterscheidungen zwischen Commonwealth- und Nicht-Commonwealth-Einwanderern, Rücksichtnahme auf die Genfer Flüchtlingskonvention, schließlich die Anpassung an die EU-Gesetzgebung, die Einwanderung aus Polen, die im 21. Jahrhundert zunehmende Sorge vor dem militanten Islam – wobei sich in England vor allem fundamentalistische Muslime pakistanischer Herkunft als Problemfall erwiesen –, dies und vieles mehr hat die Einwanderungs- und Asylpolitik seit langem zum Topthema innenpolitischer Kontroversen gemacht. 1980 lag die Zahl der aus Asien, Afrika oder aus der Karibik stammenden Einwanderer bereits bei 2,1 Millionen, 1995 waren es 3,2 Millionen, 2006 über 4 Millionen.[124] 2005 legte der Innenminister ein Gesetz vor, wonach bei der Einwanderung in erster Linie nach dem potentiellen Nutzen für die britische Bevölkerung zu entscheiden sei. In Zukunft sollten auch Sprachtests durchgeführt werden. Der kritische Historiker A. N. Wilson kommentierte das in seiner zynischen Schilderung der geistigen Strömungen und der fragwürdigen politischen Größen im Zeitalter von Elisabeth II. (seit 1952) mit den Worten: »Weit davon entfernt, durch diese Maßnahmen beruhigt zu sein, registrierte es ein Großteil der britischen Öffentlichkeit mit Entsetzen, jetzt so klar dargelegt zu bekommen, daß derart simple Eintrittsbedingungen in den vorhergehenden 50 Jahren nicht existiert hatten.«[125] In einem halben Jahrhundert ist England zu einem multikulturellen Land geworden.

So hatte jedes Land seine eigenen Gründe, der Umverteilung mit Skepsis zu begegnen. In Frankreich macht man sich schon lange Sorgen, weil die Migranten aus Algerien und Afrika zunehmend in Parallelgesellschaften leben und die Integration immer weniger gelingt. Die lange Zeit sehr liberalen Niederlande haben ihre eigene, gleichfalls nicht einfache Migrationsgeschichte. In den 1950er Jahren wurden an die 300 000 indonesische Niederländer aufgenommen, in den 1970er Jahren nochmals 300 000 Landsleute aus Surinam, dazu die Abkömmlinge türkischer Gastarbeiter und schließlich die Asylbewerber gemäß europäischer Gesetzgebung. Paul Scheffer schätzt, daß es 2030 etwa dreißig Prozent niederländische Bürger mit Migrationshintergrund geben wird.[126]

Überall in Westeuropa gibt es inzwischen neben der großen Zahl zufriedenstellend integrierter Migranten Parallelgesellschaften und Moscheen, in denen sogenannte Haßprediger die Botschaften eines militanten Islam verkünden. Spanien, das in den Jahren des Booms viele Südamerikaner und viele Migranten aus dem Maghreb ins Land gelassen hatte, und Portugal mit einem großen Anteil afrikanischer Migranten aus Angola und Mosambik wollten sich gleichfalls nicht auf das Experiment einer zwangsweisen Umverteilung in großem Stil einlassen. Selbst Dänemark zögerte, das sich zunächst ähnlich aufnahmebereit verhalten hatte wie Schweden, wo aber gleichfalls besorgniserregende muslimische Parallelgesellschaften entstanden waren. Die meisten der Regierungen in den genannten Ländern haben es außerdem mit mehr oder weniger starken populistischen Parteien zu tun, die islamkritisch, xenophob und asylkritisch sind. Die Aussicht, künftig mit einer in die Hunderttausende gehenden Umverteilung konfrontiert zu werden, leitet ebenso ungewollt wie unvermeidlich Wasser auf die Mühlen der Populisten.

Es gehört zu den Unbegreiflichkeiten des Jahres 2015, wie die deutsche Politik und die Brüsseler Spitzenchargen der EU angesichts der bekannten Vorbehalte vor allem auch in den Partnerstaaten Westeuropas so hartnäckig die Idee einer Umverteilung in großem Stil betreiben konnten. Über die Gründe dafür läßt sich nur rätseln: überheblicher Moralismus? Abgehobenheit der politischen Klasse? Glaube an den technokratischen Obrigkeitsstaat? Oder – im deutschen Fall – auch ein schlichter Provinzialismus voller Ahnungslosigkeit in bezug auf die komplizierten Migrationsprobleme und ethnischen Spannungen, die den Nachbarländern seit Jahrzehnten zu schaffen machen?

Die unüberlegte Umverteilungsidee stößt noch auf ein weiteres Hindernis: die in den jeweiligen Zielländern bereits angekommene Diaspora. Es mag Bürokraten irritieren, daß Flüchtlinge aus Afghanistan, Eritrea oder auch aus Syrien nicht nach Spanien oder Polen oder Italien wollen, sondern nach Deutschland streben, weil sich hier bereits eine zahlmäßig starke Diaspora eingefunden hat. Aber so sieht nun einmal die Wirklichkeit aus. Flüchtlingsscharen sind keine Viehherden, die man dahin oder dorthin karren kann. Es sind Menschen mit eigenen Vorstellungen und zähem Willen. Verfrachtet man sie in Länder, in denen sie nicht leben möchten, finden sie Mittel und Wege, in das Land und an die Orte ihrer Wahl zu gelangen. Durch ein gigantisches und dauerhaftes europäisches Umverteilungssystem würden die schier unlösbaren Probleme der Familienzusammenführung und die der Rückführung abgelehnter Asylbewerber die Asylbürokratie – die Gerichte mit eingeschlossen – noch kafkaesker auswuchern lassen als dies nach den Dublin-Verordnungen ohnehin schon der Fall ist. Auch das wissen die Regierungen, die sich dagegen sträuben. Die Umverteilung auf die EU-Länder kann nicht funktionieren.

Im September 2015 hatte die EU die Umverteilung von 120 000 Flüchtlingen beschlossen. Im November 2016 waren von diesen trotz eindringlicher Appelle genau 8162 verteilt.[127] Mehr als symbolische Beiträge sind wohl nicht mehr zu erwarten. Dennoch kommen die EU-Technokraten immer wieder auf ihre Phantasien einer Umverteilung mit festen Länderquoten zurück, und die aufnahmeunwilligen »Frontstaaten« unterstützen sie dabei, sekundiert von der technokratisch disponierten deutschen Bundesregierung, von Schweden und den EU-Ländern Luxemburg und Belgien, die sich keine Blöße geben möchten.

Kaum hatte sich im Frühjahr 2016 die Lage beruhigt – sieht man einmal davon ab, daß sich in Libyen bereits neue Scharen zur Fahrt übers Mittelmeer sammelten –, stellte die EU-Kommission ein weiteres Quotenkonzept zur Diskussion. Dublin III müsse bleiben, doch es solle ein »korrigierender Verteilungsmechanismus« für alle EU-Länder festgelegt werden. Übersteige die Zahl der Asylbewerber den jeweiligen Länderschlüssel um 150 Prozent, erfolge ein automatischer Umverteilungsprozeß der Überlast von 50 Prozent auf die Mitgliedsländer. EU-Staaten, die eine Aufnahme verweigern, sollen hohe Strafen entrichten – 250 000 Euro pro Flüchtling, den sie nicht aufnehmen möchten.[128] Daß aus den Plänen etwas wird, ist unwahrscheinlich. Immerhin weiß die Öffentlichkeit jetzt, was ein Flüchtling nach Meinung der EU-Kommission wert ist.

## Wie will die EU ihre offenen Seegrenzen
## am Mittelmeer schließen?

Weshalb es nicht fair ist, die Probleme an der mittelmeerischen EU-Außengrenze allein Griechenland und Italien anzulasten, haben wir schon erörtert. Man muß diese beiden Länder in einem Atemzug nennen, denn sie haben dieselben Probleme und bereiten der EU dieselben Sorgen. Sie sind Opfer der Geographie, Opfer der problematischen Nachbarschaft an der Gegenküste des Mittelmeers und Opfer des Flüchtlingsrechts, das die EU sich gegeben hat. Allerdings sind sie auch Opfer eigener Fehler. Ihre Regierungen haben sich vertragswidrig, wenn nicht gar arglistig verhalten, als die Fluchtbewegung übers Mittelmeer Menschen in großer Zahl an ihre Küsten brachte. Gewiß, Politik ist kein Geschäft für reine Seelen und Außenpolitik schon gar nicht. Gelegentliche Regelverstöße sind sozusagen eingepreist. Aber eine über drei, vier Jahre hinweg in großem Stil und ungeniert vor aller Augen praktizierte Strategie des »Durchwinkens« von mehr als einer Million Flüchtlinge ist eine Provokation. Das war nur möglich, weil Deutschland sich zunächst über die Maßen duldsam und dann selbst regelwidrig verhielt.

Je unkontrollierter die Flüchtlingsmassen wuchsen, umso unruhiger wurde die EU. Bis in den Sommer 2015 galt die gesammelte Aufmerksamkeit vor allem der Frage: Wie können die zivilisierten Länder Europas verhindern, daß Tausende von Flüchtlingen im Mittelmeer ertrinken? Humanitäre Empfindungen waren hier maßgebend. Erst als der Kontrollverlust offenkundig wurde, begann ein Umdenken. Im Herbst 2015 hatte sich bei den Spitzenchargen der EU und bei der deutschen Regierung schließlich die Meinung durchgesetzt, entscheidend für die Wiederherstellung kontrollierter Verhältnisse sei die Sicherung der EU-Außengrenzen.

Das Problem, der Staatsräson, europäischer Supranationalität und universalistischer Humanität gleichzeitig gerecht zu werden, ist jedoch ähnlich unlösbar wie das mathematische Problem der Quadratur des Kreises. Will man das in den Verträgen verankerte Flüchtlingsrecht nicht antasten, spricht vieles dafür, eine rechtlich korrekte

Überprüfung der Asylanträge an die Seegrenzen der Mittelmeerländer zu verlagern. In den Vorschlägen der Kommission spielte somit die Forderung nach Errichtung von sogenannten Hotspots schon früh eine große Rolle, also von Sammelstellen an den Brennpunkten der illegalen Einwanderung – auf Lampedusa, auf Sizilien, auf den der Türkei vorgelagerten Ägäis-Inseln, doch auch auf dem italienischen und griechischen Festland. Soll man sie Versorgungszentren, Sammellager, Kontrollstationen, Verteilungszentren, Abschiebeeinrichtungen oder provisorische Internierungslager nennen? Offenbar verbinden sich damit so viele widersprüchliche Vorstellungen, daß die unverfängliche Bezeichnung »Hotspots« am unanstößigsten erscheint.

In diesen »Hotspots« soll dreierlei gewährleistet werden. Ein erstes Ziel ist die ordnungsgemäße Registrierung der Flüchtlinge (Anfertigung von Fotografien, Abnahme der Fingerabdrücke, Überprüfung der Identität unter Einsatz von Eurodac und anderen Systemen). Nur so lassen sich die Dublin-Vorschriften korrekt umsetzen, daß jeder Ankömmling prinzipiell in dem Land einen Asylantrag zu stellen hat, in dem er erstmals EU-Boden betritt und in dem er auch betreut werden muß. Weshalb Italien und Griechenland diesem Wunsch widerstrebten, liegt auf der Hand: Sie fürchteten und fürchten noch immer, die Option zu verlieren, einen großen Teil weiterzureichen, also auf einer großen Zahl von Flüchtlingen sozusagen sitzenbleiben. Will die EU diese Widerstände überwinden, muß sie erhebliche finanzielle Leistungen einplanen.

Das zweite Ziel ist teils humanitär, teils praktischer Natur. Die Unterbringung der Flüchtlinge in Griechenland und Italien läßt sehr zu wünschen übrig. Beide Länder verweisen auf die bei der Errichtung ordentlicher Flüchtlingsunterkünfte auftretenden finanziellen Belastungen. Besonders Griechenland stellte lange nur primitive, überfüllte Quartiere zur Verfügung – wenn überhaupt.

Der Europäische Gerichtshof hatte deshalb schon 2011 festgestellt, daß Flüchtlinge in Griechenland oft nicht menschenwürdig untergebracht sind, und mit dieser Begründung eine Rückführung untersagt. Das widersprach zwar den Dublin-Verordnungen, doch

Deutschland hielt sich daran und nahm fortan keine Rückführung nach Griechenland mehr vor. Daß dies für Flüchtlinge ein Anreiz war, Deutschland als Zielland auszusuchen, kann nicht verwundern. Aus Sicht beliebter Länder hätte die Errichtung humanitär ordentlich eingerichteter »Hotspots« also auch den praktischen Vorzug, daß der Anreiz zur Weiterreise weitgehend entfällt und Rückführungen wieder möglich sind. Doch »Hotspots«, wie sie dann auch entlang der Balkanroute eingerichtet worden sind, kosten Geld, das nach Lage der Dinge nur aus dem EU-Haushalt kommen kann.

Das dritte Ziel der »Hotspots« besteht darin, illegale Flüchtlinge, die keinen Anspruch auf Asyl oder auf subsidiären Schutz haben, bis zum Abschluß des Verfahrens festzuhalten und sie in ihre Herkunftsländer abzuschieben, bevor sie sich in andere EU-Länder auf den Weg machen. Aus Sicht Griechenlands und Italiens ist das aber mit einem großen Risiko behaftet, denn nach allen bisherigen Erfahrungen ist damit zu rechnen, daß die Herkunftsländer die Flüchtlinge nicht zurücknehmen oder die Rücknahme zumindest verzögern. Ohnehin ist jede Unterbringung und eine schließliche Rückführung mit einem hohen administrativen Aufwand und erheblichen Kosten verbunden.

Wohl oder übel zeigte sich die EU-Kommission bereit, für einen erheblichen Teil der Kosten aufzukommen. Darüber hinaus wurde aus den Mitgliedsländern Personal für die Durchführung korrekter Asylverfahren zur Verfügung gestellt. Nach Ansicht der EU war es auch hohe Zeit, die Grenzschutztruppe Frontex aufzustocken und mit erweiterten Zuständigkeiten zu versehen, damit sie bei Aufnahme, Überwachung und Rückführung der Flüchtlinge helfen kann. Doch hier ergeben sich wieder Probleme bezüglich der nationalen Souveränität. Ob und wie sich eine Veränderung der Zuständigkeiten erreichen läßt, ist unklar, auf alle Fälle strittig. Gerade die Flüchtlingskrise hat offenbart, wie fahrlässig es war, auf entsprechende Souveränitätsrechte zu verzichten im Vertrauen darauf, daß die EU-Institutionen und die einzelnen EU-Mitgliedstaaten ihre Vertragspflicht erfüllen.

Am schwierigsten lösbar sind die Fragen des endgültigen Verbleibs. Wo bleiben die nach Abschluß des Verfahrens anerkannten Flüchtlinge? Und wo bleiben diejenigen, deren Anträge zwar abgelehnt wurden, die aber aus praktischen Gründen doch nicht abgeschoben werden können? Italien, Griechenland und Malta sträuben sich verständlicherweise dagegen, allein wegen ihrer ungünstigen geographischen Lage zum vorrangigen Aufnahmeland von Flüchtlingen aus Afrika oder den Krisengebieten Vorderasiens und Zentralasiens zu werden. Hier kommt das Konzept der europaweiten Umverteilung ins Spiel. Regelkonformes Verhalten, so die Haltung der EU-Kommission, ist von den »Frontstaaten« nur zu erwarten, wenn ihnen ein großer Teil der Flüchtlinge abgenommen wird.

Angesichts der Fülle durchaus berechtigter Bedenken war es wenig erstaunlich, daß Griechenland den ganzen Winter 2015/16 hindurch zunächst keine großen Anstrengungen beim Aufbau von »Hotspots« gemacht hat. Aus Sicht der Regierung Tsipras bestand während des Winters 2015/16 ohnehin kein gesteigerter Handlungsbedarf, da die Deutschen unter lautem Rufen nach einer »europäischen Lösung« alle nach Norden durchgewinkten Flüchtlinge weiterhin willkommen hießen. Die Lage änderte sich erst, als die Balkanroute im März 2016 geschlossen wurde. Darüber hinaus veränderte das Rücknahmeabkommen der EU mit der Türkei die Bedingungen. Das Schleusentor an der Ägäis ist vorerst unter Kontrolle. Wie lange und zu welchem politischen Preis bleibt offen. Schließlich haben auch die griechischen Gerichte ein Wörtchen mitzusprechen. Ihre Neigung, Flüchtlinge nach der Türkei auszuweisen, ist gering. Offen ist auch die Zukunft der »Hotspots« in Italien. Alle Gesichtspunkte des nationalen Interesses, die in Griechenland die Regierung Tsipras zögern ließen, der Einrichtung von »Hotspots« zuzustimmen, gelten auch für die Regierung Renzi. Die Schleusentore an der italienischen Küste bleiben weiterhin offen, kontrolliert von Schleusenwärtern, die nicht viel Lust erkennen lassen, sich groß um die Einhaltung der EU-Vorschriften zu kümmern.

## Erdogan als Deichgraf zum Schutz
## der EU-Außengrenzen?

An und für sich ist das Konzept, die Flüchtlingsbewegungen durch Deichgrafen in weit vorgelagerten Zonen überwachen und regulieren zu lassen, ziemlich abwegig. Ein Bündnissystem mächtiger Staaten nach Art der EU sollte eigentlich die nötige Potenz und Willenskraft aufbringen, seine Außengrenzen selbst zu schützen. Der Versuch, die genuine Staatsaufgabe des Grenzschutzes auf problematische Mächte an der Peripherie abzuwälzen, ist ein unverzeihlicher außenpolitischer Fehler und geradezu eine Einladung zur Erpressung. Jahre hindurch hatte vor allem der fragwürdige, aber doch nützliche Diktator Gaddafi die Rolle eines externen Deichgrafen zur Eindämmung der Flüchtlingsströme gespielt. Die EU-Länder hatten dafür erhebliche Summen und Überwachungsgerät zur Verfügung gestellt. Im Jahr 2011, die Arabellion war schon im Gang, soll Gaddafi nochmals drei Milliarden Euro und Schnellboote für den Küstenschutz verlangt haben, allerdings vergeblich.

Nun also Erdogan. Daß entsprechende Verhandlungen erst im Herbst 2015 aufgenommen wurden und nicht schon früher, ist auch ein Indiz für die Gleichgültigkeit, mit der Berlin und Brüssel den Exodus vom türkischen Festland auf die griechischen Inseln in der Ägäis und von dort weiter nach Ungarn, Österreich und Deutschland hingenommen hatten. Die Flucht von 1,1 Millionen Menschen nach Griechenland[129] in den Jahren 2014 und 2015, über die das UNHCR ständig genaue Angaben lieferte, hatte sich im hellen Licht der Öffentlichkeit vollzogen. Über die Motive der Türkei brauchte man nicht lange zu rätseln. Sie hatte eine Hauptrolle bei der Destabilisierung der Verhältnisse in Syrien gespielt, was ihr eigenen Angaben zufolge drei Millionen Flüchtlinge einbrachte. Daß sie die lässige Asylpolitik der EU nutzte, um sich durch Billigung, wenn nicht gar Ermutigung der Schleuserkriminalität einen Teil der Belastung vom Hals zu schaffen, war ein unfreundlicher, allerdings verständlicher Akt. Weniger verständlich ist, daß die EU-Kommission und die Regierungen der betroffenen EU-Staaten – zuvorderst

Griechenland, aber auch Deutschland – dieses Verhalten nicht von Anfang an heftig kritisierten. An der Effektivität der türkischen Polizei und der Nachrichtendienste ist nicht ernstlich zu zweifeln. Sie überwachen die Flüchtlingslager und sind auch mit der Kontrolle der Küstenregionen vom Bosporus bis zum Westlichen Taurus kaum überfordert. Lokale Korruption in den Grenzregionen mag eine gewisse Rolle gespielt haben. Daß aber letztlich die türkische Regierung die Völkerwanderung über die Ägäis maßgeblich mit verursacht hat, war für alle, die sehen wollten, von Anfang an sonnenklar.

Nun wurde der Türkei für dieses Meisterstück kalter Staatsräson reichlicher Lohn. Erst sah sich die deutsche Bundeskanzlerin in ihren selbst verschuldeten Nöten veranlaßt, sich als Bittstellerin an den Hof Erdogans zu begeben. Dann rollte der Europäische Rat, assistiert vom Präsidenten des EU-Parlaments, den roten Teppich für den mächtigen Nachbarn aus, dem Europa 1,1 Millionen illegaler Einwanderer und die größte Krise seit Menschengedenken verdankte. Auf dem Brüsseler EU-Türkei-Gipfel am 29. November 2015 wurde »ein erster Beitrag« von drei Milliarden Euro an Subsidien für eine verbesserte Unterbringung syrischer Flüchtlinge zugesagt. Die Verhandlungen über einen Beitritt der Türkei zur EU sollten unverzüglich durch Öffnung des Kapitels 17 wiederaufgenommen werden. Parallele Verhandlungen über die Visaliberalisierung sollten bis Oktober 2016 zur vollständigen Abschaffung der Visumpflicht für türkische Staatsbürger im Schengenraum führen. Im Gegenzug zeigte sich die Türkei zur Mithilfe bei der Eindämmung der »irregulären Migration« bereit, stellte in Aussicht, die Umsetzung der Vereinbarungen über die Rücknahme zu gewährleisten und dafür zu sorgen, daß Migranten, die keinen internationalen Schutz benötigen, zügig in ihre Herkunftsländer zurückkehren. Auch eine intensivere beiderseitige Bekämpfung »krimineller Schleusernetzwerke« wurde vereinbart.[130]

Doch die Hoffnungen auf einen Rückgang des Flüchtlingsstroms über die Ägäis erfüllten sich nicht. Im Jahr 2015 riskierten nach Schätzungen des UNHCR 850000 Menschen die gefährliche Überfahrt. Die Gesamtzahl der Flüchtlinge nach Griechenland belief sich auf über eine Million. Im Januar (90 000 Flüchtlinge) und im Februar (56 000 Flüchtlinge) des folgenden Jahres setzte sich die Fluchtbewegung ungebremst fort. Mehr als 400 Menschen ertranken bei der Überfahrt. Über die Gründe für die Unwirksamkeit der Vereinbarungen vom 29. November 2015 kann man nur spekulieren. Wahrscheinlich hatten alle Beteiligten ihren Anteil daran – die Türkei, Griechenland, auch die EU-Kommission, die sich mit dem Aufbringen der drei Milliarden Euro schwer tat, zu guter Letzt die Zahlungen aber vielleicht auch deshalb hinauszögerte, weil die Türkei ihren Teil der Vereinbarungen nicht einhielt.

Der Flüchtlingszustrom auf die griechischen Inseln ließ allerdings schlagartig nach, als am 4. März 2016 die Balkanroute gesperrt wurde. Jetzt erst bequemte sich die türkische Regierung zu dem Angebot, sämtliche illegalen Migranten über die Ägäis zurückzunehmen gegen die Bereitschaft der EU, für jeden Rückgenommenen einen syrischen Flüchtling aufzunehmen.

Bekanntlich hat vor allem Deutschland auf die Vereinbarung mit der Türkei gedrängt, teilweise wohl in bilateralen Verhandlungen.[131] Tatsächlich ist es auf dem EU-Gipfel vom 17./18. März gelungen, eine »europäische Lösung« der gesamten Europäischen Union mit der Türkei zu verabreden. Das Wort »Zwischenlösung« erfaßt den Sachverhalt allerdings besser. Beide Seiten behielten sich vor, den komplizierten Deal in einer Reihe paralleler Schritte zu realisieren: Rücknahme aller über die Ägäis nach dem Stichtag 20. März 2016 in Griechenland eintreffenden Illegalen durch die Türkei und im Gegenzug Aufnahme von bis zu 72 000 syrischen Flüchtlingen durch die EU; Aufnahme von Verhandlungen über den EU-Beitritt der Türkei und pünktliche Zahlung von sechs Milliarden Euro, um die Lage der Flüchtlinge in der Türkei zu verbessern.

Die Realisierung hängt von verschiedenen Faktoren ab, die der EU wohl mehr zu schaffen machen werden als der Türkei. Wie und in welchem Tempo die Verteilung des Kontingents von 72 000 Syrern erfolgt, muß noch ausgehandelt werden. Ob Griechenland wirklich in der Lage sein wird, mit Hilfe der EU die Rückführung zu bewerkstelligen, bleibt abzuwarten. Völlig unklar ist, ob die Vereinbarungen vor den Gerichten Griechenlands und gegebenenfalls vor den gestrengen Richtern des Europäischen Menschenrechtsgerichtshofs Bestand haben werden. Innenpolitisch war die Vereinbarung in der EU von Anfang an auch deshalb umstritten, weil sich die Türkei Erdogans auf dem Weg von einer Demokratie zu einem autoritären System befindet und die Unruhen in den Kurdengebieten brutal niedergeschlagen werden. Ausgerechnet mit diesem Partner wieder intensiv über einen Beitritt zu verhandeln, mag als Beispiel kühler Krisendiplomatie betrachtet werden, wirft aber auf die EU als »Wertegemeinschaft« ein trübes Licht.

Moralisch ist die Strategie des »Outsourcing« der Grenzsicherung an den Deichgrafen Erdogan nicht viel günstiger zu bewerten als das seinerzeitige Zusammenspiel der EU-Regierungen mit dem terroristischen Diktator Gaddafi. Damals war es allerdings gelungen, das Zusammenspiel mit Libyen weitgehend unter der Decke zu halten. Im Fall der Türkei ist das anders. Auch das rechtfertigt die Bewertung dieses Deals als problematisches Zwischenergebnis. Weshalb die deutsche Bundeskanzlerin diese labile, auch anrüchige Vereinbarung als »nachhaltig« bezeichnet hat, will sich nicht so recht erschließen. Zu befürchten war zudem, daß die gut organisierten Schleuserbanden, denen wieder einmal das Handwerk gelegt werden sollte, neue Mittel und Wege finden würden. Selbst wenn die Türkei auf Dauer bereit sein sollte, bei der Drosselung der von ihr selbst in Gang gesetzten illegalen Einwanderung zu helfen, ist die EU weiterhin mit dem Problem des Transitlands Libyen konfrontiert. Dort sind viele Kräfte an der Massenflucht nach Europa interessiert, nicht zuletzt die Akteure des »Islamischen Staates«, die das christliche, respektive religionslose Europa mit Hilfe von muslimischen Einwanderern destabilisieren wollen. Ein Deichgraf Gaddafi ist dort noch nicht in Sicht.

## Ursachenbekämpfung: internationale Flüchtlingshilfe und Friedensdiplomatie

Die neue Völkerwanderung nach Europa lasse sich nur dann in akzeptable Verhältnisse überführen, wenn ihre Ursachen vor Ort wirksam beeinflußt werden. In dieser Überzeugung sind sich in Deutschland alle politischen Lager von links bis rechts einig. Entscheidend sei die »Ursachenbekämpfung«. Das Stichwort erfaßt eine ganze Reihe von Initiativen. Zwei Maßnahmenbündel stehen dabei im Vordergrund: die internationale Flüchtlingshilfe und die Friedensdiplomatie in Syrien und Libyen. Offenbar bedurfte es erst der Völkerwanderung nach Europa, um die internationale Staatengemeinschaft aufzuschrecken. In den Monaten November 2015 bis Februar 2016 ist viel in Gang gekommen, was jahrelang versäumt wurde.

Am vordringlichsten und vielleicht geeignet, die Notleidenden von der panischen Flucht nach Europa abzuhalten, ist die humanitäre Hilfe für Millionen syrischer Flüchtlinge, die in der Türkei (rund drei Millionen), Jordanien (rund 620 000) und im Libanon (rund 1,1 Millionen) gestrandet sind. Viel zu spät hatten die EU-Regierungen erkannt, daß die Kürzung der Hilfsprogramme durch den unterfinanzierten Hohen Flüchtlingskommissar der Vereinten Nationen (UNHCR) und das World Food Programme (WFP) eine der Ursachen für die Krise im Jahr 2015 war. Wer die Zahl der Flüchtlinge nach Europa reduzieren möchte, so jetzt die richtige Schlußfolgerung, muß halbwegs erträgliche Bedingungen in den Flüchtlingslagern schaffen, darf aber auch die Hilfe für überlastete Länder wie Jordanien, den Libanon und die Türkei nicht vernachlässigen.

Eine besonders wichtige Initiative im Kontext der »Ursachenbekämpfung« war deshalb die internationale Geberkonferenz am 4. Februar 2016 in London, an der sich knapp 70 Länder beteiligten. Die UN hatte für das Jahr 2016 rund 8,4 Milliarden Dollar für die Flüchtlingshilfe veranschlagt, bisher aber nur Zusagen über 3,3 Milliarden Dollar erhalten.[132] Jetzt wurden insgesamt 9 Milliarden Euro für die Jahre 2016 bis 2018 zugesagt, davon 6 Milliarden für das Jahr

2016. Neben Großbritannien und Norwegen hatte Deutschland maßgeblichen Anteil am Erfolg dieser Konferenz. Es sagte 2,3 Milliarden für die Jahre 2016 bis 2018 zu, allein 1,2 Milliarden für 2016. Davon waren 200 Millionen für Schul- und Ausbildungszwecke vorgesehen.[133]

Erst die Völkerwanderung nach Europa intensivierte auch wieder die Bemühungen um eine Befriedung in Syrien. Bundesaußenminister Frank-Walter Steinmeier entfaltete eine rege Reisetätigkeit. Doch die Einflußmöglichkeiten der EU insgesamt und Deutschlands im besonderen sind bekanntlich begrenzt. Paradoxerweise war ein kurzzeitiger Waffenstillstand in Syrien Ende Februar 2016 nicht in erster Linie die Folge der europäischen Friedensdiplomatie, sondern des militärischen Eingreifens Rußlands in den Konflikt, das die Kräfteverhältnisse veränderte und zur Verhandlungsbereitschaft beitrug. Wann die Friedensdiplomatie in Syrien in der Flüchtlingsfrage wirklich dauerhafte Entlastung schafft, bleibt abzuwarten. Die Labilität einer Abfolge von Waffenstillständen, die Fortdauer der Kämpfe gegen den »Islamischen Staat«, auch das Kurdenproblem machen das dortige Flüchtlingsproblem weiterhin völlig unkalkulierbar.

Aufs ganze gesehen ist nur der erste Ansatz der Krisenstrategie bisher vergleichsweise erfolgreich gewesen. Nach wie vor hat es den Anschein, als wiederholten die Staaten der Europäischen Union ihre früheren Fehler im syrischen Bürgerkrieg durch halbherziges Treibenlassen der Entwicklung und ohnmächtige Konferenzdiplomatie. Doch haben sie eine andere Wahl?

## Die Krisenherde in Afrika

Bei der Ursachenbekämpfung der neuen Völkerwanderung müssen die Konfliktzonen in Afrika mindestens ebenso ernst genommen werden wie die im Nahen Osten. Seit Mitte 2015 hatte sich die ganze Aufmerksamkeit auf die Ägäis und die Balkanroute gerichtet. Dabei war in Vergessenheit geraten, daß die neue Völkerwanderung nach Europa in Libyen begonnen hat und von dort aus in den Jahren 2015 bis 2016 wenig beachtet weiterlief. Vorausschauende Experten bei der EU-Kommission haben deshalb mit Warnungen nicht gespart: Schon die nähere Zukunft könne eine zweite Welle illegaler Migration übers Mittelmeer bringen. Was ließe sich präventiv dagegen unternehmen?

Im November 2015, als sich alle Aufmerksamkeit auf die Flüchtlingsströme über die Balkanroute richtete, wurde in La Valetta auf Malta eine lange vorbereitete Konferenz des Europäischen Rats mit 28 afrikanischen Staats- und Regierungschefs abgehalten. Der EU ging es auf diesem Gipfel nicht zuletzt um Symbolpolitik. Das stimmungsvolle nächtliche Gruppenfoto der Staatsmänner und Staatsfrauen vor dem Palast des Johanniterordens, der einstmals das Abendland gegen den Ansturm der Türken verteidigt hatte, sollte den europäischen Wählern, vor allem aber den Deutschen, die beruhigende Botschaft vermitteln: »›Wir tun etwas‹ – Milliarden gegen Flüchtlingsursachen«.[134] Eine Reduzierung des Drucks auf die Seegrenzen im Mittelmeer konnte allerdings kurzfristig davon nicht erwartet werden. Das Kapitel Dialog mit Afrika wird wohl auch künftig eher die Überschrift tragen »Die Welt als Wille und Vorstellung«. Aber der Versuch, auch auf diese Großräume Einfluß zu nehmen, die so schwer beeinflußbar sind, ist ein Gebot der praktischen Vernunft.

Die afrikanischen Gäste konnten von dem Treffen die Gewißheit mitnehmen, daß sich die EU mit ihrer undurchdachten Asylpolitik und dem Sturz Gaddafis in die Rolle eines Bittstellers manövriert hatte. Zwölf Millionen Menschen, so war zu hören, seien in Afrika auf der Flucht. Der EU war vor allem daran gelegen, möglichst viele dieser meist jungen Flüchtlinge in Afrika zu halten. Unterzeichnet wurde ein Aktionsplan, in dem sich die EU verpflichtete, 1,8 Milliarden Euro in einen Treuhandfonds einzuzahlen, aus dem für Afrika nützliche Projekte finanziert werden könnten: wissenschaftliche Zusammenarbeit und Stipendienprogramme, Projekte zur Ermöglichung legaler Arbeit für Afrikaner in Europa sowie Entwicklungshilfe jeder Art, durch die sich das Arbeitsangebot in Afrika erhöht. Im Gegenzug wurden die afrikanischen Regierungen ersucht, ihren

Beitrag zur Bekämpfung von illegaler Migration und des Unwesens von Menschenhändlern und Schleppern zu leisten. In zartfühlenden Andeutungen wiesen die Gastgeber ihre zumeist autoritär regierenden Gäste auch darauf hin, daß die Einhaltung der Menschenrechte das beste Mittel zur Verhinderung von Massenflucht sei.

Tatsächlich war dieses groß aufgezogene Treffen nicht viel mehr als eine Fortsetzung der langjährigen EU-Strategie, beim Grenzschutz gegen die sich formierende Völkerwanderung nach Europa nicht nur vorrangig die Südanrainer am Mittelmeer zu berücksichtigen, sondern möglichst auch die fernen afrikanischen Herkunftsländer mit einzubeziehen. Spanien, Frankreich, auf seine unnachahmliche Weise auch der Italiener Berlusconi hatten das vorgemacht und waren von Brüssel dabei nachdrücklich unterstützt worden. Seit die EU die Zuständigkeit für Einreise und Asyl übernommen hat, versucht sie nichts anderes, als diese Strategie fortzusetzen. Knifflige, moralisch belastende und auch kostspielige Rechtsprobleme, die bei Asylverfahren in der EU nicht zu vermeiden sind, können ja erst gar nicht auftreten, wenn sich die Regierungen an den Gegenküsten bereit erklären, die Ausreise potentieller Asylsuchender zu unterbinden. Kirchen und Menschenrechtsorganisationen kritisieren beharrlich, daß dadurch auch das moralische Problem der Abweisung hilfsbedürftiger Menschen sozusagen durch »Outsourcing« auf die Länder von Ägypten bis Marokko verlagert werde. Gegen die widerstandslose Hinnahme einer Masseneinwanderung in die EU-Länder, so das Gegenargument, lassen sich aber gleichfalls moralische Einwände vorbringen.

Vereinbarungen über die Behinderung von Terrorismus, Drogenhandel, Prostitution und eben auch illegaler Migration mit den Regimen an den Gegenküsten zu treffen, gehört, wie schon erwähnt, seit vielen Jahren zur Standardpraxis der EU. Kaum eines dieser Länder ist eine lupenreine Demokratie, die meisten sind veritable Diktaturen. Die unerfreuliche Zusammenarbeit mit ihnen wird seit Jahrzehnten mit dem Argument gerechtfertigt, an den humanitären Prinzipien der EU werde nicht gerüttelt, doch man könne sich seine nahen oder ferneren Nachbarn eben nicht aussuchen.

Die Einwirkungsmöglichkeiten auf die Staaten im afrikanischen Großraum waren und sind allerdings begrenzt. Nur ein Teil der afrikanischen Regierungen ist zu Rücknahmeabkommen bereit. Selbst dann, wenn sie abgeschlossen sind, funktionieren sie aus nachvollziehbaren Gründen schlecht. Ein Blick auf die Landkarte zeigt allein in den Regionen nördlich des Äquators von Sao Tomé und Gabun über die nördlichen Provinzen der Demokratischen Republik Kongo bis Uganda und Somalia an die dreißig völlig heterogene Staaten, fast alle in innerstaatliche oder zwischenstaatliche Konflikte verwickelt. Mit einem Erdogan, der an der Spitze eines mächtigen Zentralstaats steht, kann man Absprachen von einiger Verbindlichkeit treffen, so fragwürdig sie auch sein mögen. Doch was nützt der Dialog mit den rasch wechselnden afrikanischen Potentaten, die vielfach zu schwach und gar nicht gewillt sind, ihr eigenes Land vernünftig voranzubringen? Ethnische Spannungen, Rohstoffinteressen, Arbeitslosigkeit, Diktatorenwahn und die Untaten Dutzender von Bandenchefs, die sogenannte Befreiungsarmeen anführen, dürften also weiterhin Jahr für Jahr Hunderttausende von Menschen aus Angst um ihr Leben in die Flucht treiben. Neuerdings gehören auch terroristische afrikanische Dschihadisten zu den Unruhestiftern.

Dialog und Aktionspläne sind immer gut, und vielerorts regen sich ja auch Ansätze zur Demokratie und zur fairen Behandlung von Minderheiten.[135] Daß die Kontrolle an den EU-Außengrenzen mit solchen Maßnahmen zurückgewonnen werden kann, bleibt aber eine schöne Illusion, solange das Asylrecht der Europäischen Union und die offenen Seegrenzen am Mittelmeer zur illegalen Einwanderung einladen. Am ehesten kann man sich davon etwas versprechen, daß die großen Mittelmeeranrainer, besonders die ehemaligen Kolonialmächte Spanien und Frankreich, durch bilaterale, möglichst diskrete Verhandlungen die Einwanderung reduzieren. Deutschland zahlt zwar stattliche Beiträge in die Entwicklungskassen der EU und leistet auch viel bei der bilateralen Hilfe, hat aber in diesen Regionen Afrikas wenig zu sagen. Immerhin ist es der Bundesregierung zu Beginn des Jahres 2016 gelungen, mit den Maghreb-Staaten Tunesien, Algerien und Marokko Rücknahmeabkommen zu vereinbaren.

Da sich in den fernsten Flüchtlingscamps Afrikas aber längst herumgesprochen hat, daß es riskant, jedoch nicht unmöglich ist, über Libyen und Italien nach Deutschland zu gelangen, bleibt die Mittelmeerroute weiterhin ein Einfallstor für die Völkerwanderung aus den afrikanischen Krisenregionen.

Am ehesten erfolgversprechend ist und bleibt wohl eine großzügige finanzielle Unterstützung des UNHCR und anderer Hilfsorganisationen, die sich bemühen, die Lebensverhältnisse in den vielen Flüchtlingslagern Afrikas zu verbessern. Auch dafür ist die Zusammenarbeit mit den oft korrupten Regierungen vor Ort geboten. Eine große Afrikastrategie ist das nicht, vielmehr »the art of muddling through«.

Immer wieder wird auch die Anregung diskutiert, die EU solle in Afrika Lager zum Schutz von Flüchtlingen errichten und von dort ausgewählte Kontingente nach Europa ausfliegen. Als im Jahr 2004 – Gaddafi saß noch fest im Sattel – eine größere Fluchtbewegung übers Mittelmeer von Libyen nach Lampedusa einsetzte, unterbreitete Bundesinnenminister Otto Schily seinen europäischen Kollegen diesen unkonventionellen Vorschlag. Der britische Premierminister Tony Blair hatte die Überlegung schon ein Jahr zuvor zur Diskussion gestellt. Schily schlug vor, in Nordafrika Lager für afrikanische Flüchtlinge zu errichten, wo diese bis zur Entscheidung über ihr Asylbegehren bleiben sollten. Er plädierte zwar nachdrücklich dafür, hilflos in Schlauchbooten auf dem Mittelmeer treibende Flüchtlinge zu retten, doch sollten sie unverzüglich in diese Lager zurückgebracht werden. Die EU müsse dessen ungeachtet weiter an einer Verbesserung der Lebensverhältnisse in Afrika mitwirken und dafür Finanzmittel und Know-how zur Verfügung stellen. Auf jeden Fall bedürfe die Migration aus Afrika strikter Begrenzung.[136]

Wie zu erwarten, löste der Vorschlag Schilys, des zum harten Sheriff in der SPD mutierten einstigen Grünen, bei seinen ehemaligen grünen Parteifreunden, in der SPD selbst und weit darüber hinaus heftige Proteste aus, und in den folgenden Jahren setzten sich in der Europäischen Union die Befürworter sehr weitgehender Rechte für Asylsuchende durch. Auch die Rechtsprechung des Europäischen Menschenrechtsgerichtshofs errichtete hohe Barrieren. Doch der Gedanke, Lager für Asylbewerber in Nordafrika einzurichten, findet immer wieder vorsichtige Befürworter. So hat Bundesinnenminister Thomas de Maizière die Einrichtung von »Willkommens- und Ausreisezentren« in Nordafrika ins Gespräch gebracht.[137] Dies wäre eine Möglichkeit, die Schleuserkriminalität zu bekämpfen und die Todesfahrten übers Mittelmeer zu verhindern. Unter den gegenwärtigen Bedingungen sind solche Vorschläge aber nicht umzusetzen. In der EU würden sie eine Einigung auf Quoten voraussetzen, die schwerlich zu erwarten ist. Das geltende Asylrecht würde zudem weiterhin die Einreise von Illegalen erlauben, die nicht die Geduld aufbringen möchten, in »Willkommenszentren« der EU den möglicherweise abschlägigen Bescheid ihres Asylantrags abzuwarten. Ganz abgesehen davon sind die Bedingungen in Libyen derzeit nicht dazu angetan, eine freiwillige Zustimmung zur Errichtung exterritorialer Einrichtungen der EU zu begünstigen. Und daß andere Maghreb-Staaten – Tunesien, Algerien, Marokko – sich auf »neokolonialistische« Zentren der EU einlassen, ist nur schwer vorstellbar. Ohne starken Druck seitens der Europäischen Union auf die Staaten an der mittelmeerischen Gegenküste ist auch dieser Ansatz ziemlich illusionär. Und daß Druck kontraproduktiv wirken kann, hat sich in den Hauptstädten Europas inzwischen herumgesprochen.

### Nationale Notmaßnahmen – unvermeidlich, aber von nur eingeschränkter Wirkung

In der Flüchtlingspolitik räumen die Europäischen Verträge den Mitgliedstaaten zwar einen vergleichsweise weiten Spielraum für eigene Maßnahmen ein. Allerdings handelt es sich dabei vorwiegend um Defensivmaßnahmen. Steht die Rechtslage dem nicht entgegen, sind Reduktionen der Leistungen möglich. Aus nachvollziehbaren Gründen ist davon lange Zeit kein Gebrauch gemacht worden, Leistungskürzungen wirken hartherzig, sind meist mit hohem Verwaltungsaufwand verbunden und verhaken sich nicht selten in dem ausdifferenzierten Flüchtlingsrecht, das Asylbewerbern einen individuellen Rechtsanspruch garantiert.

Jahrzehntelang hatten Regierungen und Parlamente um den Instrumentenkasten mit den unschönen Abschreckungsstrategien daher einen großen Bogen gemacht. Erst jetzt, angesichts der neuen Völkerwanderung, wurden die zuvor geschmähten Instrumente hervorgeholt und blitzschnell in Gesetzesform gegossen. Wie eingangs erwähnt, könnte man vom Aktivismus der drei A sprechen – Abschieben, Abschrecken, Abweisen. Derartige Maßnahmen können die Auswirkung der von der EU zu verantwortenden Flüchtlingspolitik abmildern, mehr aber wohl nicht. Ob sie allein geeignet sind, den Druck auf die EU-Außengrenzen zu mildern und die Entstehung weiterer Flüchtlingsströme zu behindern, bleibt abzuwarten.

Eine essayistische Studie ist nicht der Ort, die einzelnen Instrumente zu diskutieren, zumal der gesetzgeberische Teufel erfahrungsgemäß im administrativen und juristischen Detail steckt. Doch eine Überprüfung der fälligen Optionen kann diese nicht völlig unerörtert lassen. Dabei wird auch deutlich, daß den einzelnen Staaten in der heutigen, unreformierten EU eigentlich nur noch Abwehrmaßnahmen gegen die illegalen Migranten zu Gebote stehen, die durch die von den europäischen Verträgen weit geöffneten Tore hereinströmen.

Generell wird die Großzügigkeit der Sozialleistungen als einer der wichtigsten Pull-Faktoren betrachtet. Kürzung des Taschengelds, Reduktion des Kindergelds, Sachleistungen statt monatlicher Geldbeiträge und ein Dutzend weiterer Einschränkungen sollen die Attraktivität des nationalen Standorts für Migranten verringern und zugleich als Anreiz zur freiwilligen Rückkehr dienen. Am weitesten geht Dänemark. Seit Mitte 2015 hat es die Leistungen für Flüchtlinge, die nicht in Asylunterkünften versorgt werden, um rund die Hälfte gekürzt. Art und Höhe der Eingriffsmöglichkeiten hängen stark von den Besonderheiten der Sozialsysteme ab, doch auch – wie im deutschen Fall – von Gerichtsentscheidungen, die Mindeststandards vorschreiben.

Neben der Kürzung von Sozialleistungen spielt es in vielen EU-Ländern, ganz besonders in Deutschland, eine erhebliche Rolle, welche Staaten als sichere Herkunftsländer für Asylbewerber gelten. In Verbindung mit einer zügigen Abschiebepraxis oder attraktiven Angeboten für Rückkehrwillige soll das zugleich abschrecken und entlasten. Von allen Maßnahmen hat diese Option im Jahr 2015 in der Tat den stärksten Effekt erzielt. Als Albanien, Kosovo und Montenegro im Herbst 2015 zu sicheren Herkunftsländern erklärt wurden, gingen die Erstanträge auf Asyl aus dieser Region schlagartig zurück.[138] Dieser Rückgang der Asylbewerberzahlen vom westlichen Balkan illustriert übrigens, wie großzügig das deutsche Asylrecht ausgelegt und wie behäbig es umgesetzt wurde, bevor sich die Völkerwanderung von außerhalb der EU in Gang setzte. Infolge der Massenflucht übers Mittelmeer hat diese Reduktion die Gesamtbilanz allerdings kaum verbessert. Wann die vom Deutschen Bundestag beschlossene Einstufung Tunesiens, Marokkos und Algeriens als sichere Herkunftsländer Gesetzeskraft erhält und ob überhaupt, ist wegen des Widerstands der Grünen im Bundesrat ungewiß. Doch auch dann hängt die Implementation von der Bereitschaft dieser Länder ab, abgewiesene Flüchtlinge zurückzunehmen. Das ist nicht allein in Deutschland ein Problem. Schweden beispielsweise, dessen früherer Ministerpräsident Frederick Reinfeldt sein Land 2015 noch als »humanitarian superpower« gerühmt hatte, erklärte Anfang 2016 mit Blick auf die 190 000 Neuzugänge im Jahr 2015, daß 80 000 davon in ihre Herkunftsländer zurückgeschickt werden würden. Aber wann und wie? Der Rückführung stehen immer zwei nicht leicht zu überwindende Hindernisse entgegen: erstens das Fehlen von Rücknahmeabkommen mit den entsprechenden Herkunftsländern beziehungsweise deren fehlender Wille zur praktischen Durchführung und zweitens die sehr restriktiven Vorschriften der Genfer Flüchtlingskonvention und der Europäischen Menschenrechtskonvention.

Chaosregionen breiten sich in der näheren und ferneren Staatenwelt mit beängstigender Geschwindigkeit aus. Wann entspricht ein Land noch den hohen Anforderungen für Sicherheit und Achtung vor der Menschenwürde, die vom Europäischen Gerichtshof für Menschenrechte als Vorbedingung einer Rückführung betrachtet werden? Wie steht es etwa mit Afghanistan, mit Pakistan, mit Eritrea und vielen weiteren afrikanischen Staaten? Und wie soll die Rückführung jener Zehntausende von »Sans Papiers« aus Nordafrika oder aus Afrika südlich der Sahara gelöst werden, die als Wirtschaftsflüchtlinge kein Bleiberecht haben, jedoch lang dauernde Prozesse gegen die Abschiebung führen dürfen?

In diesen Kontext gehört auch die Senkung der Toleranzschwelle für verurteilte Straftäter. Die in Deutschland populäre, in der Tat überfällige Verschärfung des Ausweisungsrechts nach den Silvesterübergriffen 2015 hat vor allem das Ziel, die eigene Bevölkerung zu beruhigen. Wie zügig Marokko, Algerien und Tunesien ihre Dropouts wieder zurücknehmen, bleibt – wie gesagt – offen. Beim Blick auf die Gesamtzahl würde die einmalige Rückschaffung von ein paar hundert Straftätern wenig bewirken, solange weiterhin monatlich viele tausend Asylbewerber eintreffen.

Zu den Maßnahmen, die sich wohl am stärksten auf die Gesamtzahl der Zuwanderer auswirken würden, gehört die Erschwerung des Familiennachzugs für bestimmte Flüchtlingskategorien. Sicher ist, daß sich dagegen der stärkste Widerstand regen wird – seitens der Gerichte, der jeweiligen Diaspora und der Flüchtlingsorganisationen, deren humanitäre Bedenken leicht nachvollziehbar sind. Doch bei der Alternative ist das nicht anders: Ist den Staatsbürgern eines europäischen Landes neben dem ohnehin noch lange nicht verkrafteten Zuzug aus heterogenen Sprachräumen und Kulturen eine Verdoppelung, Verdreifachung oder Vervierfachung der Zuwanderer innerhalb kürzester Zeit zumutbar?

## Das letzte Aushilfsmittel: Grenzzäune?

Wenn alle Maßnahmen ausgeschöpft sind und immer noch keine Entlastung eintritt, bleibt schließlich als letztes Mittel die zeitweilige Schließung der Landesgrenzen für Flüchtlinge. In Deutschland und

bei der EU ist kein Instrument zum Schutz vor der Völkerwanderung so verrufen wie die Errichtung von Grenzzäunen. Stacheldraht
und Grenzpolizei oder gar die Armee zur Abwehr von Migranten –
das erscheint wie die Wiederkehr des Eisernen Vorhangs, diesmal
nicht zum Einsperren der eigenen Bevölkerung bestimmt, sondern
zur Ausgrenzung der anderen. Sind Grenzzäune und konsequente
Grenzkontrollen nicht ein Rückfall in die Zeiten des Nationalstaats,
den man im 21. Jahrhundert entsorgt zu haben glaubte?

Bedauerlicherweise leben wir aber in einer unvollkommenen
Welt, und alle schönen Postulate sind ambivalent. Die Option für
die zeitweilige Wiederherstellung der Grenzkontrollen hat durchaus
ihre Berechtigung. Wenn die Europäische Union beim Schutz der
Außengrenzen nicht vorankommt, wenn gewisse »Frontstaaten«
gegen die EU-Regeln verstoßen, wenn Deutschland, die geographische und wirtschaftliche Zentralmacht Europas, eine für die europäischen Nachbarn ganz unwillkommene Willkommenspolitik be-
treibt, deren Motivation für die meisten Europäer nicht so recht
verständlich ist, die aber einen riesigen Flüchtlingssog erzeugt – welcher andere Ausweg bleibt den davon betroffenen Staaten dann,
wenn sie nicht kapitulieren wollen? Widerwillig wird dann das im
Zeitalter postnationaler Europäisierung fast vergessene Kernelement
jeder souveränen Staatlichkeit wiederentdeckt, nämlich daß die Staaten ihre eigenen Landesgrenzen mit eigenen Kräften zu schützen
haben. Erstaunlicherweise funktioniert das sogar. Wie sich im März
2016 zeigte, hat allein diese ungeliebte, unmoderne, aber unum-
gängliche Maßnahme wenigstens zeitweilig eine wirksame Entlastung gebracht, während alle anderen zuvor ergriffenen Defensivmaßnahmen wenig ausrichten konnten.

Die politische Geographie des Balkans erweist sich in dieser
Frage als zunehmend wichtiger Faktor. In den neunziger Jahren des
vorigen Jahrhunderts hatten die Kriege im zerfallenen Jugoslawien
in der Öffentlichkeit des westlichen Europa zu einer Art Wiederentdeckung des Balkans geführt, doch nach dem provisorischen Ende
der Kampfhandlungen geriet dieser komplizierte, kritische Großraum wieder in die Randzonen der Aufmerksamkeit. Mit der neuen

Völkerwanderung rückte die geostrategische Bedeutung des Balkans erneut ins öffentliche Bewußtsein.

Nirgendwo in Europa findet sich eine geographisch zusammenhängende Staatengruppe, deren einzelne Mitglieder in ihrem Status innerhalb oder gegenüber der EU so große Unterschiede aufweisen. Neben EU-Ländern, die zugleich dem Schengen-Club angehören (Griechenland, Ungarn, Slowenien, Österreich), gibt es andere, die es noch nicht dorthin geschafft haben (Bulgarien, Rumänien, Kroatien). Und auch bei jenen Staaten, die in die EU streben, zeigen sich markante Unterschiede im Verhältnis zur EU. Am weitesten vorangekommen auf dem Weg dorthin sind die Länder, mit denen Brüssel Beitrittsverhandlungen führt (Montenegro, Serbien), gefolgt von denen, deren Beitrittsverhandlungen bereits länger ruhen (Albanien, Mazedonien), und zu guter Letzt dem Duo sogenannter potentieller Beitrittskandidaten (Bosnien-Herzegowina sowie Kosovo).

Gerade die Nichtmitglieder der EU, aber auch die Nichtmitglieder des Schengen-Clubs sind stark von dem jeweiligen Kurs der EU-Kommission und des Europäischen Rats abhängig, und zudem von EU-Ländern, die den Beitritt durch ihr Veto verhindern könnten. Beispielsweise blockiert Griechenland die Aufnahme von Beitrittsverhandlungen mit Mazedonien, Serbien muß bestrebt sein, Ungarn, Kroatien und Slowenien nicht zu verprellen, genauso wenig Österreich und schon gar nicht das mächtige Deutschland, das bis in den März 2016 hinein – so stellte sich die Lage aus Sicht von Skopje, Belgrad, Budapest, Zagreb und Ljubljana dar – aus schwer verständlichen Gründen offenbar Freude an einer dramatischen Verstärkung der Völkerwanderung zu haben schien und damit den gesamten Balkan durcheinander brachte. Diese von zahllosen widersprüchlichen Interessen, Eifersüchteleien, historischen Traumata und Empfindlichkeiten gebeutelte, zudem nicht besonders wohlhabende Staatengruppe empfand die neue Völkerwanderung viel eher als Belästigung und Bedrohung denn als Herausforderung zur großzügigen Barmherzigkeit. Kein Wunder, daß die jeweiligen Kalküle des nationalen Eigeninteresses da die Oberhand gewannen.

Als aus der bereits großen Zahl von Flüchtlingen im Sommer 2015 eine Völkerwanderung wurde, gab es für die Regierungen der Balkanländer zwei Alternativen: »Durchwinken« oder »Abschotten«. Zu Beginn entschieden sie sich für die lästige, aber nach Lage der Dinge doch bequemere Option des Durchwinkens. Griechenland hatte den Anfang gemacht, Mazedonien, Serbien und Ungarn folgten, ebenso Kroatien und Slowenien. Ganz am Ende der Balkanroute, sozusagen an der Schwelle zu Deutschland, hat Österreich das Durchwinken geradezu perfektioniert. Solange aus Brüssel, aus Deutschland und aus Österreich signalisiert wurde, die Flüchtlingskolonnen passieren zu lassen, schien es auf dem Balkan geboten, die Hilfesuchenden notdürftig zu beherbergen, sie aber auf dem Weg nach Norden nicht aufzuhalten.

Als Ungarn im September die ersten Sperranlagen zu Serbien errichtete und die Flüchtlingskolonnen mit Wasserwerfern und Tränengas zurückschlagen ließ, übten Deutschland wie die gesamte EU heftige Kritik an der ungarischen Regierung und erhielten von Orbán zur Antwort: Die Arglist der Griechen und die Attraktivität der deutschen Willkommenskultur habe ihm überhaupt keine Alternative gelassen. Außerdem sei Ungarn durch den Schengen-Grenzkodex zur peinlich genauen Registrierung aller Ankömmlinge aus Nicht-EU-Ländern verpflichtet.

Das ungarische Vorgehen bewies zwar den Nachbarn, daß die fast vergessenen Hausmittel staatlicher Grenzkontrolle im Notfall Entlastung verschaffen. Doch die Strategie des Durchwinkens wurde von ihnen erst einmal weitergeführt. Ein improvisierter, aber gut funktionierender Bahn-, Bus- und Taxi-Service transportierte die Flüchtlinge jeweils von der südlichen Landesgrenze in den Norden. In den von der EU finanzierten und personell unterstützten »Hotspots« wurde für Verpflegung gesorgt, ferner dienten sie als Ruhezonen und zur Registrierung der Flüchtlinge vor dem weiteren Transport nach Norden. Bald hatte sich der Transit reibungslos eingespielt. Empörende und bedrückende Fernsehbilder ließen sich vermeiden, da die Einwanderung nach Deutschland oder nach Nordeuropa quasi im Stundentakt mit festen Kontingenten erfolgte.

Das ungarische Vorgehen hielt nämlich eine weitere Lehre bereit: Im Europa der offenen Außengrenzen reicht es nicht, das eigene Staatsgebiet gegen ein einziges Nachbarland abzuschotten. Die Schleuser und Flüchtlinge suchen alsbald nach Umwegen und finden diese auch. Wird die Route von Belgrad zur ungarischen Grenze verschlossen, ziehen die Flüchtlingskarawanen über Kroatien und Slowenien nach Norden, zur Not auch über Rumänien. Hat man die Landesgrenze zu einem Nachbarn »dicht« gemacht, muß dies wahrscheinlich auch an den Grenzen zu anderen Nachbarstaaten geschehen. Die Strategie des Abschottens setzte ein. In kürzester Zeit schwenkten Slowenien, Kroatien, Mazedonien, Bulgarien und zuletzt, seit Januar 2016, auch Österreich um. Die Regierungen, die ihre Grenzübergänge mit Polizei, Zäunen, Wasserwerfern und Polizeihunden »dicht« machten, erklärten, sie befänden sich in einer Notlage, solange Nachbarländer die Flüchtlingsströme über ihre Grenzen lenkten. Sich ringsherum mit Sperranlagen zu umgeben, hatte seine innere Logik, solange die von geldgierigen Schleusern, von verzweifelt weiterdrängenden Flüchtlingen und von einem schlecht beratenen Deutschland angeheizte Massenmigration nach Mitteleuropa und nach Nordeuropa anhielt.

Noch bevor die Länder auf dem Balkan die Option des Durchwinkens aufgaben, hatte die große Masse der Flüchtlinge im Norden der EU schlagartig zum letzten Hilfsmittel der Grenzschließung geführt. Aufgrund seiner inzwischen vier Jahrzehnte lang betriebenen Einwanderungspolitik war Schweden zu einer multi-ethnischen, für Zuwanderung einladend geöffneten Gesellschaft geworden. Dieser multikulturelle Leuchtturm ist von der Völkerwanderung 2015 außer Betrieb gesetzt worden, wenigstens vorläufig. Die schwedische Minderheitsregierung aus Linksliberalen und Grünen mußte die Grenzen für Flüchtlinge weitgehend schließen, die Sozialhilfe für Flüchtlinge kürzen und energische Rückführungsstrategien ankündigen. Die Verzweiflungsmaßnahmen strahlten auf Dänemark, Norwegen und Finnland aus. Skandinavien begann sich abzuschotten.

Seit Januar 2016 setzte sich auch auf dem Balkan die Praxis des Abschottens durch. Bis dahin hatte das Durchwinken halbwegs funktioniert, weil sich Österreich willenlos der Willkommenspolitik Deutschlands angeschlossen und die Flüchtlingsmassen geradewegs zur deutschen Landesgrenze in Bayern transportiert hatte. Nun setzte Wien ein Bündel gut kalkulierter Maßnahmen von weitreichender Wirkung in Gang. Unter dem Druck der Wähler, speziell der oppositionellen FPÖ, und wohl auch von eigener Einsicht geleitet, wandelten sich dieselben Spitzenpolitiker, die sich seit September 2015 ein Vierteljahr lang als Befürworter einer Willkommenskultur präsentiert und im Ruf nach »europäischen Lösungen« geradezu überschlagen hatten, zu Realpolitikern, deren Abschottungskurs mit den Maßnahmen der zuvor geschmähten Ungarn viel mehr Ähnlichkeit hatte als mit der eigenen Grundlinie, die bis zum Januar 2016 verfolgt worden war. Noch kann man nicht genau ausmachen, was im einzelnen hinter den Kulissen der österreichischen Innen- und Außenpolitik in diesen Wochen vorging. Dreierlei aber ist deutlich: erstens die Emanzipation Österreichs in der Flüchtlingsfrage von der bis dahin übermächtigen deutschen Führungsmacht; zweitens das heimliche Zusammenspiel mit jener Mehrheit von Ländern im Europäischen Rat, die einerseits Griechenland, andererseits Deutschland durch eine Sperrung der Balkanroute zur Räson bringen wollten; drittens die Entschlossenheit der Wiener Diplomatie, für entscheidende Wochen und Monate die Führung der desorientierten Staaten auf dem Balkan beim Containment der friedlichen, aber auf Dauer doch fatalen Völkerwanderung zu übernehmen.

Die Wiener Konferenz von zehn Balkanstaaten mit Ausnahme Griechenlands im Februar 2016 war ein bemerkenswerter diplomatischer Coup. Dort wurde ein gemeinsames Vorgehen bei der Abschottung gegen die Flüchtlinge aus Griechenland vereinbart.[139] Vorerst würde die EU-Außengrenze faktisch an die Grenze Mazedoniens zurückverlegt, unterstützt von den anderen Balkanstaaten – einer regionalen Koalition der Willigen. Wien ging sogar so weit, Mazedonien Unterstützung durch das österreichische Bundesheer zuzusichern. Vereinbart wurde, die Grenzen lückenlos zu kontrollieren, Illegale abzuweisen und Personen aus Nicht-EU-Ländern künftig nur mit Visum einreisen zu lassen.

Nie zuvor in der neuesten Geschichte ist der österreichischen Diplomatie ein derartiger Überraschungscoup gelungen. Das vergleichsweise kleine und schwache Österreich wurde unerwartet zur zeitweiligen Führungsmacht auf dem heterogenen Balkan, der tatsächlich gelang, was zuvor niemand für möglich gehalten hatte: die abrupte Schließung der Balkanroute gegen die bisher für unwiderstehlich gehaltene Völkerwanderung. Österreich verstand das allerdings nicht als einseitig nationale Politik, vielmehr nur als Notmaßnahme bis zur Neuordnung der Kontrolle an der EU-Außengrenze. Die Abriegelung der Balkanroute am 4. März bewies, daß Grenzsperrungen in Ausübung der nationalen Souveränität in der Tat sogar die heftigste Völkerwanderung schlagartig beenden können. Urplötzlich standen die Durchgangslager von Serbien bis Österreich und an der deutschen Landesgrenze leer. Selbst der griechische Ministerpräsident Tsipras mußte Mitte März widerwillig einräumen: »Es ist ausgeschlossen, daß sich die Balkanroute noch einmal öffnen wird.«[140]

Zugleich wurde deutlich, daß die daran beteiligten EU-Länder ihre kraft nationaler Zuständigkeit verfügten Maßnahmen zur EU rückgekoppelt hatten. In einer gewundenen Erklärung stellte der EU-Sondergipfel am 7. März 2016 befriedigt fest, die irreguläre Migration über die westliche Balkanroute sei nun beendet, die Nicht-EU-Länder auf dem westlichen Balkan müßten unterstützt werden und alle Versuche, neue Routen zu öffnen, seien umgehend zu unterbinden.[141] Andererseits wurde diese vorläufige Notlösung in die umfassendere Regelung mit der Türkei und in Unterstützungsmaßnahmen für das EU-Mitglied Griechenland eingebettet.

In Kenntnis der Mehrheitsmeinung im Europäischen Rat befürwortete der EU-Ratspräsident Donald Tusk öffentlich die Schließung der Balkanroute,[142] während die Bundeskanzlerin ihrem Mißfallen Ausdruck gab.[143] Sie hatte allen Grund dazu, war es doch dem kleinen Österreich gelungen, das übermächtige und humanitär vorlaute Deutschland in stillschweigendem Zusammenwirken mit einer Mehrheit der EU-Länder schachmatt zu setzen.

Offensichtlich ist, daß es sich bei all dem nur um vorläufige Lösungen handelt. Die Flüchtlinge stauen sich nun in Griechenland, das sich schwer dabei tut, die von der EU geforderten Aufnahmelager in erforderlicher Qualität und Größe zu errichten. Ob die Vereinbarungen mit der Türkei die gewünschte Wirkung haben werden, bleibt noch abzuwarten.

Griechenland ist nicht der einzige exponierte Außenposten Europas und aus deutscher Sicht nicht einmal der langfristig gefährlichste. Die heutige Völkerwanderungskrise hat in Italien begonnen. Hinlänglich viele Indizien lassen erwarten, daß die Flüchtlinge aus Libyen und neuerdings aus Ägypten dort binnen kurzem wieder unhaltbare Zustände verursachen werden. Italien befindet sich in ähnlich ungünstiger geostrategischer Lage wie Griechenland, hat also Anspruch auf Unterstützung durch die Europäische Union. Genauso richtig ist, daß die italienische Regierung sich bei der Transferierung der Ankömmlinge nach Norden jahrelang ähnlich vertragswidrig verhalten hat wie die griechische. Objektiv gesehen wäre Italien viel eher in der Lage, große Mengen von Zuwanderern anständig zu registrieren, zu beherbergen, zu integrieren und gegebenenfalls wieder abzuschieben als das arme, notorisch schlecht verwaltete Griechenland. Durch seine Beteiligung an der Militäraktion gegen das Regime Gaddafi hat Italien auch eine Hauptschuld daran, daß aus Libyen ein »Failed State« und somit die Gegenküste bedrohlich geworden ist. Seine Forderung, künftig auf die weiterhin gültigen Dublin-Verträge zu verzichten und auf Lampedusa oder Sizilien ankommende Illegale auf die gesamte EU umzuverteilen, ist nachvollziehbar und impertinent zugleich.

Nach den Verstößen gegen die Dublin-Vereinbarungen ist bei der Regierung Renzi im Frühjahr 2016 wohl ein Umdenken eingetreten. Die Strategie des Durchwinkens soll künftig unterbleiben,[144] vielmehr will Italien die Vorgaben der EU-Flüchtlingspolitik respektieren. Doch wie verläßlich und wie lange, fragt sich die österreichische Regierung und bereitet vorsorglich Sperranlagen am Brenner vor.

Für die Partner in der Europäischen Union ist die Asylpolitik Italiens ein viel kritischerer Faktor als diejenige Griechenlands. Zwischen Italien und Mitteleuropa liegt kein Balkan, der zur Sperrzone gemacht werden kann. Schon der Gedanke läßt frösteln, durch faktischen Ausschluß Italiens aus Schengenland den EU-Ländern eine Atempause von der Völkerwanderung zu verschaffen. Die Gespenster des Ersten Weltkriegs würden wiederkehren. Sicherheitsgrenzen am Lago Maggiore, am Brenner, in den Kärntner Alpen, den Karawanken und den Julischen Alpen entlang der Isonzolinie bis Triest, an denen Flüchtlinge zurückgewiesen werden?! Genauso schwer vorstellbar ist eine länger andauernde Sperrung der Grenze bei Mentone durch Grenzposten Frankreichs. Italien ist schließlich eines der Gründungsmitglieder der einstigen Sechsergemeinschaft, von der das geeinte Europa seinen Ausgang genommen hat. Die Gründungsurkunde der EWG, Keimzelle der heutigen EU, wurde 1957 auf dem Kapitol in Rom unterzeichnet. Anders als im Fall Griechenlands wäre die Abriegelung Italiens ein Signal, daß sich die Europa-Idee endgültig verflüchtigt hat.

Sollte die italienische Regierung wieder zum stillschweigenden Durchwinken zurückkehren, wäre das der eigentliche Testfall für das Asylsystem der EU. Wie diese auf eine Überflutung mit afrikanischen Flüchtlingen via Italien reagieren würde, ist völlig offen. Ohnehin gibt es im Mittelmeerraum auch andere Krisenszenarien. Früher oder später könnten auch Frankreich und Spanien zu Zielländern einer großen Migrationswelle übers Mittelmeer werden. Wie würden Paris oder Madrid reagieren, wenn Tunesien wieder unter die Herrschaft von Islamisten gerät, wenn Marokko kollabiert oder das repressive Regime in Algerien?

Es ist keine erfreuliche Geschichtslandschaft, die aus den Nebeln der Zukunft hervortritt. Bevor wir einige Notmaßnahmen diskutieren, die möglicherweise unvermeidbar sind, sei zuerst ein Gesamtbild der stark veränderten Lage skizziert, mit der mittelfristig und wohl auch langfristig zu rechnen sein wird.

# 5
## Worauf wir uns einstellen sollten

Deutschland und die Europäische Union haben sich in dem kurzen Zeitraum von 2012 bis 2015 einen kapitalen Fehler geleistet; vielleicht war es sogar ein Fehler von säkularer Fernwirkung. Als die Zahl der Flüchtlinge aus Afrika und dem muslimischen Krisenbogen von der Türkei bis Pakistan urplötzlich in die Millionen ging, haben sie das viel zu lange allein als humanitäre Herausforderung verstanden. Tatsächlich wurde dadurch eine Völkerwanderung nach Europa wenn nicht in Gang gesetzt, so doch gefährlich verstärkt. Von nun an wissen viele Millionen, die auf der Flucht sind oder in fernen Flüchtlingslagern und anderswo in der eigenen Region Schutz gefunden haben, daß Europa ein erstrebenswertes Migrationsziel ist, mag der Weg dorthin auch beschwerlich, ja lebensgefährlich sein. Und innerhalb Europas ist Deutschland das Gelobte Land.

Flucht übers Mittelmeer, dann von Italien per Zug oder von Griechenland über die Balkanroute – beides zu hohen Kosten, von Schleusern eskortiert und von idealistischen Fluchthelfern begleitet, aber am Ende gut aufgenommen und besser betreut als zuvor –, solche Erfahrungen haften im kollektiven Gedächtnis. Auch wenn es im März 2016 gelungen ist, die Flüchtlingsflut einzudämmen, wird der Druck nicht nachlassen. Die Seegrenze Italiens ist weiterhin durchlässig, und aus Afrika über Libyen ist eine weitere Einwanderungswelle zu erwarten. Zudem wird von den bereits aufgenommenen Flüchtlingen ein ständiger Anreiz auf Nachzügler ausgehen. Alle Faktoren, die in den Jahren 2012 bis 2016 wirksam waren, werden kurzfristig, mittelfristig und langfristig wirksam bleiben. Denn die internationale Konstellation hat sich grundlegend verändert. Als sich Europa aus seinen Kolonialimperien zurückzog, hätten nicht einmal die größten Pessimisten erwartet, daß dieser hoch entwickelte, wohlhabende Kontinent durch eine Völkerwanderung aus den Regionen Afrikas und des Nahen Ostens erschüttert werden könnte. Herablassend und vielfach auch heuchlerisch hatte die Öffentlichkeit Europas die »Dritte Welt« als Objekt von Entwicklungshilfe, Hungerhilfe, globaler Klimapolitik, humanitärer Interventionen, Aufforderung zur Demokratisierung, auch von Ermahnungen zur Geburtenkontrolle begriffen. Doch nun muß sie erkennen, daß diese Länder über ein gefährliches, kaum steuerbares demographisches Potential verfügen.

Die Reaktionen auf diese Herausforderung sind widersprüchlich. Die einstigen Kolonialmächte, die jahrzehntelange Erfahrungen mit schleichender Immigration hinter sich haben, sind sozusagen »geimpft« und eher auf Abwehr programmiert, ebenso – wenn auch aus anderen Motiven – die Länder Ostmitteleuropas und auf dem Balkan; anders dagegen die Bürokratien der Europäischen Union, die Mehrheit im Europäischen Parlament, die mächtigen Gerichtshöfe Europas, bis vor kurzem auch Länder wie Österreich und Schweden, vor allem aber ein großer Teil der politischen Klasse und viele zivilgesellschaftliche Aktivbürger Deutschlands.

Europa ist gespalten. Genau besehen zerreißt die Entscheidung zwischen universalistischer Gesinnung und Widerstreben gegen die Masseneinwanderung die meisten dieser 28 Gesellschaften und Millionen teils mitfühlender, teils besorgter Europäer. Sie schwanken zwischen emotionalem Mitleid mit den Flüchtlingen und der immer noch zurückgedrängten Einsicht, daß irgendeine Form des Containments geboten wäre.

Wie lange wird das anhalten? Worauf müssen wir uns einstellen? Diskutieren wir die wichtigsten Befunde.

### Die Völkerwanderung nach Europa wird weitergehen

Europa grenzt an zwei Großräume, die von Kriegen und internationalisierten Bürgerkriegen chaotisiert werden, ohne daß ein Ende absehbar wäre. Der erste Großraum ist die muslimische Krisenzone. Sie erstreckt sich gegenwärtig von der Türkei, Syrien und dem Libanon über den Irak und Iran bis Afghanistan und Pakistan. Die Erschütterungen reichen auch in die religiösen Tiefenschichten hinein. Deshalb ist zu erwarten, daß selbst die momentan nur unterschwellig unruhigen Länder des Maghreb, das labile Ägypten und die Golfregion verstärkt davon erfaßt werden.

Der andere Großraum ist Afrika. Am kritischsten ist die Lage derzeit in dem durch westliches Verschulden zu einem »Failed State« gewordenen Libyen, wo sich der »Islamische Staat« auszudehnen droht. Zugleich ist Libyen ein Transitland für Flüchtlinge aus den Krisengebieten Afrikas südlich der Sahara. Momentan sind das in erster Linie die Länder Mali, Tschad, Zentralafrikanische Republik, Sudan und Südsudan, ganz besonders aber Somalia am Horn von Afrika und neuerdings verstärkt auch Westafrika, wo islamistische Kräfte ebenfalls ihr destruktives Potential entfalten.

Europa muß wohl zur Kenntnis nehmen, daß sich die auf das kolonialistische Sykes-Picot-Abkommen von 1916 zurückgehenden arabischen Staaten in einer längeren Abfolge von Konvulsionen auflösen werden. »Bis auf die Monarchien am Persischen Golf«, konstatiert der Nahostexperte Rainer Hermann, »ist überall in der arabischen Welt die Staatlichkeit in Gefahr.«[145] In blutigen Bürgerkriegen bilden sich hier unterhalb der zerfallenden Zentralstaaten neue politische und religiöse Machtzentren heraus, ohne daß ein Ende der Zerfallsprozesse und die Grundzüge einer Neuformierung absehbar wären.

Die kritischsten Regionen sind momentan Syrien und der nördliche Irak. Das einstige Syrien ist ein »Failed State«. Leicht könnte auch der Libanon wieder im Bürgerkrieg versinken. Ob sich der terroristische »Islamische Staat« weiter ausbreiten wird, ist unklar. Zudem dürfte das Kurdenproblem im nördlichen Irak, in Syrien, in der Türkei und im Iran wie in den vergangenen Jahrzehnten wohl auch künftig für Unruhe sorgen. In dieser hochbrisanten Lage ist selbst ein Containment der Islamisten nicht ohne schwere Kämpfe erreichbar, die weitere Millionen entwurzeln werden. Daß sich die religiösen und machtpolitischen Konflikte im Irak, die vom schiitischen Iran und vom sunnitischen Saudi-Arabien geschürt werden, in naher Zukunft beilegen lassen, ist gleichfalls schwer vorstellbar. Afghanistan haben Amerika und die Nato-Koalition auch nicht stabilisieren können. Auf der Arabischen Halbinsel ist der Jemen zu einem »Failed State« geworden. Und wie wird es mit Saudi-Arabien weitergehen? Der Sturz des korrupten, aber widerstandsfähigen Herrscherhauses der Saudis wird schon seit Dutzenden von Jahren erwartet. Irgendwann wird dieser Ernstfall eintreten und eine weitere Katastrophe auslösen. Im Grunde herrscht im Nahen und Mittleren Osten ein unbeschreibliches Chaos. Europa wird also auf lange Zeit mit Kriegen, Bürgerkriegen und folglich mit Flüchtlingen aus dem muslimischen Krisenbogen konfrontiert sein.

Die gegenwärtige deutsche Flüchtlingsdiskussion ist stark auf Syrien fixiert. Dort lebten vor dem Bürgerkrieg rund 23 Millionen Menschen. Von denen irren schätzungsweise 4,6 Millionen als Flüchtlinge im Lande umher, 4,7 Millionen sind in Nachbarländer geflohen. 2 750 000 halten sich nach Angaben des UNHCR in der Türkei auf, 950 000 im Libanon, 630 000 in Jordanien, 250 000 im Irak und 1 200 000 in Ägypten.[146] Die Kampfhandlungen im Jahr 2016, besonders die Schlacht um Aleppo, haben weitere Hunderttausende zur Flucht veranlaßt.

Bekanntlich ist Syrien nicht die einzige Kampfzone im Nahen und Mittleren Osten. Lange Zeit rangierten Flüchtlinge aus Afghanistan an erster Stelle der vom UNHCR betreuten Menschen. Viele vor den Kämpfen geflohene Afghanen sind inzwischen aus Pakistan in ihre Heimat zurückgekehrt. Doch immer noch halten sich rund 1,6 Millionen in Pakistan und rund 950 000 im Iran auf.[147] Und die Rückkehrer leben vielfach in ungesicherten Verhältnissen. Genauso labil ist die Lage im Irak, ganz besonders seit sich dort der terroristische »Islamische Staat« ausbreitet. Auch der Jemen zählt zu den Ländern, in denen ein schier unvorstellbares Flüchtlingselend herrscht. Nach Angaben des UNHCR sind dort 600 000 Menschen als Flüchtlinge registriert, darunter 236 000 Somalier und über 300 000 auf der Flucht befindliche Jemeniten.[148]

Europa und Deutschland täten schon gut daran, sich Bevölkerungsentwicklung und Flüchtlingszahlen in diesen Brandherden genauer anzusehen. Zunächst ist immer nur ein Teil der Bevölkerung auf der Flucht und ein noch kleinerer Teil lebt in Flüchtlingslagern. Je nach dem Verlauf der Kampfhandlungen können die Zahlen aber rasch emporschnellen. Allein in den vier Ländern des Nahen und Mittleren Ostens, in denen seit langem mehr oder weniger heftig gekämpft wird, leben fast 100 Millionen Menschen, von denen sich ein immer größerer Prozentsatz in Bewegung setzt.[149]

| | |
|---|---|
| Syrien | 23,3 Millionen (vor Ausbruch des Bürgerkriegs) |
| Irak | 34,2 Millionen |
| Afghanistan | 31,2 Millionen |
| Jemen | 24,9 Millionen |

Bisher hat sich aus diesen von Bürgerkriegen zerrütteten Ländern nur ein kleiner Bruchteil entwurzelter Flüchtlinge nach Europa aufgemacht. Doch solange die Kriege andauern, werden weitere folgen, vielleicht noch sehr viele, wenn die bereits angelangte Diaspora entsprechende Signale sendet. Und was wird geschehen, wenn der Flächenbrand den Libanon (4,5 Millionen), Jordanien (6,6 Millionen), Saudi-Arabien (29,3 Millionen) oder die Vereinigten Arabischen Emirate (9,4 Millionen) erfaßt? Vor zwei oder drei Jahren hätte man solche Gedanken noch als Hirngespinste bezeichnet. Nach den Erfahrungen der Jahre 2014 und 2015 ist eine panische Völkerwanderung aus den vielen Dutzenden von Flüchtlingslagern und den Kriegszonen dieses Großraums ein durchaus realistisches Szenario.

Große Sorgen macht auch der Blick auf Afrika. Einerseits liegen südlich der Sahara viele Länder, die im vergangenen Jahrzehnt auf dem Weg zu Demokratie, Wirtschaftswachstum, einem bescheidenen Wohlstand und einer gewissen Stabilität bemerkenswerte Fortschritte gemacht haben. Andererseits erstrecken sich dort riesige Kriegszonen mit entsprechender Elendsmigration.

Auch in Afrika spielt der militante Islamismus eine unheilvolle Rolle. Zudem ist dort das Bevölkerungswachstum eher noch stärker als im Nahen und Mittleren Osten. Die demographische Asymmetrie zwischen dem wohlhabenden, vor sich hin alternden Europa und den partiell ruinierten afrikanischen Gesellschaften, in denen es von jungen Menschen ohne Zukunftsaussichten wimmelt, ist groß. Auch aus diesem Teil der Welt sind somit Wanderungsbewegungen in großem Umfang zu erwarten. Die Bevölkerungsstatistiker bei der UN haben errechnet, daß sich die Bevölkerung in 28 Ländern des heute schon übervölkerten Afrika zwischen 2015 und 2050 verdoppeln wird, und sie rechnen für ganz Afrika mit einem Zuwachs von 1,1 auf 2,4 Milliarden Menschen. Diese armen, vielfach unterentwickelten Gesellschaften mit nur rudimentärer Ausbildungsqualität und auf Europäer zumeist recht fremd wirkenden politischen Kulturen sind fast durchweg junge Gesellschaften. 41 Prozent der heutigen Bevölkerung Afrikas sind unter 15 Jahre alt, weitere 19 Prozent im Alter von 15 bis 24 Jahren.[150] Es ist keine Beruhigung, daß in Europa die Zahl der Menschen im Alter von mehr als 60 Jahren von momentan 24 Prozent auf 34 Prozent im Jahr 2050 zunehmen wird.

Die Berechnungen der UN-Experten beruhen auf den heute verfügbaren Statistiken der jeweiligen Länder. Manche der dortigen Zahlenangaben mögen fehlerhaft sein, unvorhersehbare Entwicklungen könnten Korrekturen nach oben oder unten erfordern. Des weiteren ist zu berücksichtigen, daß die Völkerwanderung nach Europa erst begonnen hat und sich im wesentlichen aus kritischen Regionen nördlich des Äquators speist. Ob und wann sich größere Massen aus Afrika südlich des Äquators aufmachen werden, bleibt abzuwarten. Doch die Tendenz zur Einwanderung über die Asylsysteme in das hilfsbereite und doch so hilflose Europa wird sich höchstwahrscheinlich verstärken und eine größere Zahl von Ländern erfassen.

Schon an der mittelmeerischen Gegenküste tickt ein halbes Dutzend demographischer Zeitbomben. Auch die dortigen Bevölkerungszahlen sollte man sich in Europa genau ansehen.[151]

| | |
|---|---|
| Marokko | 33,4 Millionen |
| Algerien | 39,9 Millionen |
| Tunesien | 10,9 Millionen |
| Libyen | 6,2 Millionen |
| Ägypten | 83,3 Millionen |

Insgesamt leben also 170 Millionen Menschen in den muslimisch geprägten Ländern Nordafrikas, wo bereits offen oder im Untergrund mehr oder weniger dem Islamismus zuneigende Kräfte die Stabilität gefährden. In Algerien werden die Islamisten nach dem äußerst brutalen Bürgerkrieg mit Hunderttausenden von Toten lediglich unterdrückt. Stabilität sieht anders aus. Tunesien scheint stabil, doch wie lange? Libyen ist unregierbar, einer der für Europa gefährlichsten »Failed States«. Und Ägypten ist durch Errichtung einer brutalen Militärdiktatur vorerst nur knapp der Diktatur der Islamisten entkommen.

Am Beispiel des bevölkerungsstarken Libyen läßt sich erkennen, welche Gefahren ein chaotischer Staatszerfall an der mittelmeerischen Gegenküste für Europa bereit hält. Nicht auszudenken, was geschehen könnte, wenn Algerien oder Tunesien oder gar Ägypten »umkippen«. Sollte der »Islamische Staat« in Libyen einen zweiten Großraum erobern, ist davon auszugehen, daß er die muslimische Masseneinwanderung nach Europa forcieren wird, vielleicht unter Androhung von Waffengewalt. Gegenwärtig stellt dieser »Failed State« als Transitland so etwas wie eine Art Überdruckventil für die Migration aus den Kriegszonen Afrikas südlich der Sahara oder aus den Regionen am Horn von Afrika dar.

Somalia, auch ein »Failed State«, ist seit gut einem Vierteljahrhundert eine der schlimmsten afrikanischen Kriegshöllen. Von den 10,8 Millionen Einwohnern vegetiert eine Million entwurzelter Menschen in den Flüchtlingslagern der Nachbarländer dahin, die meisten vom UNHCR betreut: 413 000 in Kenia, 250 000 in Äthiopien, 253 000 im Jemen.[152] Die Gruppe der Somalier, die übers Mittelmeer nach Deutschland kommt, ist relativ groß. Seit 2013 gehört sie zu den Top Ten unter den Asylbewerbern.

Sudan (38,7 Millionen) und Süd-Sudan (11,7 Millionen) sind weitere Kriegszonen. 644 000 Flüchtlinge hat der UNHCR im Sudan registriert, 744 000 im Süd-Sudan.[153] Bisher haben sich nur wenige Menschen von dort auf den Weg nach Europa gemacht.

Darüber hinaus hat der militante Islamismus in Verbindung mit ethnischen Konflikten zwei weitere Kriegsgebiete in Westafrika entstehen lassen. Seit die mit dem »Islamischen Staat« verbundene Terrororganisation Boko Haram den muslimischen Norden des afrikanischen Riesen Nigeria (178,5 Millionen Einwohner) in Angst und Schrecken versetzt, sind rund 205 000 Nigerianer in die Flüchtlingslager der UNHCR in Kamerun geflohen und 92 000 in den Tschad (13,2 Millionen).[154] Dort sammeln sich zudem Flüchtlinge aus der Zentralafrikanischen Republik (4,7 Millionen) und aus dem Sudan; nach Angaben des UNHCR waren das 2015 rund eine halbe Million Menschen. Ein weiteres Kriegsgebiet ist der Norden Malis (15,7 Millionen). Als die Islamisten dort vorrückten, flohen Hunderttausende nach Burkina Faso, nach Algerien und nach Niger.

So könnte man Land für Land durchgehen. Von Mauretanien bis Dschibuti sind die Länder Schwarzafrikas südlich der Sahara von Dutzenden von Flüchtlingslagern übersät. Die UN und private Hilfsorganisationen sind kaum noch in der Lage, die Mittel für Ernährung und gesundheitliche Versorgung der dort untergebrachten Menschen aufzubringen. Seit durch das Ventil Libyen der Exodus übers Mittelmeer möglich ist, ist es nur noch eine Frage der Zeit, bis sich die Insassen dieser Elendslager auf den Weg nach Europa machen. Da die militanten Ideologen des »Islamischen Staats« die muslimischen Populationen dieser ohnehin ungefestigten, von ethnischen Spannungen erfüllten Staatenwelt längst ins Visier genommen haben, ist eine Zunahme der Kampfhandlungen mit entsprechenden Fluchtbewegungen ziemlich wahrscheinlich.

In Afrika setzt darüber hinaus allmählich eine ähnliche Entwicklung ein wie im Nahen Osten: Ein Teil der während der Dekolonisierung in die Unabhängigkeit entlassenen Staaten droht zu kollabieren. Es gibt ein gutes Dutzend Gründe und mehr, die im Zusammenwirken den Staatszerfall herbeiführen können: ethnische und religiöse Rivalitäten; Diskrepanzen zwischen Staats- und Stammesgrenzen; Asymmetrie in der binnenstaatlichen Wirtschaftsentwicklung; tyrannische Machthaber, verwerfliche Kleptokratien und kriminelle Warlords; zwischenstaatliche Kriege und endlose Bürgerkriege, die ruinierte Gesellschaften zurücklassen; militante Islamisten; Einwirkung externer Großmächte; Imperialismus, Unterdrückung und Freiheitsbewegungen; Epidemien; Übervölkerung und Jugendarbeitslosigkeit; ökologische Katastrophen …

In Afrika haben sich die abziehenden Kolonialmächte Europas während der 1950er und 1960er Jahre als Staatsgründer versucht. Doch während im Nahen Osten die von den europäischen Großmächten im Ersten Weltkrieg gezogenen Grenzen immerhin ein knappes Jahrhundert lang gehalten haben, erwiesen sich die in Afrika von Anfang an als porös. Es dauerte nur dreißig, höchstens vierzig Jahre, bis ein Teil dieser postkolonialen Staatsgebilde nicht mehr lebensfähig war. Die Wahrscheinlichkeit ist groß, daß in verschiedenen Regionen Afrikas ein Jahrhundert des Staatszerfalls begonnen hat. Dieser könnte auch die heute noch weitgehend oder wenigstens halbwegs intakten Staaten erfassen.

Die zu erwartende Völkerwanderung aus Afrika wird nicht nur Kriegsflüchtlinge nach Europa bringen, sondern auch sogenannte Wirtschaftsflüchtlinge in beträchtlicher Zahl, ferner Opfer von Umweltkatastrophen wie Dürre, Überschwemmungen, Bodenerosion oder Menschen, die vor Epidemien flüchten. Da die illegale und hoch riskante Einwanderung nach Europa übers Mittelmeer längst eine Art Normalfall geworden ist, wird sie anhalten und aller Voraussicht nach noch zunehmen. Die meisten dieser Zuwanderer müssen, wenn sie an den Küsten Europa stranden, zunächst von den Sozialsystemen aufgefangen werden. Noch ist vor allem in Deutschland umstritten, ob sie mittelfristig für den Arbeitsmarkt von Vorteil sind oder auf Dauer eher eine Last. Qualifizierungsoffensiven mögen helfen, und man sollte nicht allzu pessimistisch sein. Doch die bisherigen Erfahrungen zeigen, daß viele der jungen Afrikaner über die Fähigkeiten, die auf dem anspruchsvollen europäischen Arbeitsmarkt gefragt sind, nicht verfügen und diese im Schnellverfahren auch nicht erwerben können. Ein erheblicher Teil wird wohl in den Sozialsystemen bleiben, bestenfalls wenig qualifizierten Arbeitsverhältnissen gewachsen sein und das unruhige Prekariat in den Ballungszentren vergrößern. Wenn sie scheitern, liegt die Schuld dafür in erster Linie bei den Aufnahmeländern, die Flüchtlinge durch ihr großzügiges Asylrecht anlocken, aber außerstande sind, ihnen sichere Arbeitsplätze und adäquate Entfaltungsmöglichkeiten anzubieten. Je größer die Zahl der Migranten ist und je rascher die Einwanderungswellen aufeinander folgen, umso wahrscheinlicher ist der Mißerfolg.

Nach genauer Prüfung mag sich vielfach erweisen, daß diese Migranten weder im strengen Sinn als politische Flüchtlinge anerkannt werden noch als Kriegsflüchtlinge subsidiären Schutz beanspruchen können. Aber einen geduldeten Status werden die meisten erhalten. Gute Anwälte und milde Richter werden im komplizierten Asylrecht Bestimmungen finden, dank derer auf Fluchtgründe wie Diskriminierung im Herkunftsland oder eine Unzumutbarkeit der Rückführung geschlossen werden kann. Seitens der Herkunftsländer ist die Bereitschaft zur Rücknahme gering. Somit stößt eine Abschiebung oder die Veranlassung zur freiwilligen Rückkehr in afrikanische Länder an praktische Grenzen – ganz anders als im Fall der abgelehnten Asylbewerber vom westlichen Balkan. Und wohin soll man die Zehntausende von »Sans Papiers« abschieben? Ohne die Hilfe der Herkunftsländer wird es nicht gehen. Wie nützlich oder wie unerwünscht die Auswanderung für diese ist, mag von Fall zu Fall verschieden sein, müßte aber doch wohl in die Überlegungen einbezogen werden.[155]

Hier interessiert vorerst nur die Frage, ob die Völkerwanderung nach Europa in der Höhe und Intensität der Jahre 2012 bis 2016 anhalten wird. Angesichts dieser Menschenmassen wird deutlich, was die Zukunft für Europa bereit hält.[156] Ähnlich starke Flüchtlingsströme in den nächsten Jahren sind bei der Vielzahl außereuropäischer Krisenzonen keine Möglichkeit, sondern eine Wahrscheinlichkeit. Das gilt auch für den Zustrom nach Europa, es sei denn, die EU als Ganzes wie die einzelnen Mitgliedsländer schalten auf Abwehr und reformieren das heutige Asylrecht. Doch selbst dann werden die Migrantenzahlen steigen.

## Ratlose Einwanderungsgesellschaften
## und militanter Dschihadismus

Es wäre völlig verkehrt, die neue Völkerwanderung aus muslimischen Gesellschaften ganz undifferenziert mit islamistischen Terrororganisationen vom Typ »Islamischer Staat« oder al-Qaida zu verbinden. Doch aktuelle und künftige Gefährdungen bestehen. Die ohnehin schon vorhandenen Probleme der Flüchtlingskrise lassen sich nicht reinlich von dem neuen Phänomen strengerer, vielerorts auch radikalisierter Religiosität in den muslimischen Religionsgemeinschaften trennen. Es ist nun einmal eine Tatsache, daß die Flüchtlingswelle der Jahre 2013 bis 2016 in engstem Zusammenhang mit den Kriegen im Nahen und Mittleren Osten steht, aber auch der Anschläge dschihadistischer Terrororganisationen.

Die islamische Welt hat sich in den letzten Jahrzehnten stark verändert und die Migranten in Europa mit ihnen. Auch in der Bundesrepublik Deutschland, wo seit den späten 1960er Jahren viele Einwanderer aus verschiedensten muslimischen Ländern Aufnahme gefunden haben, ist die Lage heute völlig anders als vor dreißig, vierzig oder gar fünfzig Jahren

Die religiöse Orientierung von Migranten aus den Ländern des Nahen und Mittleren Ostens war anfangs moderat. Daß sie Muslime waren, wirkte kaum fremdartig und wurde eher gleichmütig hingenommen. Bei dem freundlichen Gemüsehändler aus Anatolien hing vielleicht eine große Fotografie des Laizisten Atatürk über der Ladentheke. Türkinnen mit Kopftuch sah man eher selten. Traten Konflikte auf, dann zumeist ethnische zwischen nationalistischen Türken und nationalistischen Kurden.

Besonders entspannt ging es an den Universitäten zu, wo sich zu jener Zeit die in Migrationsfragen sehr toleranten Auffassungen der heutigen deutschen Eliten herausbildeten. Kluge persische Studentinnen, gescheite, zupackende Afghanen und junge Türkinnen, die oft aus autoritären Familien kamen und im liberalen Universitätsklima aufblühten, oder neugierige, westlich orientierte Türken, Libanesen und Pakistaner prägten das Bild, das man sich allgemein von jungen Menschen aus dem muslimischen Kulturkreis machte. Diese Studierenden schienen genauso auf dem Weg zur Säkularisierung wie ihre Altersgenossen aus Deutschland, Frankreich oder den USA, die damals viele der international zusammengesetzten Institute und Seminare bevölkerten. »Integration« in dem gestrengen Verständnis, wie es heute propagiert wird, war wenigstens im Universitätsbereich überhaupt kein Thema. Man fand es interessant, dachte aber nicht weiter darüber nach, daß die Studierenden aus muslimischen Ländern eine leichte Traglast ihre religiösen Identität mit einbrachten. Unterschiede zwischen Sunniten, Schiiten oder Sufis wurden auf deutscher Seite kaum wahrgenommen.

In der jungen Elite wurde die religiöse Zugehörigkeit kaum als Problem empfunden. Besonnte Vergangenheit? Natürlich gab es auch damals Unachtsamkeit, Unverständnis, Diskriminierung einerseits und Unwille oder Unfähigkeit zur Eingliederung andererseits. Migration ist fast immer mit Spannungen verbunden. Doch die Religion der Zuwanderer aus muslimischen Ländern erschien eher als Randthema, das keine große Beachtung verdiente, keineswegs aber als ein Problem, das unbeherrschbar werden könnte.

Seit Beginn der achtziger Jahre ist dann im muslimischen Kulturbereich ein Umbruch zu strengerer Religiosität erfolgt, zuerst im Iran nach der Machtergreifung Khomeinis und seiner Anhänger, danach in unterschiedlicher Intensität auch in den sunnitisch geprägten Gesellschaften. Parallel dazu sind bei einer Minderheit auch jene dschihadistischen Organisationen erstarkt, die ihre eigenen Glaubensgenossen und die verhaßte westliche Zivilisation mit Terror bekämpfen.

Die Intensivierung und Polarisierung der Religion im Nahen Osten und im Maghreb hat sich natürlich auch auf Europa ausgewirkt, wo das rasche Wachstum der muslimischen Einwanderung ohnehin mit zunehmender Sorge vermerkt wurde.

Einige Daten zur Zuwanderung bis 2006, also in migrations-
politisch eher ruhigen Zeiten, lassen die Probleme bereits erahnen:[157]

| Land | Einwohner | | Muslimische Migranten | Zunahme |
|---|---|---|---|---|
| Frankreich | 65 | Mio. | 5 000 000 | Verdoppelung seit 1986 |
| Belgien | 11 | Mio. | 400 000 | |
| Niederlande | 16 | Mio. | 1 000 000 | mehr als Verdoppelung seit 1986 |
| England | 63 | Mio. | 1 600 000 | |
| Deutschland | 81 | Mio. | 3 600 000 | |
| Österreich | 8 | Mio. | 400 000 | 1980 noch 80 000 |
| Dänemark | 5,5 | Mio. | 200 000 | 1980 noch 120 000 |
| Schweden | 9,5 | Mio. | 400 000 | Verdreifachung seit 1980 |
| Italien | 60 | Mio. | 900 000 | 1982 noch 120 000 |
| Spanien | 46 | Mio. | 1 000 000 | |

Die Zahlen stammen aus Walter Laqueurs alarmierendem Buch *Die
letzten Tage von Europa. Ein Kontinent verändert sein Gesicht,* das 2008
erschienen ist. Diesen weltoffenen, erfahrenen Sozialwissenschaftler,
der sich in den dreißiger Jahren selbst als Emigrant nach Israel begeben hatte, beschäftigten schon damals auf längere Sicht die demogra-
phischen Folgen der Einwanderung aus dem muslimischen Großraum. Besonders beunruhigend erschien ihm und auch anderen
Forschern, daß diese großen Migrantengruppen aus vielen Gründen
vielfach schwerer assimilierbar sind als Zuwanderer aus christlich
oder buddhistisch oder konfuzianisch geprägten Gesellschaften.[158]
Andere Forscher machten vergleichbare Beobachtungen.

Einerseits gibt es die vielen Beispiele geglückter Eingliederung in
die Mehrheitsgesellschaft, von Aufstiegswillen und wirtschaftlichem
Erfolg, andererseits entstanden Parallelgesellschaften. Die Gegebenheiten sind von Land zu Land ebenso verschieden wie die Mentalitäten von Türken, Kurden, Iranern, Libanesen, Marokkanern, Algeriern, Pakistanern oder Palästinensern. Alles in allem erwiesen sich
die muslimischen Einwanderer aber vielfach als schwer assimilierbar,
wobei Palästinenser und Iraner oft ebenso eine Ausnahme bildeten
wie Familien aus den gebildeten Mittel- oder Oberschichten. Doch
auch bei diesen finden sich Beispiele von Radikalisierung und Ent-

fremdung in der zweiten oder dritten Generation. Die Gründe dafür sind heftig umstritten und sollen hier nicht diskutiert werden. Unbestritten ist jedenfalls, daß sich Einwanderer, die aus muslimischen Gesellschaften im Nahen und Mittleren Osten stammen, mit der Eingliederung in die säkularen Gesellschaften Europas schwerer tun als die aus anderen Kulturkreisen.

Viele Bemühungen wurden unternommen, vieles wurde auch falsch angepackt, doch die Schwierigkeiten sind im französischen und angelsächsischen Kulturbereich ebenso auffällig wie in Deutschland. Wenn also angesichts der hohen Flüchtlingszahlen der Jahre 2014, 2015 und 2016 eine Art Hauruck-Anstrengung bei der Integration gefordert wird, dann auch wegen unbestreitbarer Integrationsdefizite aus den vorangegangenen Jahrzehnten.

Im Zusammenhang der Flüchtlingskrise 2015/16 und der Problematik des Dschihadismus müssen diese umfassenderen Probleme wenigstens erwähnt werden. Nur so sind auch die Sorgen in der deutschen Gesellschaft verständlich, die sich bisher gegenüber xenophoben Verführungen eher immun gezeigt hatte. Zweifellos hat der Bürgerkrieg in Syrien als Auslöser für vieles gewirkt. Er hat ans Licht gebracht, wie leicht und in welchem Umfang junge Leute der zweiten oder dritten Generation muslimischer Einwanderer (doch auch Proselyten) emotionalisiert, radikalisiert und in die Verbände von islamistischen Terrororganisationen gelockt werden können. Die ohnehin vorhandenen Zweifel und Unsicherheiten gegenüber dem politisierten Islam sind dadurch verstärkt worden. Daß die nahöstlichen Terrororganisationen unter den Hunderttausenden bereits lange und durchaus gesetzestreu in Europa lebenden Muslime Terrornetzwerke aufbauen oder die unkontrollierte Einreise von Flüchtlingen zur Rückführung fanatisierter Kämpfer nutzen, kann nicht erstaunen, hat aber in ganz Europa zur Verunsicherung geführt, ganz besonders in dem ursprünglich besonders toleranten Deutschland.

Jedermann, so er nur bei Verstand ist, weiß zwar, dass sich unter der großen Zahl von Flüchtlingen nicht viele Terroristen verbergen. Doch im asymmetrischen Krieg verfügen selbst ein paar Hundert fanatisierte Kämpfer über beträchtliches psychologisches Schadenspotential. Man mag es für übertrieben halten, wenn sich in Einwanderungsgesellschaften aufgrund terroristischer Attentate einzelner Flüchtlinge starkes Mißtrauen gegen die Gesamtheit der Ankömmlinge aufbaut. Verständlich sind solche Massenpsychosen aber schon, und deshalb bereitet die vorhersehbare mittel- und langfristige Entwicklung der Neuankömmlinge einige Sorge. Genauso deutlich ist übrigens, daß das bei den Befürwortern des Multikulturalismus die Entschlossenheit verstärkt, trotz der sichtlichen Schwierigkeiten und Gefahren die eigenen Überzeugungen durchzusetzen.

Die überwiegende Mehrheit der Flüchtlinge sucht wohl vor allem Ruhe, Sicherheit und ein besseres Leben. Viele werden sich in die Gastländer einfügen, viele in ihre Heimat zurückkehren, wenn der Krieg vorbei ist. Manche werden auch gehen, weil das Gelobte Land ihren Erwartungen nicht entspricht. Doch nicht alle werden sich als pflegeleicht erweisen. Der Blick auf die durch die Propaganda des »Islamischen Staates« radikalisierten jungen Leute der Jahre 2012 bis 2015 läßt doch befürchten, daß künftig auch eine kleinere Gruppe der Flüchtlinge, frustriert und ernüchtert angesichts der eigenen Perspektiven, für die Appelle radikaler Salafisten anfällig sein könnte. Daß man in Frankreich und England ähnlich wie in Amerika nach 9/11 kräftig in die Kriegstrompete bläst, wird gleichfalls nicht ohne Rückwirkung auf die emotional stark aufgewühlten Flüchtlinge bleiben. Die Enttäuschung mag noch wachsen, wenn die in Europa angesteuerten Zielländer die große Zahl fremdländischer Einwanderer nicht mehr verkraften können und die Aufnahme spürbar oder völlig beschränken, Familiennachzug inbegriffen.

Eigentlich läßt sich der Frage gar nicht ausweichen: Wollen, sollen, müssen, dürfen sich die europäischen Länder, in denen die Integration von Einwanderern aus muslimisch geprägten Gesellschaften bisher nicht zufriedenstellend gelungen ist, zu der ohnehin schon bestehenden Last neue Millionen aufladen? Die Frage ist jedoch müßig, weil das europäische Flüchtlingsrecht derartige Diskriminierungen verbietet, aber viele stellen sie trotzdem, weil eine immer größere Zahl von Flüchtlingen aus muslimisch geprägten

Gesellschaften naturgemäß auch die Zahl der für Radikalisierung Anfälligen vergrößert.

Seit Beginn des Jahrhunderts hat sich die forcierte Einwanderung aus muslimischen Milieus zunehmend im Zeichen des Heiligen Krieges vollzogen mit den bekannten Folgen. Die Anhängerschaft al-Qaidas, zu der in Deutschland die Terrorzelle um Mohammed Atta in der Hamburger Marienstraße gehörte, war noch überschaubar und konnte nach 9/11 größtenteils unschädlich gemacht werden. Die deutsche Salafistenszene umfaßt inzwischen Tausende, unter ihnen 500 oder 600 Auslandskämpfer, die sich den Terrororganisationen von al-Nusra und des »Islamischen Staates« angeschlossen haben. Die sozialen Bedingungen in den westlichen Aufnahmeländern von England über Belgien bis Dänemark, Deutschland und Frankreich mögen höchst unterschiedlich sein, offensichtlich sind sie aber alle anfällig für den radikalen Islamismus.

Die Ursachen für die Hinwendung junger Menschen zum Islamismus mögen unterschiedlich sein: Einfluß von Haßpredigern, individuelles Versagen, Entfremdung von den eigenen Familien, Besonderheiten eines von der Mehrheitsgesellschaft entfremdeten Milieus jüngerer Leute, Empörung über die Feldzüge westlicher Staaten im Nahen Osten, raffinierte Internetpropaganda der Terrororganisationen und anderes mehr. Die Anfälligkeit ist jedenfalls eine Tatsache.

Natürlich nötigt die potentielle Verführbarkeit von Muslimen, die der Mehrheitsgesellschaft entfremdet sind, zu einer gewissen Behutsamkeit bei der Bekämpfung der Terrororganisationen. Aus der Geschichte von Guerillakriegen ist hinlänglich bekannt, daß scharfe Repression die Sympathisantenszene vergrößert. So befinden sich Politik und Sicherheitsdienste auf einer Gratwanderung. Einerseits müssen sie Vorkehrungen treffen, um die Einschleusung militanter Dschihadisten und die Entstehung von Terrornetzwerken zu unterbinden. Andererseits müssen sie sich hüten, die muslimischen Flüchtlinge und die schon länger im Land befindlichen Diasporagemeinden durch provokative Rhetorik oder unüberlegtes Zugreifen zu radikalisieren.

Mit der säkularen Herausforderung durch die neue Völkerwanderung wird sich aller Wahrscheinlichkeit nach noch lange der asymmetrische Krieg radikaler dschihadistischer Organisationen verbinden, der weder naives Ignorieren erlaubt noch naives Dreinschlagen. Unsentimentale Wachsamkeit und einfühlsame Umsicht müssen im Gleichgewicht bleiben.

In den Monaten des Kontrollverlusts hat man in Deutschland zu einseitig mit naivem Ignorieren auf die vorhersehbaren Gefährdungen reagiert. Daß der unkontrollierte Flüchtlingszustrom genutzt würde, kampferprobte Dschihadisten, die aus den europäischen Einwanderungsgesellschaften nach Syrien gezogen sind, mit Terroraufträgen oder als »Schläfer« einzuschleusen, mußte man vermuten. Bei allen, die realistisch geblieben waren, löste es kaum Erstaunen aus, daß von den zehn Attentätern, die am 13. November die Pariser Massenmorde begangen haben, zwei einige Wochen zuvor mit den Flüchtlingskarawanen über die Balkanroute und via Deutschland nach Frankreich gelangt waren. Die ganz offensichtliche Möglichkeit auch nur anzusprechen, daß sich unter den Flüchtlingen dschihadistische Kämpfer befinden könnten, war jedoch in der deutschen Öffentlichkeit im Sommer und Herbst 2015 geradezu verpönt. Das würde, hieß es, in der Bevölkerung die ohnehin schon starken Zweifel an der Vernünftigkeit uneingeschränkter und unkontrollierter Aufnahme verstärken und den moralischen Impetus zur »Willkommenskultur« lähmen. Die Einreise und Aufnahme Hunderttausender aus den Kriegszonen sei unter humanitären Aspekten zu bewerten, Hinweise auf Sicherheitsrisiken seien Panikmache. Demgegenüber diagnostizierte ein so unaufgeregter Sicherheitsexperte wie Peter R. Neumann vom King's College in London schon früh, »daß die Anschläge in Paris [gemeint war der Anschlag auf ›Charlie Hebdo‹] und Kopenhagen Anfang 2015 keine Einzelfälle waren, sondern erste, sehr dramatische Hinweise darauf, was sich in den nächsten Jahren und Jahrzehnten auf den Straßen Europas abspielen wird«.[159] Inzwischen hat der »Islamische Staat« am 13. November 2015 in Paris zugeschlagen. Weitere umfassend geplante terroristische Attentate oder Angriffe von ferngesteuerten Einzeltätern gegen die Zivilbevölkerung

in Frankreich, Belgien und Deutschland folgten. Im Mai 2016 berichtete dann die der Panikmache unverdächtige *Süddeutsche Zeitung:* »Laut Bundeskriminalamt kamen beim großen Flüchtlingsandrang im Herbst mehr Verdächtige nach Deutschland als bisher
vermutet. Es seien mehrere Hundert Personen, gegen 40 seien Er-
mittlungsverfahren eingeleitet.«[160] Seither ist in diesem Punkt der
gebotene Realismus eingekehrt.

Vor dem Hintergrund eines höchstwahrscheinlich langen, asymmetrischen Krieges mit dem »Islamischen Staat« oder eventuellen
Nachfolgeorganisationen war der offiziell verfügte und von vielen
bejubelte Kontrollverlust während der Flüchtlingskrise ein Spiel mit
dem Feuer. Eine Bundesregierung, die allein im Jahr 2015 mehr als
eine Million Flüchtlinge aus den dschihadistisch verseuchten Kriegsgebieten Syriens, des Irak und Libyens weitgehend unkontrolliert
einreisen läßt und aufnimmt, bekundet damit ein starkes Gottver-
trauen. Kritischere Beobachter seufzten schon damals: eine solche
Regierung handelt wahnsinnig.

Das ist vorerst Vergangenheit. Doch die Verteidigung gegen den
radikalen Dschihadismus wird Europa noch lange beschäftigen.


### Hybrides Wachstum der Diaspora


Die neue Völkerwanderung hat eine europäische Staatenwelt erfaßt,
in der sich eine bunte Diaspora[161] von Auslandsgemeinden bereits
seit Jahrzehnten niedergelassen hatte. Längst hat die Migrationsforschung diese Auslandsgemeinden als besonders wichtigen Pull-
Faktor für legale und illegale Einwanderung identifiziert.[162] Die
Erfahrungen der Jahre 2013 bis 2016 bestätigen das. Vergleichsweise
lange haben die Nationen im westlichen Europa die Einwanderer
aus den fremden Kulturen Asiens und Afrikas relativ tolerant aufgenommen, nachdem ihre Regierungen seit den 1950er Jahren – im
Zeichen der Dekolonisierung, aus arbeitsmarktpolitischen Überlegungen, zunehmend auch auf der Grundlage des europäischen
Asylrechts – Hunderttausenden von Migranten die Niederlassung

gestattet hatten. Je rascher die Auslandsgemeinden wuchsen, je häufiger sich an den Brennpunkten Konflikte entzündeten, umso öfter geriet das ursprünglich recht entspannte Verhältnis zwischen einheimischer Mehrheitsbevölkerung und jenen Diasporagemeinden, die sich mit der Eingliederung schwer taten, unter Druck. Daß die Ereignisse des Jahres 2015 die Spannungen verstärkten, ist kein Wunder. Nie zuvor ist das Verhältnis zwischen der Mehrheitsbevölkerung und dem Konglomerat ethnisch und religiös höchst unterschiedlicher Auslandsgemeinden im politischen Diskurs so intensiv problematisiert worden. Der Dschihadismus hat überdies dazu beigetragen, das Mißtrauen zu verstärken.

Ein Blick auf die Statistik ist nie verkehrt. Über die Gegebenheiten im Jahr 2010 liegen einige aufschlußreiche Zahlen vor.[163]

| Land | Einwohner (in 1000) | im Ausland geboren (in 1000) | (in %) | davon in der EU (in 1000) | (in %) | außerhalb der EU (in 1000) | (in %) |
|---|---|---|---|---|---|---|---|
| EU | 501 098 | 47 348 | 9,4 | 15 980 | 3,2 | 31 368 | 6,3 |
| Niederlande | 16 575 | 1 832 | 11 | 428 | 2,6 | 1 404 | 8,5 |
| Belgien | 10 666 | 1 380 | 12,9 | 695 | 6,5 | 685 | 6,4 |
| Ver. Königreich | 62 008 | 7 012 | 11,3 | 2 245 | 3,6 | 4 767 | 7,7 |
| Deutschland | 81 802 | 9 812 | 12 | 3 396 | 4,2 | 6 415 | 7,8 |
| Italien | 60 340 | 4 798 | 8 | 1 592 | 2,6 | 3 205 | 5,3 |
| Dänemark | 5 534 | 500 | 9,0 | 152 | 2,6 | 348 | 6,3 |
| Frankreich | 64 796 | 7 196 | 11,1 | 2 118 | 3,3 | 5 078 | 7,8 |
| Portugal | 10 637 | 793 | 7,5 | 191 | 1,8 | 602 | 5,7 |
| Österreich | 8 367 | 1 276 | 15,2 | 512 | 6,1 | 764 | 9,1 |
| Spanien | 45 989 | 6 422 | 14,0 | 2 328 | 5,1 | 4 094 | 8,9 |
| Griechenland | 11 305 | 1 256 | 11,1 | 315 | 2,8 | 940 | 8,3 |
| Schweden | 9 340 | 1 337 | 14,3 | 477 | 5,1 | 859 | 9,2 |

Jedes dieser Länder hat seine besondere Migrationsgeschichte.[164] Auffällig ist jedoch, daß überall die europäische Binnenmigration viel niedriger ist als die Einwanderung von außen. Bis zur Flüchtlingskrise 2015/16 bildete Deutschland da keine Ausnahme. Durch die Arbeitskräftemigration aus der Türkei und Südosteuropa und durch eine großzügige Asylpolitik, vor allem für Flüchtlinge aus

Südosteuropa und dem Nahen Osten, hatte es sich aber schon in der ersten Dekade des 21. Jahrhunderts Ländern wie Großbritannien, den Niederlanden, Frankreich, Portugal und Belgien angenähert, deren Zuwanderung von außerhalb der EU zu erheblichen Teilen aus der kolonialen Vergangenheit herrührte.

Innerhalb der einzelnen Staaten sind die Migranten sehr ungleich verteilt. Neben Großstädten, Stadtvierteln und Regionen mit einem sehr hohen Migrantenanteil gibt es solche mit sehr geringem Ausländeranteil. Doch im großen und ganzen trifft zu, daß viele Länder der EU lange vor der neuesten Flüchtlingswelle mit Ausländervierteln oder mehrheitlich von Migranten bewohnten Städten so gesprenkelt waren wie ein Leopardenfell. Nach Ausweis der Tabelle dominierte die autochthone Bevölkerung aber weiterhin mit deutlicher Mehrheit. Man muß sich diese Ausgangsdaten vor Augen führen, um zu ermessen, wo und wie sich die Verhältnisse seit dem Herbst 2015 in den bevorzugten Zielländern Deutschland, Schweden und Österreich verändert haben.[165]

Nach diesem kurzen Exkurs zurück zu unserer Ausgangsfrage, worauf wir uns bezüglich der Diaspora nach den neuerlichen Erfahrungen wohl einstellen müssen. Die Beobachtungen könnten ein ganzes Buch füllen. Greifen wir ein paar Hauptpunkte heraus.

Eine erste Beobachtung bestätigt gewisse theoretische Annahmen der Migrationsforschung. Sobald sich eine vergleichsweise große Diaspora eingefunden und befriedigende Verhältnisse vorgefunden hat, sendet sie Signale an die Zurückgebliebenen im Herkunftsland oder in Flüchtlingslagern aus, wodurch weitere Zuwanderung in das Land ihrer Wahl in Gang kommt.

Auswanderung war zu allen Zeiten ein höchst ungewisses Abenteuer. Man zog immer am liebsten dorthin, wo sich bereits Angehörige, Freunde, zumindest Landsleute oder Angehörige der eigenen Religionsgemeinschaft befanden. Inmitten der Fremde verkörpern sie ein Stück Heimat und versprechen somit eine gewisse Geborgenheit. Die von der Diaspora entsandten Botschaften sind ein wichtiger Anreiz, sich überhaupt auf den riskanten Weg über Land und Meer zu begeben. Diese Informationen mögen zutreffend, übertrieben oder falsch sein; wer sich aber Tausende von Kilometern entfernt in erbärmlichen Verhältnissen befindet, ist erst einmal geneigt, daraus Hoffnung auf ein besseres Leben zu schöpfen. So verhielt es sich mit Iren, Deutschen, Italienern oder den von Pogromen bedrohten Ostjuden, die im 19. Jahrhundert nach Amerika auswanderten. Ähnlich reagieren heute junge Leute in Westafrika, in Eritrea oder im Maghreb und Flüchtlingsfamilien in der Türkei, im Libanon, in Pakistan, in Afghanistan oder in Libyen, die sich nach Deutschland oder nach Schweden aufmachen.

Zögernd nur nehmen Verwaltungen und Publizistik wahr, daß die Zuwanderung sich gewissermaßen selbst steuert, angelockt durch eine Diaspora, die bereits im Arbeitsmarkt oder in den Asylsystemen des europäischen Gastlandes angekommen ist. Unnötig darauf hinzuweisen, daß das Vorhandensein großer Diasporagruppen erklärt, weshalb die Migranten der Jahre 2013 bis 2016 in starkem Maß Deutschland zum Zielland erkoren. Es bedarf auch keiner Prophetengabe, um hier bei Fortdauer des Migrationsdrucks und ohne Veränderung der Asylrechtsbestimmungen weiterhin ein erhebliches Wachstum vorherzusehen.

Damit verbindet sich eine zweite Beobachtung, die gleichfalls völlig natürlich, aber mit der schönen Idee solidarischer, quotierter Umverteilung von Flüchtlingen auf die einzelnen EU-Länder nicht zu vereinbaren ist: Flüchtlinge sind wählerisch. Die EU-Länder sind mit der Tatsache konfrontiert, daß Migranten nicht einfach nach Europa wollen, sondern in bestimmte Länder Europas. Sie machen sich nicht ziellos auf den Weg, sondern wissen genau, wohin sie wollen. Vor allem strömen sie in Länder, in denen sich bereits Familienangehörige, Freunde, Nachbarn, Bekannte oder Angehörige derselben Religionsgemeinschaft aufhalten. Und innerhalb der Gastländer steuern sie Städte und Regionen an, in denen sie günstige Lebensverhältnisse vermuten. Nicht zuletzt am Willen der Flüchtlinge wird die schöne, aber unpraktische Idee europäischer Umverteilung scheitern, und auch die innerstaatliche Zuweisung an bestimmte Landkreise und Städte wird mit den ganz anderen Interessen der Diaspora zu kämpfen haben.

Stellt man das in Rechnung, ergibt sich daraus – drittens – eine weitere ernüchternde Feststellung. Migranten machen sich zumeist auf den Weg in ein fernes Land, weil sie – man kann das nachfühlen – die Lebensverhältnisse im Herkunftsland oder im Archipel der Flüchtlingslager bedrückend finden, während das Zielland ihrer Träume alles bietet: persönliche Freiheit, Arbeit, Wohlfahrt, Sicherheit und vielleicht auch Aufstieg über ein besseres Bildungssystem. Ein Hauptmotiv der Einwanderer ist aber kaum die Absicht, sich im Gastland möglichst rasch und möglichst vollständig zu integrieren. Ganz im Gegenteil: Der Charme eines Gastlands besteht für viele Migranten nicht zuletzt darin, daß im Schutz der Diaspora das mitgeschleppte Gepäck an Sprachkompetenz, religiöser Orientierung, Alltagssitten, Werten und Erinnerungen weiter gehegt und gepflegt werden kann. Das steht im vollkommenen Kontrast zu der naiven Erwartung, die aus ganz anderen Verhältnissen stammenden Ankömmlinge ließen sich durch Belehrungen, gezielte Maßnahmen und feierliche Erklärungen auf die kulturellen Werte des Gastlandes verpflichten. Hinlänglich viele Beobachtungen bei Einwanderungsgesellschaften lassen erwarten, daß die Einstellung auf die kulturellen Wertvorstellungen des Gastlandes je nach Assimilationsbereitschaft der zugewanderten Ethnien und Religionen mehrere Generationen in Anspruch nimmt.

Ernüchternd wirkt auch eine vierte, völlig einleuchtende Beobachtung: Je zahlreicher eine Diaspora aus fremden Kulturen, umso stärker ist ihre Anziehungskraft auf weitere Einwanderer. Für das vom Gastland erstrebte Ziel der Integration ist das eher bedenklich. Auf der Basis globaler Vergleichsstudien kommt der Migrationsforscher Paul Collier daher zu dem Schluß: Je größer eine Auslandsgemeinde, umso schleppender verläuft die Integration in die Mehrheitsgesellschaft.[166]

Erwähnen wir noch eine fünfte Beobachtung, die gleichfalls kein Grund zur Beruhigung ist. Nicht einmal die neueste Flüchtlingswelle hat in den meisten europäischen Ländern zu dramatischen Verschiebungen geführt, doch bezüglich des Zustroms ist Deutschland seit 2009 ein Sonderfall.

Die chaotischen Vorgänge im Jahr 2015 harren noch der Aufarbeitung. Für 2016 sind aber einige Vergleichszahlen verfügbar.[167] Greifen wir im folgenden Daten vom Januar 2016 auf, als der Zustrom noch völlig ungebremst war, und vom April 2016, als die Schließung der Balkanroute und der Deal mit der Türkei zu einem drastischen Rückgang der Flüchtlingszahlen führte.

**Asylanträge im Januar 2016 in ausgewählten Ländern:**

Belgien (2840), Dänemark (1650), Deutschland (52 985), Frankreich (6120), Griechenland (1170), Italien (7500), Niederlande (2660), Österreich (5930), Polen (615), Schweden (4165), Spanien (1105), Ungarn (435), Vereinigtes Königreich (3710), Schweiz (3620), Australien (1370), Kanada (3393), Vereinigte Staaten (7681).

**Asylanträge im April 2016 in ausgewählten Ländern:**

Belgien (1300), Dänemark (396), Deutschland (60 915), Frankreich (6120), Italien (8130), Niederlande (1070), Österreich (4175), Schweden (2050), Spanien (1165), Ungarn (5810), Vereinigtes Königreich (3560), Schweiz (1745), Australien (1519), Kanada (2985), Vereinigte Staaten (9505).

Registriert sind vorerst nur formelle Asylanträge, was heißt, daß in Deutschland nach dem Kontrollverlust 2015 einige Hunderttausende bisher Unregistrierter noch in die regulären Asylverfahren aufgenommen werden müssen. Dennoch ist der Befund eindeutig: Das hybride Wachstum der Diaspora ist in erster Linie ein Problem Deutschlands. EU-Länder wie Frankreich, Italien, Griechenland, Polen, Spanien oder Großbritannien waren nur für maximal ein Zehntel der Migranten von Interesse, von den klassischen Einwanderungsländern Australien, Kanada oder USA ganz zu schweigen.

Da der Dschihadismus, wie eben diskutiert, schwierigste Sicherheitsfragen aufwirft, interessiert – sechstens – auch die Religionszugehörigkeit der Flüchtlinge, die 2015 in Deutschland Erstanträge auf Asyl gestellt haben. Die Gesamtzahl der vom EASY-System erfaßten Flüchtlinge liegt über einer Million, davon hatte das BAMF im Gesamtjahr erst 441 899 Flüchtlinge registriert. Von diesen waren 73 Prozent islamischer Religion und etwas mehr als zehn Prozent Christen, die meisten von diesen vom Balkan. Das BAMF hat errechnet, daß gegenwärtig zwischen 4,4 und 4,7 Millionen Muslime in Deutschland leben, davon sind seit 2011 rund 1,2 Millionen hinzugekommen. Schließen wir diesen kurzen Überblick auf das hybride Wachstum der Diaspora in Relation zu den Einheimischen – siebtens – mit den momentan vorliegenden Schätzungen zur künftigen Entwicklung ab. Diese offenbaren, wie die unerwartete Masseneinwanderung von 2015/16 alle Prognosen durcheinandergewirbelt hat. Die Schätzungen gehen von ganz unterschiedlichen Annahmen aus und kommen zu widersprüchlichen Ergebnissen, geben aber doch einige Aufschlüsse. Zwei der Berechnungen stammen vom Statistischen Bundesamt (StBamt) und vom Institut der Deutschen Wirtschaft (IW), eine weitere Modellrechnung hat Thilo Sarrazin erstellt.[168]

**Geschätzte Netto-Immigration (in Tausend; aufgerundet)**

|        | 2014 | 2015  | 2016 | 2017 | 2018 | 2019 | 2020 | langfristig |
|--------|------|-------|------|------|------|------|------|-------------|
| StBamt | 500  | 500   | 450  | 400  | 350  | 300  | 250  | 200         |
| IW     |      | 550   | 1 100| 851  | 693  | 540  | 424  | 344 | 218     |


**kumuliert 2014–2035**

| StBamt | 5 750 |
|--------|-------|
| IW     | 7 943 |

**durchschnittlich pro Jahr 2014–2035**

| StBamt | 273 810 |
|--------|---------|
| IW     | 378 265 |

Die Schwächen der amtlichen Bevölkerungsprognose des Statistischen Bundesamts sind vom Kölner Institut der deutschen Wirtschaft genüßlich aufgespießt worden. Das StBamt habe für das Jahr 2015 eine Nettozuwanderung von 500 000 Menschen angenommen. Tatsächlich seien aber 1,1 Millionen Flüchtlinge eingereist, zusätzlich dürften bis zu 400 000 nicht erfaßte Flüchtlinge im Lande leben.[169] Die Berechnungen des IW zeichnet also wohl eine größere Wirklichkeitsnähe aus, wenngleich vieles auch dort Vermutung bleiben muß.

   Thilo Sarrazin macht eine ganz andere Rechnung auf. Er zieht den hohen Sockelbetrag der bereits in Deutschland lebenden

Diaspora überhaupt nicht in Betracht, der sich Ende 2014, als der Zustrom noch ordentlich gezählt wurde, laut Ausländerzentralregister bereits auf 8 152 968 belief,[170] sondern konzentriert sich vielmehr – von den aktuellen Flüchtlingszahlen ausgehend – auf die voraussichtliche Entwicklung bis 2050. Dabei läßt er sich von der Annahme leiten, daß jede Jahrgangskohorte der Flüchtlinge durch eigene Kinder oder durch Familiennachzug um das Fünffache wächst. Entsprechend alarmierend ist der Befund seiner Modellrechnung.[171]

| Jährliche Flüchtlingszahl ab 2016 von | Gesamtzahl der Flüchtlingsbevölkerung in Deutschland einschließlich Familiennachzug und Kindern (in Mio.) | | | | |
|---|---|---|---|---|---|
| | 2020 | 2025 | 2030 | 2040 | 2050 |
| 1,0 | 9,4 | 22,6 | 40,8 | 89,0 | 134,0 |
| 0,5 | 5,9 | 13,1 | 22,8 | 45,5 | 70,0 |
| 0,2 | 3,8 | 7,4 | 12,0 | 22,6 | 32,6 |
| 0 | 2,4 | 3,6 | 4,8 | 6,0 | 6,0 |

Annahmen:
- Im Jahr 2015 sind 1,2 Mio. Flüchtlinge zugezogen.
- Für Familiennachzug und natürliche Vermehrung für diesen Jahrgang und für künftige Jahrgänge von Flüchtlingen setze ich einen Multiplikator von 5 an.
- Dieser Multiplikator braucht – bezogen auf den jeweiligen Einwanderungsjahrgang – zur vollen Entfaltung 20 Jahre und wächst linear an.
- Man kann zudem davon ausgehen, dass bei den Einwanderern die Kinderzahl zwar in der zweiten und dritten Generation sinkt, aber deutlich höher bleibt als bei den Deutschen.

Bei dieser Berechnung verläuft der Zuwachs der Ausländergemeinden viel rasanter als die vom IW oder gar vom StBamt angenommene Netto-Immigration. Selbst wenn die Flüchtlingszahl und die illegale Einwanderung auf jährlich 200 000 begrenzt würden – eine mehr als optimistische Annahme –, würde sich durch diesen moderaten Zuzug die Diaspora bis zum Jahr 2030 um satte 12 Millionen Flüchtlinge vermehren. Beliefe sich der Zuwachs auf jährlich 500 000 Flüchtlinge, wären es 2030 bereits fast doppelt so viele, nämlich knapp 23 Millionen.

Selbst wenn sich das Wachstum der Diaspora doch irgendwie bremsen läßt und der Zuwachs irgendwo zwischen den Zahlen des Kölner Instituts der deutschen Wirtschaft und den Berechnungen von Thilo Sarrazin liegt, fallen in den kommenden Jahren hohe Kosten für Unterbringung, Wohnungsbau, Bildung, Berufsqualifizierung, vor allem aber bei der Sozialhilfe für Arbeitslose, Kranke und Alte an. Mit vereinten Kräften mag es gelingen, einen Teil dieser neu hinzugekommenen Diaspora für den anspruchsvollen deutschen Arbeitsmarkt zu qualifizieren. Nach den bisherigen Erfahrungen sollten wir aber darauf gefaßt sein, daß ein erheblicher Teil dieser Migranten in der Sozialhilfe verbleiben wird. Auf der Grundlage langjähriger, europaweiter Erfahrungen mit den hohen Arbeitslosenzahlen in Ausländergemeinden hat Paul Scheffer bereits 2015 gefragt: »Woher nehmen wir eigentlich das Selbstvertrauen, daß es mit diesen neuen Flüchtlingen in den kommenden Jahren besser verlaufen wird? Eine realistische Einschätzung ist, daß die Mehrheit der neuen Flüchtlinge in den kommenden fünf bis zehn Jahren keine Arbeit finden wird.«[172]

Welche Berechnungen sich auch immer bewahrheiten mögen, viel spricht unter den gegenwärtigen Bedingungen für ein hybrides Wachstum der Diaspora. Die zahlenmäßigen Gewichte zwischen Einheimischen und Migranten haben sich bereits verschoben, und dieser Prozeß wird sich wohl rasant fortsetzen. Für die nach wie vor in den Ländern Europas dominierende Mehrheitsbevölkerung der Einheimischen wirft das nicht nur Organisationsfragen, Kostenfragen und Sicherheitsprobleme auf, sondern auch die Frage nach der Identität. Das gilt besonders für Deutschland, das infolge seiner Flüchtlingspolitik auf einen Sonderweg geraten ist, auf dem eine Umkehr mit jedem Schritt schwerer wird.

### Verschärfte Spannungen in der Europäischen Union

Wie wird sich die Europäische Union unter dem Druck der neuen Völkerwanderung weiterentwickeln? Die Unsicherheiten sind groß, präzise Prognosen kaum möglich. Die ohnehin schon starken Spannungen im europäischen Staatensystem werden sich wohl verschärfen. Noch ist offen, ob die dadurch ausgelösten Fliehkräfte stärker sein werden als der verzweifelte Mut, den externen Herausforderungen entschlossener zu begegnen als bisher.

Europaweit wächst die Erkenntnis, in einer bedrohlichen Welt zu leben, in der immer öfter unerwartet Gefahren auftauchen, auf die man schlecht vorbereitet ist: Schock der Finanzkrise vom Frühherbst 2008 mit den bis heute nicht bewältigten Auswirkungen, Schock der Eurokrise vom Frühjahr 2010, die im Sommer 2015 mühsam vertagt, aber noch nicht bewältigt wurde, Schock der Ukrainekrise von 2013, danach im Spätsommer und Herbst 2015 gleich zwei Schocks kurz hintereinander: der »Massenzustrom« von Flüchtlingen über die offenen Außengrenzen der EU und die dschihadistischen Mordanschläge (die Massaker vom 23. November 2015 in Paris, am 22. März 2016 in Brüssel, am 14. Juli in Nizza und die ferngesteuerten Attacken in Deutschland).

Eigentlich könnte dies die Stunde Europas sein. Die europäischen Gesellschaften realisieren erschrocken, daß ihre Zivilisation künftig einem starken Einwanderungsdruck ausgesetzt sein wird, dem mit gemeinsamem Schutz der EU-Außengrenze begegnet werden müßte. Wenn die Stabilisierung der Außengrenzen mit vereinten Kräften gelingt und von der EU eine vernünftigere Flüchtlingspolitik betrieben wird als bisher, wäre das ein wichtiges Signal zur Stärkung der Europäischen Union. Damit wäre bewiesen, daß diese in der Lage ist, die bisherige Schutzfunktion der Nationalstaaten zu übernehmen. Das gilt nicht zuletzt in bezug auf den Dschihad. Die offenen Gesellschaften Europas können dem von den Dschihadisten erklärten Terrorkrieg nur durch verstärkte europäische Zusammenarbeit der Sicherheitsdienste begegnen. Hier geschieht viel, wenngleich noch nicht genug. In diesem Punkt besteht zwischen den Regierungen immerhin Übereinstimmung. Auch die supranationale Integration der Volkswirtschaften ist so weit fortgeschritten, daß vom Interesse am Schutz des gemeinsamen Binnenmarkts ein weiterer gebieterischer Zwang ausgeht, allen Sicherheitsgefährdungen gemeinschaftlich zu begegnen.

Wie sich bisher gezeigt hat, geht jedoch von der urplötzlich einsetzenden Masseneinwanderung übers Asylrecht aus außer-

europäischen Regionen bis jetzt eher ein desintegrativer Effekt aus.
Noch viel deutlicher als bei der nur aufgeschobenen, doch nicht
gelösten Eurokrise mußten die Länder Europas angesichts der vielen Flüchtlinge erkennen, wie verschieden sie sind: Verschiedenheit
besteht

1.  hinsichtlich der geostrategischen Lage,
2.  hinsichtlich der Mentalitäten,
3.  hinsichtlich der Machtpotentiale,
4.  im Vertrauen auf die Institutionen der EU.

Daß eine Flüchtlingskrise von derartigem Ausmaß die geostrategischen Verschiedenheiten – Punkt eins unserer Zählung – schlagartig
beleuchtet, kann eigentlich niemanden erstaunen. In Deutschland,
Österreich und Schweden hat man sich über die Exponiertheit der
EU-Mitglieder an den maritimen Außengrenzen des Mittelmeers
und des Atlantiks (Italien, Griechenland, Malta, Zypern, genau besehen auch Frankreich, Spanien und Portugal) nie groß den Kopf
zerbrochen. Der Deutschland gegenüber recht kritisch eingestellte
irische Historiker Brendan Simms fragt sich beim Blick auf die vergangenen Jahrhunderte generell, »inwieweit die Deutschen überhaupt über ihren mitteleuropäischen Tellerrand hinauszuschauen
vermochten«.[173] Inzwischen ist die deutsche Öffentlichkeit aufge-
wacht. Nun wird man sich auch wieder der geostrategischen Gegebenheiten auf dem Balkan bewußt. Selbst daß sich bei einer Fluchtbewegung, deren letzte Kontingente über Dänemark nach dem
inzwischen multikulturellen schwedischen Malmö und nach Stock-
holm weiterziehen, längst vergessene geostrategische Bedingungen
des Ostseeraums wieder bemerkbar machen, muß von den des geostrategischen Denkens völlig entwöhnten Deutschen erstaunt zur
Kenntnis genommen werden.

Der »Massenzustrom«, verwenden wir nochmals die Terminologie der EU, hat Schockwellen in alle EU-Länder entsandt, auch in
jene, die von den Flüchtlingen nur marginal angesteuert werden –
Frankreich, Spanien, England, Irland, desgleichen Ostmitteleuropa

vom Baltikum über Polen bis zur Slowakei. Direkt konfrontiert mit der neuen Herausforderung ist bisher nur jene Gruppe von Staaten, die von Griechenland über den Balkan bis Österreich und Deutschland reicht (desgleichen von Italien nach Österreich und Deutschland) mit Ausläufern nach den Niederlanden und Belgien oder nach Skandinavien. Deutschland, die EU-Kommission und eine Mehrheit im Europäischen Parlament suchen die Flüchtlingsfrage aber weiterhin als Herausforderung an Europa zu definieren, was eben nur teilweise zutrifft.

Tatsächlich ist der Faktor Geographie von wesentlicher Bedeutung. Europa besteht aus rund 40 Staaten (28 EU-Länder und rund ein Dutzend weiterer, die nicht der EU angehören). Da ist es nicht erstaunlich, daß sich die vorerst nur marginal betroffenen Staaten in West- wie Südwesteuropa und ebenso in Osteuropa so gut wie möglich abzuschirmen suchen. Wie wichtig die geostrategischen Gegebenheiten sind, zeigt ferner die unter Führung Österreichs improvisierte Sperrung der Balkanroute und ebenso die für eine breitere Öffentlichkeit in Deutschland und Österreich verblüffende Entdeckung, daß die Türkei, ein mächtiger Staat an der Peripherie, das Spiel gegen Europa mit geostrategischem Kalkül bestimmt. Zu erwarten ist somit, daß die dramatischen Erfahrungen der eben durchschrittenen Krisenjahre im Gedächtnis bleiben. Österreich und die Balkanländer werden wohl nicht vergessen, daß man sich durch eigene Grenzschutzmaßnahmen schützen muß und – bei stillschweigender Unterstützung durch eine Mehrheit der EU-Regierungen – auch schützen kann. Die West- und Osteuropäer haben das ebenfalls verstanden.

Damit ist der zweite Aspekt angesprochen. Die Flüchtlingskrise hat in Erinnerung gerufen, wie stark sich die Mentalitäten in Europa unterscheiden. Schon die Eurokrise hatte die Verschiedenheit der Wirtschaftskulturen offenbart. Dem ließ sich noch mit technokratischen Aushilfen begegnen. Wenn sich da und dort grundsätzliche Zweifel an dem Projekt Europa regten, wurden sie mit dem Verweis auf die europäische Wertegemeinschaft überspielt. Erst die Flüchtlingskrise hat gezeigt, welche Sprengkraft die unterschiedlichen Mentalitäten in den einzelnen Mitgliedstaaten haben. Zunächst tanzten die exponierten Mittelmeeranrainer Italien und Griechenland aus der Reihe. Doch das gefährlichste Problemland war und ist Deutschland.

Ein besonders hohes Maß an Verschiedenheit in den Mentalitäten der einzelnen Länder hat sich somit gerade in jenen Fragen gezeigt, in denen es um das solidarische Selbstverständnis der EU, um das Selbstverständnis der Staaten und um die universelle Menschenrechtspolitik ging, kurz: um die stets so heftig beschworenen europäischen Werte.

Vor allem die lange Zeit tonangebenden Deutschen mußten erkennen, daß die Mitgliedsländer der Europäischen Union in bezug auf die grundlegenden Werte, die Gültigkeit haben sollen, verschieden ticken. Deutschland reagierte auf die Flüchtlingskrise mit einer aus menschenrechtlichen Überzeugungen gespeisten Willkommenskultur und setzte damit – ohne Rücksicht auf die Folgen für die gesamte EU – weitere Hunderttausende quer durch den Kontinent in Bewegung. Demgegenüber bekundeten die Osteuropäer und die Länder auf dem Balkan, daß der souveräne Nationalstaat für sie viel höhere Geltung hat als die EU mit ihrem Wunsch nach supranationalen Lösungen. Sie lehnten die Umverteilung großer Mengen von Flüchtlingen ab und unterstützten schließlich die resolute Grenzschließung gegen Griechenland. Auch England und Frankreich signalisierten am Pas de Calais, wie lästig ihnen diese paar Tausend aufsässigen Asylbewerber waren, Genfer Flüchtlingskonvention hin oder her. Italien und Griechenland demonstrierten ihre souveräne Mißachtung der EU-Rechtsvorschriften, indem sie die Flüchtlinge kurzerhand nach Norden durchwinkten. Deutschland schloß sich dem an, tolerierte ein halbes Jahr lang die Politik des Durchwinkens auf dem Balkan und leitete im Widerspruch zum Dublin-Übereinkommen Zehntausende von Flüchtlingen vielfach unregistriert nach den Niederlanden, England, Dänemark, Schweden und Finnland weiter. Die große Mehrheit der EU-Mitgliedsländer denkt überhaupt nicht daran, das Prinzip europäischer Solidarität durch Umverteilung großer Massen von Flüchtlingen zu akzeptieren. Mehr als nur symbolische Kontingente sind nicht durchzusetzen.

Ähnlich widersprüchliche Mentalitäten sind auch angesichts der dschihadistischen Bedrohung zu beobachten. Frankreich und England erklären, daß sich Europa in einem Krieg befindet. Die pazifistischen Deutschen bekreuzigen sich vor jeder kriegerischen Rhetorik und gehen gegen den »Islamischen Staat« in Syrien und im Irak nur mit zaghaften Militärmaßnahmen vor. Wer in der EU kann, duckt sich weg und läßt die beiden westeuropäischen großen Mächte und die USA die Kastanien aus dem Feuer holen. Fragt man sich somit besorgt, wie es mit der EU weitergehen wird, ist die Vermutung berechtigt, daß in der Dimension der nationalen Mentalitäten die Spannungen anhalten werden.

Man scheut sich fast eine weitere Verschiedenheit – Punkt drei – zu benennen, die in der Flüchtlingskrise ebenfalls offenkundig wurde: die Diskrepanz der staatlichen Machtpotentiale. Ungeachtet der quasi-staatlichen Zuständigkeiten der EU bleibt Europa eine Ansammlung großer, mittelgroßer und kleiner Staaten. Keine externe Bedrohung, in der dieser grundlegende Sachverhalt nicht deutlich wird, so auch gegenüber der aktuellen Völkerwanderung.

Ist von einer Asymmetrie der Machtpotentiale in der EU die Rede, denkt man zuerst – und nicht ganz zu Unrecht – an Deutschland. Die Ambivalenz deutscher Macht ist allbekannt. Einerseits ist diese ökonomische und geographische Zentralmacht Europas[174] für alle Länder der EU ein unentbehrlicher Partner. Ohne Deutschland hätte der immer noch gigantische Wirtschaftsraum der EU seit Jahren kaum Wachstum zu verzeichnen, die Eurokrise hätte nicht provisorisch überwunden werden können und die indirekte Finanzierung der überschuldeten Südländer Italien, Spanien, Portugal und Griechenland durch die Nullzinspolitik der EZB wäre unmöglich gewesen. Übermächtige, leicht arrogante Wohltäter waren aber noch nie gern gesehen. Zur Ambivalenz der deutschen Position gehört eben auch die beständige Sorge vor der deutschen Stärke.

Die Flüchtlingskrise hat dem einen neuen Aspekt hinzugefügt: die Arroganz moralischer Überlegenheit, juristisch legitimiert durch das Asylrecht der Europäischen Union. Man kann bloß darüber spekulieren, wann es noch rechtzeitig möglich gewesen wäre, die von Italien und Griechenland, später auch von Deutschland betriebene Strategie des Durchwinkens großer Flüchtlingsströme zu unterbinden. Daß es möglich gewesen wäre, hat die Sperrung der Balkanroute Anfang März 2016 bewiesen. Sicher ist: Nur dank seiner politisch und wirtschaftlich starken Position konnte Deutschlands die Strategie des Durchwinkens mehr als ein halbes Jahr lang durchhalten und das Chaos verstetigen. Ohne die Macht Deutschlands hätten sich die EU-Regierungen auch kaum bereit gefunden, der Türkei so weitgehend und so riskant entgegenzukommen. Nicht einmal das kurzzeitige Abklingen der illegalen Migration und die verschärfte dschihadistische Gefahr hat das starke Deutschland veranlaßt, wenigstens so lange, bis sich die Lage an der Außengrenze normalisiert hat, seine Grenzen im Süden lückenlos zu kontrollieren. Daß diese sture Weigerung eine Zumutung für die eigenen Bürger ist, bleibe unerörtert. Hier geht es nur um die Auswirkung auf den künftigen Zusammenhalt der EU. Die Prognose hat viel für sich, daß die meisten EU-Partner in der explosiven Flüchtlingsfrage so weit wie möglich zu Deutschland auf Distanz gehen werden. Das in diesem Zusammenhang gefallene Schlagwort »Isolierung« ist allerdings eine Übertreibung. Deutschland ist zu stark, seine Wirtschaft immer noch so dynamisch und seine geographische Lage so zentral, daß es weiterhin gebraucht wird. Doch Mißtrauen und Entfremdung werden wachsen. Dem Zusammenhalt der Mitgliedsländer wird das nicht bekommen, und deren Bereitschaft zu weiteren Souveränitätsverzichten wird nicht wachsen, ganz im Gegenteil.

Wie fatal sich die Fehlentscheidungen des Jahres 2015 ausgewirkt haben, ließ sich erkennen, als eine knappe Mehrheit der britischen Wähler am 23. Juni 2016 für den Brexit votierte. Die Wahlanalytiker sind ziemlich übereinstimmend der Meinung, daß die Einwanderungsfrage dabei ein wichtiger Faktor war. Vordergründig ging es vor allem um die Immigration von Osteuropäern ins Vereinigte Königreich. Doch auch die britische Gesellschaft ist eine Mediengesellschaft. Besorgte Engländer, denen schon beim Blick auf die polnischen Arbeiter nicht ganz wohl war, konnten vor dem Fernseher studieren, wie hilflos die EU auf die Völkerwanderung des Jahres 2015 reagierte und was man von einem zu engen Integrationsverbund mit pfiffigen Südländern, die Hunderttausende durchwinken, und wenig pfiffigen, aber sehr moralischen Deutschen zu erwarten hat. In den Flüchtlingslagern des Nahen Ostens und Afrikas wirkte die unüberlegte Berliner Flüchtlingspolitik als Pull-Faktor, in Großbritannien war sie wohl ein starker Push-Faktor, der dem Brexit-Lager jene ein oder zwei Millionen Wähler zugetrieben haben dürfte, ohne deren Besorgnis der für die EU so desaströse Sieg kaum möglich gewesen wäre.

Dies führt zu einem letzten Problem, mit dem künftig wohl zu rechnen sein wird: Das Vertrauen der Mitgliedstaaten in die Institutionen der EU ist durch die Flüchtlingskrise weiter beschädigt worden. Es wäre zu billig, das nur als Ausdruck von Nationalegoismus abzutun, obgleich dieser nicht abwesend ist. Wenn die supranationalen Institutionen mit dem Kontrollverlust nicht fertig werden, ist es jedoch nur folgerichtig, daß sich die Hoffnungen wieder stärker auf den eigenen Staat richten.

Auch auf diesem Feld hat sich gezeigt, daß das Schengen-System falsch konstruiert ist. Die europäische Öffentlichkeit ist sich heute über die Gründe dafür weitgehend im klaren. Offene Binnengrenzen lassen sich nur dann auf die Dauer rechtfertigen, wenn die Außengrenzen so zuverlässig gesichert sind wie einst die Staatsgrenzen der Mitgliedsländer. Doch weder die ziemlich einfallslose EU-Kommission noch die maßgeblichen Mitgliedstaaten haben bisher überzeugende Reformvorschläge präsentieren wollen oder können. Daß das fehlkonstruierte Flüchtlingsrecht zur Machtlosigkeit gegenüber der neuen Völkerwanderung wesentlich beiträgt, ist inzwischen kein Geheimnis mehr. Die Spitzenpolitiker sind hinlänglich über die mißliche Rechtslage unterrichtet. Doch die Barrieren, die einer Reform im Wege stehen, sind hoch. Der Leidensdruck muß wohl noch zunehmen. Grenzschutz und Ausländerrecht gehören offenbar zu jenen wichtigen Elementen der Souveränität, deren ziemlich weitgehende Übertragung an die Europäische Union keine guten Ergebnisse erbracht hat. Umso hartnäckiger werden die Staaten an den ihnen noch verbliebenen Hoheitsrechten in der Ausländer- und Asylpolitik festhalten. Die Erfahrung lehrt, daß man beim Versagen der supranationalen Institutionen notfalls darauf zurückgreifen kann, aber auch zurückgreifen muß.

Im März 2016 ist die Eindämmung der Flüchtlingsströme nur deshalb gelungen, weil Österreich und die Balkanländer nördlich von Griechenland kraft eigener Souveränität die Grenzen geschlossen haben. Die skandinavischen Länder arbeiten gleichfalls wieder mit diesem Hausmittel aus der Epoche der souveränen Nationalstaaten. England und Irland verfügen ohnehin über ein vorsorglich ausgehandeltes Opt-out. Ob und wann die deutsche Bundesregierung ihre Abkehr von dem Dublin-Übereinkommen beenden wird und die Notwendigkeit der Kontrolle an den eigenen Landesgrenzen wieder entdeckt, ist ungewiß. Erst dann wäre eine realistische Reform der mißglückten EU-Regelungen zum Grenzschutz und zum Ausländerrecht oder wenigstens eine autoritative Neuinterpretation der Verträge möglich. Bis es soweit ist, muß die EU weiterwursteln wie bisher.

Die Spannungen dürften zunehmen, doch ist wohl nicht zu befürchten, daß die EU aus diesem Grund zerbricht. Wer optimistisch ist, setzt ohnehin auf die menschliche Vernunft und vertraut auf eine Reform des in den ersten Jahren des 21. Jahrhunderts leichtfertig überlasteten EU-Systems. An einer Neujustierung des Verhältnisses zwischen dem supranationalen EU-System und den demokratischen Staaten in Sachen Grenzschutz und Ausländerrecht wird früher oder später kein Weg vorbeiführen.

### Polarisierung: Die Ethik des Universalismus und das Ethos des demokratischen Staates

Die neue Völkerwanderung hat nicht nur die Institutionen der EU auf den Prüfstand gestellt. Die Erschütterung geht tiefer. Tatsächlich erfaßt die Verunsicherung auch die sozialethischen Überzeugungen,

auf denen die Europäische Union ebenso beruht wie jene 28 Demokratien, aus denen die Brüsseler Entscheidungsgremien in erster
Linie ihre Legitimation und ihre politische Kraft beziehen.

Verkehrt wäre es, den Blick allein auf die Deutschen zu richten,
die aufgrund ihrer sozialmoralischen Überzeugungen heute der
größte Problemfall in der EU sind. Tatsache ist: Die Europäische
Union als Ganze hat sich auf eine Quasi-Verfassung eingelassen,
deren universalistische Garantien weit über alles hinausgehen, was
sich die außereuropäischen Demokratien jemals zugetraut haben.
Diese Hybris beginnt sich nun zu rächen.

Die Demontage des nationalen Grenzschutzes und die Übertragung des damit verbundenen Ausländerrechts an die Europäische
Union hat sich in einer geschichtlich einmaligen Situation vollzogen. Nach Abschluß der Dekolonisierung in den 1970er Jahren
war die sogenannte Dritte Welt einer wohlmeinenden Öffentlichkeit primär ein Objekt für barmherziges Mitgefühl, praktische Hilfe
und humanitäre Interventionsbereitschaft erschienen, was allerdings
Ausbeutung im privaten wie öffentlichen Interesse nicht ausschloß.
In dieser Lage ließen sich selbst die abgestiegenen Weltmächte Großbritannien und Frankreich, die nur noch die Rolle von Vormächten
in der EU spielen konnten, davon überzeugen, daß die Vertiefung
und Erweiterung des Zusammenschlusses in Europa auch in den an
und für sich sensitiven Fragen der Grenzkontrolle und des Ausländerrechts von Nutzen sei. Die domestizierten Deutschen lebten mit
ihren Erwartungen in der Hoffnung auf einen Quasi-Bundesstaat in
Europa ohnehin schon längst auf einem anderen Stern. Die der so-
wjetischen Vorherrschaft entronnenen Ostmitteleuropäer sowie die
Führungsschichten auf dem Balkan versprachen sich von einer EU-
Mitgliedschaft so viele Vorteile, daß sie bei der Unterschrift unter
die Europäischen Verträge nicht darauf achteten, welche Fern-
wirkungen sich aus den mehr als großzügigen Flüchtlingsartikeln
ergeben könnten.

Europa erlebte jetzt eine Reihe sorgenloser Jahre. Die Gefahren
für die Sicherheit des Kontinents lagen weit jenseits des Horizonts.
Das frühe 21. Jahrhundert wurde zu einer Epoche des Idealismus.

Die Zeit schien gekommen, die im europäischen Ideenhimmel seit dem späten 18. Jahrhundert vagabundierenden Ideen eines humanitären Universalismus in allen Staaten der Europäischen Union für verbindlich zu erklären. In den Verfassungen der europäischen Demokratien hatte man auf universelle Menschenrechte, wie immer diese philosophisch oder theologisch auch begründet wurden, stets gern Bezug genommen – von religiösen oder säkularisierten Glaubensüberzeugungen getragen, legitimierend, erhebend und für Verfassungs- wie Völkerrechtler ein Ansporn zu einer ebenso wohlgemeinten wie uferlosen konstruktivistischen Fortentwicklung.

Die Tendenz zur konstruktivistischen Ausgestaltung der universellen Menschenrechte hat sich in der Europäischen Union durchgesetzt. Welchen Werten sich die Staaten der EU verpflichtet wissen, haben sie in einer umfassenden Präambel zum heute rechtsverbindlichen Vertrag über die Europäische Union (EUV) bekundet. Dort werden »die unverletzlichen und unveräußerlichen Rechte des Menschen sowie Freiheit, Demokratie, Gleichheit und Rechtsstaatlichkeit« als »universelle Werte« bezeichnet. Daß dies mehr ist als eine schön klingende, aber unverbindliche Deklamation, bekunden die folgenden 55 Artikel in Verbindung mit weiteren 358 Artikeln des Vertrags über die Arbeitsweise der Europäischen Union (AEUV). Nach Ausweis ihres Flüchtlingsrechts begreift sich die EU nicht bloß als Garantin der Bürgerrechte in den Unterzeichnerstaaten. Sie geht noch viel weiter: Ihre menschenrechtliche Verpflichtung auf »universelle Werte« eröffnet jedem einzelnen Menschen im weiten Erdenrund, der sich in seinen Menschenrechten bedroht fühlt, das Recht auf Ingangsetzung eines Asylverfahrens, sobald er das Territorium eines EU-Landes erreicht hat.

Bekanntlich hat die politisch-moralische Denkfigur universeller Menschenrechte eine lange Entwicklungsgeschichte durchlaufen, die hier nicht einmal in Ansätzen erzählt werden kann.[175] In vielen Verfassungsstaaten diente und dient die Berufung auf ein universelles Naturrecht vor allem der Begründung unveräußerlicher Bürgerrechte, die selbst der demokratische Staat nicht antasten darf. Die territorialstaatlich organisierte Demokratie und die universell legitimierten Bürgerrechte stehen in einem Verhältnis dialektischer Zuordnung. Nach diesem Verständnis ist die idealistische Wertvorstellung – »Menschenrechte«, »Menschenwürde« – universell, die Konkretisierung indessen partikulär, sprich: auf den jeweiligen demokratischen Staat bezogen.

Während der zweiten Hälfte des vergangenen Jahrhunderts hat sich im Völkerrecht und parallel dazu auch im Staatsrecht eine starke Tendenz gezeigt, die Menschenrechte im europäischen beziehungsweise westlichen Verständnis universell zu konkretisieren. Geht man von der Annahme aus, daß jedes Individuum der Weltgesellschaft mit unveräußerlichen und unantastbaren Menschenrechten ausgestattet ist, dann liegt es in der Logik des Gedankengangs, jenen Menschenbrüdern und -schwestern, die sich inhumaner Unterdrückung oder Verfolgung durch Drittstaaten entzogen haben, ein mehr oder weniger weitgehendes Asylrecht zu gewähren – und zwar ganz unabhängig von ihrer Nationalität, ihrer ethnischen und kulturellen Herkunft, ihrem Familienstand und ihrer Bedürftigkeit. Aus solchen Überlegungen ist das europäische Asylrecht entstanden.

Asyl kann allerdings sozusagen paternalistisch gewährt werden, sprich: Der Asyl gewährende Staat legt Aufnahmebedingungen, Unterhaltsverpflichtungen und die Beendigung der Asylgewährung fest, er definiert also, wie weit sein Mitleid reicht und wann er sich der Asylanten wieder entledigt. Es ist aber auch ein sehr viel weiter gehendes Verständnis von Asylrecht denkbar, das von den Bedürfnissen und Wünschen der Asylbewerber ausgeht, die über unantastbare Menschenrechte verfügen. Der Aufnahmestaat stellt ihnen dann individuelle Schutzrechte in Aussicht und verpflichtet sich jedermann gegenüber, der unterdrückt und verfolgt ist oder dies auch nur vorgibt, seine Ansprüche in rechtsstaatlich korrekten Verfahren zu überprüfen. Die Ausdehnung der Schutzverpflichtung auf Kriegs- und Bürgerkriegsflüchtlinge liegt gleichfalls in der Logik eines Gedankengangs, der von den Interessen der Opfer von Verfolgung oder von gewaltsamen Konflikten ausgeht. Somit zeigten sich die Staaten der EU bereit, allen Menschen, wo immer sie lebten oder aus welchem Staat sie auch kamen, das individuelle Recht zu garantieren, sich

gewissermaßen via Asylbestimmungen in die Europäische Union ein-
zuklagen, um sich daselbst vorläufig oder auf Dauer niederzulassen.
Keine Demokratie außerhalb Europas hat sich je zu so weitreichenden Garantien verpflichtet. Viele in Europa und besonders in
Deutschland betrachten das als feierliche Verpflichtung, die sich aus
der Idee universeller Menschenrechte zwingend ergibt. Andere sehen
darin eine erstaunlich unvorsichtige Überdehnung des Gedankens
universeller Menschenrechte.

Die Doktrin der Fernstenliebe ist im Europäischen Verfassungsvertrag und nach dessen Scheitern in den heute gültigen Verträgen
von Lissabon feierlich – juristisch sozusagen bombenfest – verankert
worden. Daß gegenwärtig einige Milliarden Menschen mit dem Individualrecht ausgestattet sind, in der EU ein sorgfältig zu prüfendes
Asylverfahren in Gang zu setzen, ist zwar absurd, beruht aber auf
felsenfesten ethischen Überzeugungen. Die Asylsysteme sind auf ein
barmherziges Asylrecht eingerichtet, das durch das individuelle
Schicksal der Bedrohten legitimiert ist. Aber dieses in Schönwetterzeiten vereinbarte Asylrecht erweist sich als unpraktikabel, wenn
plötzlich Millionen dieses Recht in Anspruch nehmen. Es setzt die
aufnehmenden Gesellschaften unter Streß, droht die EU zu zerreißen
und in letzter Konsequenz aus den Staaten Europas ein Vielvölker-
gemisch von autochthonen Europäern, Zugewanderten aus dem Maghreb bis Afghanistan und afrikanischen Wirtschaftsflüchtlingen zu
machen. Noch stellen die Regierungen der EU die sozialmoralischen
Vorschriften der Europäischen Verträge nicht offen in Frage, doch sie
bemühen sich, durch eine Vielzahl von Maßnahmen deren Auswirkungen für das eigene Land erträglich zu gestalten. Seit Herbst 2015
läßt sich gut beobachten, wie die meisten europäischen Demokratien
sich wieder mehr auf die sozialmoralische Legitimation des eigenen
Nationalstaats besinnen. Wer anders als der überheblich für obsolet
erklärte demokratische Nationalstaat, so fragen nun viele, könnte
angesichts einer rasanten Einwanderung via Asylrecht und beim Versagen der EU vorerst wieder die Grenzen kontrollieren, für ein Minimum an Ordnung und Sicherheit sorgen, vernünftige Einreise-
und Aufnahmebedingungen festlegen und über Obergrenzen der

Belastung befinden? Ganz zwangsläufig wird dabei das außerhalb Deutschlands nie verabschiedete Konzept des nationalen Interesses reaktiviert.

Nationales Interesse ist bekanntlich kein unumstrittener Begriff, auch in der Wissenschaft nicht. Was als nationales Interesse zu gelten habe, wurde schon in jenen Jahrzehnten subjektiv interpretiert, als der Souveränitätsgedanke noch unangefochten in Kraft war. Wie die universellen Menschenrechte unterliegt eben auch das nationale Interesse dem historischen Wandel und ist beeinflußt vom jeweils vorherrschenden Zeitgeist. Kernpunkte der Interessenlehre sind bei Vertretern der realistischen Denkschule aber ziemlich unumstritten. Gottfried-Karl Kindermann beispielsweise, in der zweiten Hälfte des vergangenen Jahrhunderts einer ihrer maßgeblichen deutschen Theoretiker, hat bezüglich des nationalen Interesses an erster Stelle das »Selbsterhaltungsinteresse« genannt.[176] »Wohlergehen der Nation«, »Bewahrung der politischen Doktrin«, »Erhaltung der nationalen Lebensart« – so hat der seinerzeit gleichfalls renommierte britische Politologe Joseph Frankel unter Bezugnahme auf die realistische Schule in den USA die primären Ziele des Staates umschrieben, obgleich er sich der Einschränkungen durch die Sachzwänge globaler Interdependenz voll bewußt war.[177] Ähnlich Christian Hacke, führender Exponent der realistischen Schule in den Anfängen des 21. Jahrhunderts, als sich die heutigen Turbulenzen schon deutlich abzeichneten: »Die Staatenwelt ist nicht auf dem Weg zur schönen neuen Gesellschaftswelt, sondern geteilt in solche Staaten, die ihr Territorium und ihre Bürger sichern können, und in solche, die schwach und korrupt am Rande der Auflösung taumeln.« Auch Exponenten der heutigen Interdependenztheorie wie Wilfried von Bredow und Thomas Jäger, die für das Erfordernis internationaler Regime und für die Europäische Union viel Verständnis aufbringen, warnen vor einer Unterschätzung der fortdauernden Bedeutung der Staaten.[178]

Unter dem Druck der neuen Völkerwanderung und aufgrund der jetzt dramatisch enthüllten Konstruktionsfehler der EU spricht jedenfalls viel dafür, bei der Flüchtlingspolitik stärker als bisher das nationale Interesse zu bedenken. Vernünftigerweise plädieren die meisten Befürworter nationaler Notstandsmaßnahmen dafür, daß die Flüchtlingspolitik weiterhin im Rahmen der EU organisiert werden müsse, wenngleich anders als bisher. Denn immer noch ist die Hoffnung groß, die Europäische Union könne die Intelligenz, den Mut und die Kraft zur überfälligen Kontrolle der EU-Außengrenzen aufbringen. Ob, wann und wie das geschieht, steht allerdings in den Sternen. Jedenfalls beginnt sich eine breite Öffentlichkeit wieder in Erinnerung zu rufen, daß es zu den klassischen Aufgaben des Staates gehört, die eigenen Grenzen zu schützen und die Sicherheit innerhalb dieser Grenzen zu gewährleisten, um die Erhaltung der eigenen Lebensart besorgt zu sein und sich in erster Linie um die Wohlfahrt der eigenen Bürger zu kümmern.

Am wenigsten Probleme mit dem Rekurs auf das nationale Interesse ihrer demokratisch verfaßten Gesellschaften haben die jungen Demokratien Mitteleuropas, Ostmitteleuropas und auf dem Balkan. Polen, Esten, Letten, Litauer, Tschechen und Slowaken, Ungarn, Ukrainer, Slowenen und Kroaten haben sich, beflügelt von ihrem mehr oder weniger glühendem Nationalgefühl, aus den Völkergefängnissen der Sowjetunion und Jugoslawiens befreit. Beim Beitritt zur EU haben sie ihren genuinen Nationalismus, wie rein oder unrein er auch sein mag, nicht an der Garderobe abgegeben, doch immerhin – mehr unwillig als willig – ihren jeweiligen ethnischen Minderheiten Minderheitsrechte zugebilligt.

Auch im westlichen Europa sind residuale nationale Komponenten der demokratischen Staatlichkeit noch lebendig. Durch lange Gewöhnung an die europäische Integration zwar sichtlich geschwächt, legitimieren sie in Krisensituationen aber noch immer den Willen zur Selbstbehauptung. Frankreich reaktiviert seine republikanischen Traditionen, die kriegerischer Beimischungen nicht entbehren, dies vermischt mit Residuen des Stolzes auf eine *Grande Nation*, die sich insgeheim weiterhin zur Führung in Kontinentaleuropa berufen fühlt. Auch in Großbritannien, das sich mit dem Brexit aus der Umklammerung durch die EU gelöst hat, besteht man immer noch auf der seit Jahrhunderten tief verankerten Parlamentssouveränität, neuerdings durch das Institut von Referenden ergänzt. Spanien hält sich abseits. Italien und Griechenland verzichten auf anspruchsvolle sozial-moralische Legitimation beim Rekurs auf die nationalen Interessen und schummeln sich lieber ohne große theoretische Klimmzüge durch. Finnland, Dänemark und sogar Schweden drehen seufzend bei.

Überall beginnt die notgedrungene Wiederentdeckung der Ordnungsfunktion und der Schutzpflicht des demokratisch legitimierten Staates jene sozial-moralischen Prinzipien zu relativieren, die der Verfassungsordnung der Europäischen Union zugrunde liegen. Die Fragen lassen sich nicht mehr ganz verdrängen, ob der Glaube an ein durch asylrechtliche Garantien bewehrtes Fundament universeller Grundwerte vielleicht doch illusionär war. Noch ist Europa nicht in zwei Lager zerfallen, deren eines weiterhin am Primat des von der EU normierten universalistischen Menschenrechtskodex festhält, während das andere wieder stärker die Verantwortung des demokratischen Staates für Ordnung und Sicherheit hervorhebt. Die Meinungsverschiedenheiten gehen quer durch die Länder der EU. Mehr noch: Millionen nachdenklicher Individuen hat die quasi über Nacht hereingebrochene Flüchtlingskrise spüren lassen, wie der Widerspruch zwischen humanitärer Hilfsbereitschaft und Staatsräson sozusagen das eigene Herz zerreißt.

Zu dem, was zu verarbeiten ist, gehört auch die Einsicht, daß über die grundlegenden sozialmoralischen Überzeugungen im demokratischen Europa kein Konsens herrscht. Pluralismus in den für postnational erklärten modernen europäischen Demokratien bedeutet nicht allein Pluralität der Meinungen, der materiellen Interessen und der Statusinteressen, der wirtschaftlichen Ordnungsformen, der Erziehungskonzepte, des Familienverständnisses und der außenpolitischen Präferenzen. Zu den fundamentalen Überzeugungen gehören auch die nationalen respektive universellen Präferenzen. Diese stehen nicht außerhalb des Meinungsstreits, sondern mittendrin, und das ist durchaus legitim.

Die Polarisierung der Öffentlichkeit durch die neue Völkerwanderung ist deshalb so tiefgreifend und zunehmend so unversöhnlich, weil hier Überzeugungen aufeinanderprallen, die in ruhigen Zeiten Kompromisse erlauben, zwischen denen aber im Notstandsfall (oder im Kriegsfall) eine Priorität festgelegt werden muß. Man übertreibt nicht mit der Feststellung, daß diesen Grundüberzeugungen schwer miteinander zu vereinbarende sozialethische Glaubensüberzeugungen zugrunde liegen, eine Ethik des humanitären Universalismus einerseits, das Ethos des demokratischen Verfassungsstaats andererseits, der vorrangig den Bürgerrechten und dem Schutz seiner eigenen Staatsbürger verpflichtet ist.

Angesichts der neuen Völkerwanderung, so sehen das viele, widerspricht die Verpflichtung zur Aufnahme großer Mengen schwer assimilierbarer Flüchtlinge aufgrund nicht mehr zeitgemäßer Normierungen des Europäischen Rechts, des Spruchs internationaler Richter oder anderer hoher Gerichtshöfe dem elementaren Wunsch der jeweiligen Staatsnationen, über diese existentiell wichtige Frage wenigstens mitzuentscheiden. Mit dieser Thematik haben alle Staaten in der EU zu ringen. Im Kreis der großen europäischen Demokratien waren es lange die für Idealismen notorisch anfälligen Deutschen, die parteiübergreifend und vorbehaltlos die wenigen Residuen der Staatsräson durch eine universalistische Sozialmoral ersetzt sehen wollten. Freudig und zuversichtlich drängten sie sich in die erste Reihe, als es vor zwanzig und dreißig Jahren darum ging, die Prinzipien ihres demokratischen Staates in der verfassungsgeschichtlichen Asservatenkammer abzugeben. Der hohe Rang, der seither dem Flüchtlingsrecht zugesprochen wird, ist nur eines von vielen Symptomen einer inzwischen tief verwurzelten liberal-humanitären Mentalität, die sympathisch ist, aber auch unvorhergesehene Risiken und Nebenwirkungen zur Folge hat, wie heute zu besichtigen.

Genau besehen hatte auch die Bundesrepublik ein halbes Jahrhundert lang als eigenständige Demokratie funktioniert, nach dem Ende der westalliierten Besatzungsherrschaft im Jahr 1955 sogar mit souveräner Staatlichkeit ausgestattet. Damit war sie infolge der deutschen Teilung zwar kein Nationalstaat, wohl aber ein souveräner Staat. An dieser Rechtslage hatte das Fortbestehen der Viermächteverantwortung in Sachen »Deutschland als Ganzes« nichts Grundlegendes geändert. Der demokratische Staat – das war der originäre Staat des Grundgesetzes, wie er fast ein halbes Jahrhundert hindurch florierte. Die Bundesrepublik war stolz darauf, ihre Verfassungsordnung zur Musterdemokratie auszugestalten: ein dem deutschen Verfassungsdenken gemäßes, westlichen Werten verpflichtetes und von eigenen Richtern überwachtes Grundrechtssystem, volksverantwortliche Regierungen des Bundes und der Länder, eigenverantwortliche Wirtschafts- und Währungspolitik, selbständige Außen-, Sicherheits- und Europapolitik, doch auch: ein eigenes Ausländerrecht. Wie in den benachbarten europäischen Demokratien war die bundesrepublikanische Souveränität alles andere als faktisch uneingeschränkt, sondern vielfach in die Bündnissysteme und in die globalen wie europäischen Ordnungssysteme eingebettet. Dabei wurde dem Völkerrecht auch in der Bundesrepublik ein hoher Rang zugebilligt. Artikel 25 des Grundgesetzes hielt die Verfassungsorgane dazu an, »den allgemeinen Regeln des Völkerrechts Vorrang vor den Gesetzen zu geben«, und in der Präambel zum Grundgesetz bekannte sich die Bundesrepublik dazu, »in einem vereinten Europa dem Frieden der Welt zu dienen«. Doch das war eine Zielvorstellung, deren praktische Ausgestaltung völlig offen blieb.

Unübersehbar verpflichtete der Verfassungsgeber die höchsten Amtsträger jedoch auf die deutschen Interessen. Nach der aus der Weimarer Reichsverfassung übernommenen Eidesformel in Artikel 56 des Grundgesetzes (auch dies ein Indiz für den Willen zur staatlichen Kontinuität) sollen sie ihre Kraft »dem Wohle des deutschen Volkes widmen, seinen Nutzen mehren, Schaden von ihm wenden und die Gesetze des Bundes wahren und verteidigen«. Ob das Objekt dieses demokratischen Selbstverständnisses, wie es außerhalb Deutschlands semantisch gängige Praxis ist, als Nationalstaat bezeichnet wird oder ob man, wie es den Deutschen besser schmeckt, schlicht und einfach vom demokratischen Verfassungsstaat spricht, ist zweitrangig. Entscheidend ist, daß sich dieses Staatskonzept auch im deutschen Fall unauflöslich mit dem Verfassungsgrundsatz der Volkssouveränität verbunden hatte und damit auch auf den Schutz des eigenen Staatsvolks ausgerichtet war.

Dieses Selbstverständnis hat sich inzwischen im Mehr-Ebenen-System der Europäischen Union stark verändert. Großen Teilen der heutigen politischen Klasse, das Spitzenpersonal inbegriffen, aber auch vielen engagierten Bürgern sind diese eben skizzierten Selbstverständlichkeiten des einstmaligen demokratischen Verfassungsstaats Bundesrepublik Deutschland nicht mehr so recht präsent. Wahrscheinlich haben wir es mit der Mentalität einer neuen Generation zu tun. Wer sich bereits ein Vierteljahrhundert lang an das stark fremdbestimmte Regieren im Mehr-Ebenen-System der EU gewöhnt hat, tut sich schwer mit der Erinnerung daran, daß die Bundesrepublik den größten Teil ihrer Geschichte als prinzipiell selbstbestimmte Demokratie durchschritten hat und gut damit gefahren ist.

Erst heute, da das Land ganz unerwartet in eine Lage geraten ist, aus der eine Bestandskrise zu werden droht, beginnt man sich selbst im demonstrativ multikulturellen, multireligiösen und postnationalen Deutschland zögernd und eigentlich ganz unwillig an gewisse elementare Merkmale eines demokratischen Staates zu erinnern. Niemand steigt zweimal in denselben Fluß. Noch ist nicht absehbar, wie die allfällige Neujustierung beim Verhältnis zur EU und ihren Mitgliedstaaten letztlich ausfallen wird. In Berlin und in Brüssel wehren sich viele erbittert gegen die Erkenntnis, daß die raue Wirklichkeit der neuen Völkerwanderung den quasi monotheistischen Anspruch der universalistischen Ethik in Frage stellt.

Anders als in den meisten Nachbarländern der Europäischen Union hat die Gesinnungsethik in Deutschland immer noch Hochkonjunktur. Nüchterne Verantwortungsethik, bei der auch die Konsequenzen absolut gesetzter Humanitätspostulate in die moralischen Bewertungen eingehen, steht nicht hoch im Kurs. Verabscheut wird, wer darauf aufmerksam macht, daß sich Staaten in existenzgefährdenden Krisenlagen nicht selten mit moralisch unlösbaren Widersprüchen konfrontiert sehen und diese zugunsten der eigenen Sicherheit auflösen müssen. Doch derartige sozialmoralische Verdammung läßt sich in der Geschichte Europas periodisch beobachten. »Es gibt heute«, hat der bedeutende, heute fast vergessene Ökonom und

Soziologe Vilfredo Pareto in den Stürmen des frühen 20. Jahrhunderts geschrieben, »eine humanitäre Religion, die den Gedankenausdruck der Menschen reguliert, und wenn sich zufällig einer dem entzieht, dann erscheint er als Ungeheuer, wie wenn jemand im Mittelalter als Ungeheuer erschienen wäre, der die Göttlichkeit Jesu geleugnet hätte«.[179] Wie man sieht, hat die heutige sozialmoralische Korrektheit eine Vorgeschichte. Noch ist die Lage allerdings nicht so kritisch wie in den Wochen der Revolution und des deutschen Zusammenbruchs im Winter 1918/19, als Max Weber vor der Münchener Studentenschaft den Befürwortern einer abgehobenen, säkularisierten Gesinnungsethik zurief: »Sie hätten besser getan, die Brüderlichkeit schlicht und einfach von Mensch zu Mensch zu pflegen.«[180]

Wenn die Europäische Gemeinschaft in der Flüchtlingspolitik und beim Schutz der EU-Außengrenzen nicht die Kraft zur durchgreifenden Reform aufbringt, wird die Polarisierung auch in Deutschland zunehmen. Krisen bringen es nun einmal mit sich, daß in den Extrempositionen des politischen Spektrums die Narren auf den Tischen tanzen: einerseits die Wiedergänger atavistischer völkischer Verirrungen, andererseits die gesinnungsethischen Befürworter uneingeschränkter Masseneinwanderung via Asyl, mit denen auch kein Staat zu machen ist. Aber selbst der Streit zwischen denen, die auf eine gemäßigte Ethik des Universalismus schwören und jenen, die sich im Krisenfall zum Ethos des demokratischen Verfassungsstaats bekennen, wird heftig sein. In normalen Zeiten lassen sich zwischen beiden Positionen vermittelnde Lösungen finden, in der Bestandskrise setzt sich wohl die eine oder die andere sozialmoralische Gruppierung durch – so oder anders mit weitreichenden Folgen.

Im heutigen Europa wird jedenfalls nicht nur um die Lösung des sehr schwer lösbaren Problems gerungen, wie in der EU ein Containment der neuen Völkerwanderung gelingen könnte, ohne daß dabei die humanitäre Barmherzigkeit vergessen wird. Es ist wohl schon so, daß – mit Max Weber zu sprechen – »die verschiedenen Wertordnungen der Welt in unauflöslichem Kampf untereinander stehen«.[181]

Wahrscheinlich wird sich die Polarisierung noch verstärken, weil das Ethos des demokratischen Nationalstaats bei unseren Nachbarn in der Europäischen Union noch fester verwurzelt ist als bei den grenzenlos humanitären, pazifistischen und legalistischen Deutschen, die vielfach – geben wir nochmals Max Weber das Wort – zur ohnmächtigen »Verbitterung« oder zum »Banausentum« oder einfach zum stumpfem Hinnehmen der Welt disponiert sind.[182] Möglicherweise muß Deutschland von den realistischeren europäischen Nachbarn zur Räson gebracht werden – Ende offen. Die Polarisierung hat wohl erst begonnen.

### Parteiensysteme unter Streß

Eines der wichtigsten Merkmale der zeitgenössischen europäischen Parteiensysteme war der europäische Konsens. Daß mehr als zwei Dutzend souveräner Staaten durch Souveränitätsübertragung einen supranationalen Quasi-Staat errichtet haben, ist weltgeschichtlich einmalig. Das war nur möglich, weil sich im Parteienspektrum stabile Mehrheiten gefunden hatten, die dieses Großexperiment mit festem Willen vorantrieben. Ungeachtet ihrer ansonsten mehr oder weniger gravierenden Differenzen haben liberal-konservative, christlich-demokratische, liberale, sozialdemokratische, grüne und moderat sozialistische Parteien so die Europäische Union ermöglicht. Dabei fehlte es nie an Opposition gegen die Europäisierung – Opposition von rechten und linken Parteien, innerparteiliche Opposition, Opposition in ad hoc organisierten Referendumskampagnen. Doch sie blieb letzten Endes erfolglos und wurde meistens marginalisiert.

Die Gründe sind bekannt, weshalb seit der Zäsur im Jahr 2008 der Weizen der euroskeptischen oder offen EU-feindlichen Rechts- und Linkspopulisten blüht. Jedermann kann die Herausforderungen der zweiten Dekade des 21. Jahrhunderts herunterbeten: Globalisierungsdruck auf die Volkswirtschaften mit dem Erstarken der Wachstumsregionen in Asien, Entfremdung Amerikas, Konflikte mit Putins Rußland und mit Erdogans Türkei, Ausbreitung der Chaosregionen im muslimischen Krisenbogen und rund ums Mittelmeer, frecher Alleinseligmachungsanspruch dschihadistischer Gotteskrieger, Friktionen im überlasteten Mehr-Ebenen-System der Europäischen Union, Eurokrise, damit verbunden im Innern der EU-Mitgliedstaaten Überschuldung der Staatshaushalte, die Gefahr einer Unfinanzierbarkeit der sozialen Sicherungssysteme, Zerfall der Öffentlichkeit in ein Konglomerat unverbundener Subkulturen, gleichzeitig sich vollziehende Entchristlichung und Krise des Laizismus sowie Erosion der bisherigen Parteimilieus, alarmierende Überalterung, politisch gewollte Auflösung der traditionellen Familie, Korruption, Ausbreitung der individuellen oder organisierten Kriminalität und ein gutes Dutzend weiterer schwierigster Probleme.

Es wäre ein Wunder, würden unter derart verworrenen Bedingungen radikale oppositionelle Strömungen keinen Zulauf verzeichnen. Kaum ein Land in der Europäischen Union, in dem nicht rechts- wie linkspopulistische Parteien und Bewegungen auftreten, die in der EU nicht die Lösung sehen, sondern eher das Hauptproblem. Im Gesamtkontext der Belastungen, mit denen die EU-treuen Parteien zu ringen haben, ist die Masseneinwanderung von außerhalb Europas nur ein Thema unter vielen, allerdings eines der explosivsten.

Ungeachtet aller programmatischen Verschiedenheiten von Land zu Land, ungeachtet auch ihrer mehr oder weniger intensiven Radikalität verstehen sich die Rechtspopulisten als einseitige Verteidiger nationaler Interessen. »Es kann nicht geleugnet werden, daß die meisten politisch wirksamen Werte national sind«, hat der einerseits kosmopolitische und weltläufige, andererseits tief skeptische Ökonom Joseph Schumpeter die Zeitstimmung im vergangenen Jahrhundert charakterisiert, und zugleich festgestellt: »Nationen sind wie boshafte Kinder – und noch dazu idiotische.«[183] Im 21. Jahrhundert sind solche Beobachtungen immer noch aktuell. Die Übergänge vom Rechtspopulismus zum Rechtsradikalismus sind von Land zu Land bald mehr, bald weniger fließend. Rechtsextreme Verbände und Parteien, rechtsextrem durchsetzte Milieus, rechtsextreme

Slogans und Ideologien haben an der Polarisierung starken Anteil. Es gibt Grund zur Befürchtung, daß der Rechtsradikalismus anhält und vielleicht noch stärker wird, solange die Flüchtlingskrise ein Top-Thema ist.[184]

Demgegenüber haben sich die Linkspopulisten vor allem deshalb von der Europäischen Union entfremdet, weil sie diese als eine Art Durchlauferhitzer für das global vagabundierende Finanzkapital verstehen. Spätestens seit der Finanzkrise von 2008 sind somit die EU-treuen Parteien einem Zangenangriff von rechts und links ausgesetzt.

Den Rechtspopulisten von den Schweden-Demokraten über die niederländische Partei der Freiheit (PVV) von Geert Wilders bis zum französischen Front National unter Marine Le Pen war die schwer zu bremsende Einwanderung über das europäische Flüchtlingsrecht stets ein Dorn im Auge. Die Wahlen und alle Umfragen lassen erkennen, daß die Flüchtlingskrise der Jahre 2015/16 für die Rechtspopulisten wie ein politisches Konjunkturmodell gewirkt hat.

Anhand neuester Wahlergebnisse und Umfragen ermittelte das französische Institut National des Sciences Appliquées (INSA) für die Anhängerschaft rechtspopulistischer Parteien in Kontinentaleuropa und Nordeuropa Anfang 2016 folgenden Daten: Front National, Frankreich: 28 Prozent; Neu-flämische Allianz (N-VA), Belgien: 20 Prozent; Partei der Freiheit (PVV), (Niederlande): 10 Prozent; Dänische Volkspartei (DF), Dänemark: 21 Prozent; Schweden-Demokraten, Schweden: 13 Prozent; Die Finnen, Finnland: 18 Prozent; Recht und Gerechtigkeit (PiS), Polen: 38 Prozent; Fidesz, Ungarn: 45 Prozent; Freiheitliche Partei (FPÖ), Österreich: 21 Prozent; Alternative für Deutschland (AfD), Deutschland: 13 Prozent. Auch die Linkspopulisten finden Zuspruch. Im linkspopulistischen, EU-kritischen Spektrum finden sich Podemos, Spanien: 21 Prozent; Cinque Stelle, Italien: 26 Prozent; Syriza, Griechenland: 36 Prozent; Kommunistische Partei (KSCM), Tschechien: 15 Prozent.[185]

Das sind noch keine Mehrheiten, aber doch beträchtliche Prozentsätze. Und in zwei Schlüsselländern der Europäischen Union hat der EU-kritische Rechtspopulismus schon obsiegt. Der Wahltriumph der national-konservativen PiS in Polen Anfang August 2015 war nicht die Folge der Flüchtlingskrise, doch die neue Mehrheit war kaum installiert, da setzte die Masseneinwanderung nach Europa via Asylrecht mit voller Macht ein. Polen und Ungarn spielten von nun an zusammen und trugen erheblich dazu bei, den Visegrád-Block zu errichten. Die EU muß künftig damit rechnen, daß die Parteiensysteme in Ostmitteleuropa die europäische Flüchtlingspolitik ablehnen.

England war das andere Schlüsselland, das im Juni 2016 beim Brexit-Referendum von einer nationalen Grundströmung aus der EU herausgesprengt wurde. Ohne das Chaos auf dem Kontinent, wofür die europäische Flüchtlingspolitik verantwortlich gemacht wurde, wäre die von EU-kritischen Konservativen und der rechtspopulistischen UKIP zusammengebrachte Mehrheit gegen die EU wahrscheinlich nicht zustande gekommen.

Daß die Flüchtlingskrise auch in Österreich der EU-kritischen Freiheitlichen Volkspartei (FPÖ) große Wählermassen zutrieb, vor allem aus der Arbeiterschaft, gehört gleichfalls zu den Alarmzeichen. Die Lage in Deutschland ist hinlänglich bekannt. Der Rechtspopulismus der AfD hat Fuß gefaßt und wird sich wohl nicht mehr vertreiben lassen. Die Partei bezieht ihre Wähler aus dem großen Teich der Nichtwähler, hat aber auch die konservativere Wählerschaft der CDU wie der SPD angezapft, nicht zu vergessen enttäuschte Wähler der Linken.

Nach wie vor verfügen jedoch die EU-treuen christlich-demokratischen, liberalen, sozialdemokratischen, sozialistischen und grünen Parteien in der gesamten Europäischen Union über breite Mehrheiten. Wer es mit Europa gut meint, kann nur hoffen, daß es dabei bleibt. Allerdings wollen diese EU-treuen Parteien bisher mehrheitlich keine einschneidenden Korrekturen am EU-Flüchtlingsrecht oder am Schengen-System der Binnengrenzen vornehmen. Daß sie damit gut beraten sind, ist zu bezweifeln. So überlassen sie den ideologisch und personell fragwürdigen Rechtspopulisten nicht nur ein existentiell wichtiges Thema, sondern auch einen Teil ihrer Wähler. Wohl oder übel müssen sie sich darauf einstellen, daß die europäische Flüchtlingspolitik neben der weiterhin ungelösten Krise des Eurosystems ihnen künftig schwer zu schaffen machen wird.

Wie der Herausforderung begegnet werden soll, bleibt offen und heftig umstritten. ÖVP und SPÖ in Österreich, CDU und CSU in Deutschland können ein Liedchen von den innerparteilichen Kontroversen singen. Gerade in Deutschland, bisher der Stabilitätsanker der EU, steht mit dem EU-freundlichen Parteienkartell auch die Zukunft der EU mit auf dem Spiel.

Hätten die Vordenker der EU-treuen Parteien genügend Verstand und Entschlossenheit, bräuchten sie die Rechtspopulisten nicht zu fürchten. Sie könnten das europäische Flüchtlingsrecht und das Schengen-System der offenen Grenzen intelligent reformieren, damit mehrheitsfähig bleiben und den Separationstendenzen von der EU entgegentreten.

Noch besteht kein Grund zur Hoffnungslosigkeit. In Frankreich ist der Front National inzwischen zweifellos eine Volkspartei, die zugleich nationalistisch und sozialistisch ist – für Beobachter mit historischem Erinnerungsvermögen eine bedenkliche Kombination. Daß diese Partei unter den Bedingungen des französischen Wahlrechts mehrheitsfähig wird, ist eher zu bezweifeln. Es läßt sich auch beobachten, daß die Rechtspopulisten ihre schrillsten Forderungen gegen die EU nur so lange erheben, wie keine Regierungsbeteiligung zu erwarten ist. Beppe Grillo in Italien hat seine Propaganda für einen EU-Austritt schlagartig eingestellt, als sich im Herbst 2015 in Rom und Turin Mehrheiten mit verlockender Fernperspektive ergaben. Konkrete Regierungsverantwortung hat in Finnland den Eifer der nationalen Protestpartei Die Finnen gebremst bei gleichzeitigem erheblichen Rückgang ihrer Zustimmungswerte.[186] Noch ist die Dominanz des seit den 1990er Jahren etablierten Parteienkartells, auf dessen Zähigkeit die Europäische Union beruht, nicht gebrochen. Die eigentliche Gefahr besteht darin, daß sich die EU und die sie tragenden Parteien in den Mitgliedstaaten mit taktischen Kniffen über kritische Wahlen hinweg zu schummeln suchen, anstatt weitsichtig jene Strukturreformen am Schengen-System und am europäischen Flüchtlingsrecht zu gestalten, die überfällig sind. Wenn

Europa von einem zweiten und einem dritten Flüchtlingsansturm oder von einer Serie schwerer dschihadistischer Anschläge erschüttert wird, werden die EU-treuen Parteien wohl in starke Strudel geraten.

Daß die problematischen, zum Rechtsradikalismus offenen Anti-EU-Parteien in den westlichen Schlüsselländern der EU obsiegen werden, ist immer noch schwer vorstellbar. Die Europäische Union hat ein zähes Leben. Doch unter dem beständigen Druck der Masseneinwanderung könnten die Populisten früher oder später in der Flüchtlingspolitik tonangebend werden, das EU-treue Parteilager weiter schwächen und die EU über die Flüchtlingsfrage zu ruinieren versuchen. Besser wäre es, die selbstgefälligen und in manchem recht sklerotischen Parteien der Mitte und der linken Mitte bequemen sich aus freien Stücken zu den gebotenen Reformen.

# 6
## Umsteuern – aber wie? Fünf Leitlinien

»Politik beginnt mit der Betrachtung der Wirklichkeit.« Das soll der große, grimmige Sozialdemokrat Kurt Schumacher einst gesagt haben, und Volker Kauder, Vorsitzender der CDU/CSU-Fraktion, hat es in besseren Zeiten seinen Fraktionskollegen immer wieder eingehämmert.

Betrachtung der Wirklichkeit … Wir haben das in den vorangegangenen Kapiteln versucht. Der Befund ist, gelinde formuliert, unerfreulich, eigentlich rundum alarmierend. Bisher behilft sich die EU mit Improvisationen, an deren langfristiger Wirksamkeit Zweifel erlaubt sind. Wäre es daher nicht endlich an der Zeit für eine grundlegende Neuordnung des ins Rutschen geratenen Schengen-Systems mitsamt dem Flüchtlingsrecht?

Erfahrungsgemäß ist die Reform politischer Institutionen kein Allheilmittel, mit dem sich schwierige Probleme widerspruchsfrei und auf Dauer lösen lassen. Auch wenn die Europäische Union ihren Grenzschutz und ihr Asylrecht defensiver gestaltet, wird sie sich weiter auf eine beträchtliche Zahl von Flüchtlingen einstellen müssen, von denen bestenfalls ein Teil assimilierbar ist. Aber wenigstens der »Massenzustrom« und die damit verbundenen innergesellschaftlichen Belastungen könnten reduziert und das Zerbrechen der Europäischen Union über der Flüchtlingsfrage vielleicht verhindert werden.

Es mag noch eine gute Weile dauern, bis sich auch die standhaftesten Traditionalisten in Brüssel und Berlin dazu bequemen, die unzeitgemäßen Asylsysteme mitsamt dem unpraktisch konstruierten Schengen-Konzept zu reformieren. Doch ob sie wollen oder nicht: Die Völkerwanderung nach Europa wird tiefgreifende Reformen erzwingen. Mag sein, daß zunächst nur ein oder zwei der im folgenden skizzierten Leitlinien aufgegriffen werden. Reformen in dem rechtlich gegen Veränderung raffiniert abgesicherten Mehr-

Ebenen-System der EU pflegen sich nicht rational, sondern politisch zu vollziehen, das heißt: ruckweise, improvisiert, nur partiell und mit schwer vorhersehbaren Ergebnissen. Die Antwort auf die Eurokrise ist ein gutes Beispiel dafür. Zu allerletzt wird man sich wahrscheinlich an das irrational konstruierte, aber moralisch stark tabuisierte europäische Asylrecht wagen, obschon es die Spielräume vernünftigen Handelns am stärksten einschränkt.

Skepsis ist jedoch geboten. Bekanntlich verlassen sich Regierungen am liebsten aufs Durchwursteln. Kritische Empfehlungen zur Kurskorrektur aus dem Fahrgastraum heraus waren bei den Kapitänen der Staatsschiffe noch nie sehr gefragt. Besser die *Titanic* rast mit voller Kraft auf den Eisberg. Es ist schon so: Die meisten Menschen sind Traditionalisten, hohe Staatsmänner und Staatsfrauen nicht ausgenommen. Umgesteuert wird erst, wenn die Verantwortlichen nicht mehr aus noch ein wissen. Dann erst finden vielleicht die Vorschläge von Planungsstäben, Think Tanks oder auch von Individuen Gehör, die Alternativen skizziert haben. Mehr als Denkanstöße können sie nicht beisteuern, doch eben dies ist der Beitrag von Intellektuellen zu den politischen Entscheidungsprozessen. Sie verkünden keine Gewißheiten. Aber sie stellen Fragen. Sie überlegen, was nötig und vielleicht auch möglich wäre. Scharf gezeichnete Blaupausen verbieten sich allerdings in einem fluiden interdependenten Staatensystem, das sich von Monat zu Monat verändert.

Diskutieren wir also, ohne tief ins operative Detail zu gehen, eine Reihe von alternativen Leitlinien für den institutionellen Umbau. Solche Leitlinien erschöpfen die Themen nicht, mögen aber begründen und verdeutlichen, warum und wo die Neujustierung ansetzen sollte.

Freilich ist nicht zu erkennen, daß bereits die nötige Bereitschaft zur partiellen oder umfassenden Umsetzung besteht. Momentan lassen die Entscheidungsblockaden der überkomplizierten Europäischen Union und ihr Vertragsrecht grundlegende Reformen utopisch erscheinen. Nur deutet viel darauf hin, daß die unfreundliche Wirklichkeit eher früher als später einschneidende Veränderungen erzwingen wird. Das 21. Jahrhundert ist noch lang.

## Überfällig, aber immer noch tabuisiert – eine Reform des europäischen Asylrechts

Nennen wir das sensitivste Thema zuerst: Die EU müßte Mittel und Wege zur Reform ihres fehlkonzipierten Flüchtlingsrechts finden. Bei den Verhandlungen über die EU-Verträge ist es mehr oder weniger unbemerkt durchgerutscht und dient nun, fest einbetoniert, zur Legitimierung einer kaum kontrollierbaren Einwanderung, die eben erst das ganze EU-System in den Grundfesten erschüttert hat. Kann, darf, sollte man es ändern – und wie? Das moralische Dilemma ist offenkundig, und die Widerstände werden groß sein, auch verständlich.

Einigkeit besteht darüber, daß die heutige Völkerwanderung aus den Spannungen und Katastrophen der Globalisierung resultiert. Da Europa derzeit so stark betroffen ist und gleichzeitig so hilflos wirkt, ist zu fragen, wie denn die außereuropäischen Staaten mit der Herausforderung umgehen. Schließlich stecken auch große Demokratien wie die USA, Kanada, Indien, Japan, mittelgroße Demokratien wie Südkorea und Australien oder Kleinstaaten vom Typ Neuseeland in den Wirbeln der Globalisierung und sind mit dem Druck von Völkerwanderungen konfrontiert. Auch sie haben die Gebote der Barmherzigkeit nicht vergessen. Somit sehen sie in ihrer Gesetzgebung entweder feste Quoten zur Einwanderung notleidender Flüchtlinge vor, oder sie treffen bei Notlagen pragmatische Einzelentscheidungen zur Aufnahme zahlenmäßig begrenzter Kontingente, oder sie konzentrieren sich auf die Katastrophen- und Flüchtlingshilfe weit außerhalb der eigenen Landesgrenzen in den betroffenen Regionen. Sie halten sich dabei durchaus an die allgemeinen Regeln des für das Schicksal von Staatenlosen und Flüchtlingen ja höchst sensiblen modernen Völkerrechts. Aber – dies ein entscheidender Punkt – sie behalten es sich vor, über das Ausländerrecht, Asylrecht inbegriffen, souverän, also eigenverantwortlich, zu bestimmen. Der Blick über den europäischen Tellerrand läßt deutlich erkennen: Kein funktionsfähiger Staat in Amerika, Asien, im pazifischen Raum oder in Afrika legt bei den institutionellen Vorschriften zur Sicherung seiner Grenzen ein solches Übermaß an Leichtsinn an den Tag wie die Europäische Union. Man muß in den Verfassungsgeschichten der Länder schon lange suchen, um derart kühne Vorschriften zu finden.

Die Demokratien Kontinentaleuropas sind heute in der Flüchtlingsfrage mit ihrem Latein ziemlich am Ende. Deshalb sollten sie die Regelungen der außereuropäischen Demokratien genauer studieren, als sie es bisher getan haben, und sich diesen in den moralisch und praktisch so schwierigen Fragen der Asylpolitik eventuell annähern. Sicher sind manche von ihnen geographisch weit weniger exponiert als die EU-Staaten im Mittelmeerraum, doch das entbindet nicht vom Nachdenken darüber, was Europa von ihnen lernen könnte.

Die folgenden Überlegungen gehen davon aus, daß die Europäische Union wohl nur dann aus den selbst verschuldeten rechtlichen Schwierigkeiten herausfinden wird, wenn sie ihr großzügiges Flüchtlingsrecht grundlegend nach dem Vorbild der außereuropäischen Demokratien reformiert. Das universell verbindliche Völkergewohnheitsrecht würde das zulassen. Manche dieser Demokratien haben sich für ein humanitär begrüßenswertes Asylrecht entschieden, andere sind abweisender als nötig. Doch alle haben an dem souveränen Recht festgehalten, über Zahl und Bedingungen der Aufnahme im Einwohnerrecht oder in einer speziellen Einwanderungsgesetzgebung frei zu entscheiden. Bei objektiver Prüfung der entsprechenden weltweiten Regelungen zeigt sich, daß die außereuropäischen Asylsysteme gegen die Extrembedingungen des heutigen und auch des künftigen Völkerwanderungsdrucks besser gerüstet sind.

Die zunächst als humanitäre Großtat gefeierte Entscheidung, jedes Individuum von außerhalb der EU mit einem einklagbaren Rechtsanspruch auf Prüfung seines Asylrechts oder subsidiären Aufenthaltsrechts auszustatten, hat sich als eine letztlich unhaltbare Einladung zur Masseneinwanderung herausgestellt. Nur ist schwer zu sagen, wie dieser Fehler in rechtsförmlichen Verfahren korrigiert werden könnte. Der erste Fehler ist mit einem zweiten verbunden: Das ausgeklügelte, hypertrophe Asylrecht der Union und der EU-Mitgliedstaaten ist im europäischen Primärrecht perfekt gegen eine

Revision abgesichert. Die »Konstitutionalisierung« der Verträge, so der Staatsrechtslehrer Dieter Grimm in einer generellen Analyse, wirkt »wie eine Verfassung«.[187] Das trifft auch auf die Vorschriften zum Flüchtlingsrecht zu. Sie haben in den Mitgliedstaaten verpflichtende Bindewirkung für den Gesetzgeber, die Exekutiven und nicht zuletzt für alle Gerichte. Bedauerlicherweise haben sich die Urheber der heutigen Europäischen Verträge damit weitgehend der Möglichkeit begeben, Regelungen, die sich als unzweckmäßig oder fatal herausstellen, durch autonome Gesetzgebung zu verändern. Sie sitzen in einer selbst gestellten Falle und wissen nicht, wie sie sich daraus befreien sollen.

Wohl oder übel müßte bei jedem Reformversuch eine Vielzahl von Vorschriften in den Verträgen über die Europäische Union (EUV, AEUV), nicht zuletzt die Charta der Grundrechte der Europäischen Union geändert werden. Alle beziehen sie sich auf die Genfer Flüchtlingskonvention mitsamt den weitreichenden Zusatzprotokollen und auf die Europäische Menschenrechtskonvention, die dem Europäischen Gerichtshof für Menschenrechte eine aktivistische Rolle erlaubt, ja geradezu gebietet. Wenn diese Konventionen nicht irgendwie angetastet, verändert, zurückgestutzt, relativiert und dem global gültigen, sehr viel restriktiveren Völkergewohnheitsrecht angenähert werden, ist wohl keine Reform des heute geltenden Asylrechts der EU möglich. Kein Wunder, daß weder die EU-Kommission noch die nationalen Regierungen diesen Mißstand zu benennen, geschweige denn Veränderungen anzugehen wagen.

Gibt es überhaupt einen vertragsrechtlich gangbaren Ausweg, wenn der von Millionen von Migranten ausgehende Druck auf Europa – wie zu erwarten – weiter anhält? Ein Blick auf das Primärrecht der Europäischen Union zeigt, daß eine mutige EU-Kommission und verzweifelte EU-Regierungen bei den Vertragsartikeln über Notstandssituationen ansetzen könnten. Daß 2015/16 »aufgrund eines plötzlichen Zustroms von Drittstaatsangehörigen« eine »Notlage« entstanden war (AEUV, Artikel 78 [3]), konnte kein vernünftiger Beobachter bestreiten. Momentan ist Entspannung eingetreten, doch das Drama kann sich rasch wiederholen. Die Verträge sehen in

solchen Fällen ein Tätigwerden des Europäischen Rats auf Vorschlag
der Kommission und nach Anhörung des Europäischen Parlaments
vor. Artikel 347 (Notstandsvorbehalt) schreibt außerdem vor, daß
die Mitgliedstaaten sich in Notlagen »miteinander ins Benehmen«
setzen, um zu verhindern, »daß das Funktionieren des Binnenmark-
tes« durch Maßnahmen eines Mitgliedstaates beeinträchtigt wird.
Etwas verhüllt läßt der Artikel erkennen, daß ein Mitgliedstaat in
sehr kritischen Konstellationen durchaus noch über das Recht zu
weitreichendem Handeln verfügt, so etwa im »Kriegsfall« oder »bei
einer schwerwiegenden innerstaatlichen Störung der öffentlichen
Ordnung«.

Bisher hat die EU-Kommission, zögerlich sekundiert vom Europäischen Rat, einen anderen Ausweg aus der Notlage gesucht, indem sie das Programm einer ebenso gigantischen wie technokratischen Umverteilung nach Länderquoten versucht hat. Der erste
Anlauf ist auf offenen oder verhüllten Widerstand bei vielen Mitgliedstaaten gestoßen und praktisch gescheitert. Den Bemühungen
Deutschlands, dem Ziel unter der Bezeichnung »Kontingente« doch
noch näher zu kommen, dürfte dasselbe Schicksal beschieden sein.
Das Umverteilungskonzept, das man in Berlin mit erstaunlicher
Chuzpe als »europäische Lösung« bezeichnet, ist nichts als ein ziemlich unverfrorener Versuch, die Gesamtheit der Mitgliedsländer der
EU für einen schwer begreiflichen eigenen Fehler in Mithaftung zu
nehmen. Berlin folgt dabei dem Vorbild von Athen und Rom, die
durch einsame Entschlüsse die Dublin-Verordnungen erschüttert
haben. Dieser Ausweg aus der Misere ist jedenfalls verbaut.

Wahrscheinlich führt auch der Versuch nicht weit, das beste-
hende europäische Asylrecht grundsätzlich nicht anzutasten, dieses
jedoch nach dem Vorbild Österreichs durch ein zeitlich begrenz-
tes System flexibler Obergrenzen zu ergänzen. Ein Richtwert von
1,5 Prozent der Gesamtbevölkerung, bezogen auf vier Jahre mit fal-
lender Tendenz, soll dort den Zustrom der Flüchtlinge auf vorerst
37 500 im Jahr 2016 beschränken. Notfalls müßten dafür, so sieht
man es in Wien, mit Duldung der EU-Kommission Grenzsperrungen und Rückführungen in die sicheren Nachbarländer der EU

vorgenommen werden. Maßnahmen, die sich auf Artikel 72 (Nationale Zuständigkeiten) des Lissabon-Vertrags (AEUV) stützen, denn die »Aufrechterhaltung der öffentlichen Ordnung« und der »Schutz der inneren Sicherheit« sind schließlich weiterhin in die Zuständigkeit der Mitgliedstaaten gestellt.

Wäre das Modell Österreich nicht auch auf Deutschland übertragbar, fragen viele und verweisen darauf, daß nach Schließung der Balkanroute und dem Deal mit der Türkei die monatlichen Neuzugänge auf 13 000 im März und 18 000 im August 2016 zurückgegangen sind. Nimmt man an, daß monatlich etwa 15 000 oder 16 000 Neuzugänge anstehen, käme man in die Nähe der von der CSU geforderten Obergrenze von rund 200 000 Asylbewerbern pro Jahr.[188] Leider sind diese Annahmen mehr als optimistisch. Noch ist der gewaltige Zustrom bis März 2016 nicht völlig aufgearbeitet. Eine hohe, heute noch unkalkulierbare Zahl von Migranten muß zudem im Rahmen der Familienzusammenführung aus Rechtsgründen fest eingeplant werden. Außerdem hat sich die Bundesregierung der Türkei, Griechenland und Italien gegenüber bereits zur Aufnahme weiterer Kontingente verpflichtet. Viel hängt davon ab, wie lange der Deal mit der Türkei hält und ob die vielen afrikanischen Einwanderer in Italien bleiben. Die illegale Migration aus der Türkei und übers Mittelmeer kann schon bald erneut zu einer Krise führen. Macht man sich klar, daß die Migration aus Asien und Afrika mit Hilfe des Asylrechts ein explosives Langzeitproblem darstellt, können solche Obergrenzen in Zeiten geringen Drucks kurzfristig für psychologische Entlastung und Beruhigung in der Parteipolitik sorgen. Nachhaltige Wirkungen darf man sich davon aber nicht erhoffen, solange das Asylrecht nicht reformiert wird.

Eine andere Reformstrategie sieht vor, weitere Teile der bisher bei den Staaten verbliebenen Zuständigkeiten in der Asylpolitik auf die Europäische Union zu übertragen. Derartige Vorschläge stoßen jedoch bei einer Mehrheit der heute ohnehin EU-skeptischen Länder auf Widerstand. Allen Beteiligten ist die innenpolitische Brisanz des Asylrechts inzwischen voll bewußt, so daß wenig Bereitschaft besteht, die noch verbliebenen Zuständigkeiten einer kaum kontrollierbaren EU-Behörde zu übertragen. Mit dem Vorschlag einer solchen Zentralagentur für die Verteilung von Flüchtlingen sind zudem in der Regel sehr weitreichende Forderungen nach starker Einschränkung des europäischen Flüchtlingsrechts verbunden, die in der EU heftig umstritten sein würden. Schwer vorstellbar also, wie ein ohnehin nur mit größter Mühe zu reformierendes Asylrecht unter EU-Obhut auf Dauer verläßlich funktionieren könnte.

Voraussichtlich ist die im März 2016 eingetretene Ruhepause nicht von langer Dauer. Der starke Migrationsdruck wird anhalten, und die Gegenküsten bleiben porös. Spätestens wenn sich weitere Flüchtlingsströme in Bewegung setzen wie zwischen Sommer 2014 und März 2016 wird an einer Notstandsgesetzgebung, die das heute geltende Asylrecht dauerhaft oder wenigstens zeitweilig einschränkt, kein Weg mehr vorbeiführen.

Letztlich legt jedoch die geltende Rechtslage allen Reformversuchen des Flüchtlingsrechts enge Fesseln an. Die Bestimmungen müßten irgendwie zurechtgestutzt werden. Zu prüfen wäre also, ob es im Kontext einer Notstandsvereinbarung eventuell ausreicht, eine Reihe der aus heutiger Sicht zu großzügigen und für die EU besonders nachteiligen Protokolle zur Genfer Flüchtlingskonvention und der Europäischen Menschenrechtskonvention zu kündigen oder wenigstens zu sistieren, weil anders eine rechtlich korrekte Eindämmung des »Massenzustroms« nicht möglich ist.[189]

Wer zynisch ist, könnte auch argumentieren, daß wir den Rechtsbedenken vielleicht zuviel Gewicht beimessen. Schließlich hat die Europäische Union in vergleichbar kritischer Lage bei der Eurokrise ein gewisses Talent entwickelt, Rechtsvorschriften zu vergessen, zu biegen oder kreativ neu zu interpretieren. Wenn es noch schlimmer wird als bisher, könnte sie sich vielleicht auch in der Asylrechtsfrage zu unkonventionellen juristischen Aushilfen bereit finden. Not lehrt nicht unbedingt beten, könnte aber die juristische Phantasie beflügeln.

Daß ein Reformversuch des europäischen Asylrechts auf starke moralische Proteste stoßen wird, ist zu erwarten. Schon vor Jahrzehnten wurde in Frankreich der Begriff *tiers-mondisme* geprägt, der moralisch motivierte, mit praktischen Überlegungen unterfütterte Bestrebungen bezeichnet, die darauf abzielen, die Bekämpfung der Not in der Dritten Welt zu einer Hauptaufgabe der Außen- und Wirtschaftspolitik zu machen. Dieser *tiers-mondisme* hat inzwischen in allen europäischen Ländern zahlreiche Anhänger in den Parteien, in den Ministerien, in den Flüchtlingsorganisationen, in den Kirchen, in der Wissenschaft sowie in Teilen der Wirtschaft. Es ist nicht zu übersehen, daß dabei neben vielen idealistischen Motiven auch sehr handfeste Interessen mit im Spiel sind. In Deutschland sind das parteipolitische Kalküle der Grünen, der Linkspartei, linker Sozialdemokraten sowie die Koalitionskalküle der CDU, es sind die Geschäftsinteressen der großen Wohlfahrtsverbände mit Hunderttausenden von Sozialhelfern, der buntscheckigen Gruppierung öffentlich bezuschußter Vereine bis hin zu den privatwirtschaftlichen Geschäftsmodellen von Unternehmungen, von staatlich honorierten Asylanwälten oder Dolmetschern und jenes Heers von Eigentümern schlecht gehender Hotels, aufgelassener Fabrikanlagen und heruntergekommener Privatwohnungen, in denen die Kommunen zu hohen Kosten Flüchtlinge unterbringen.

In der Flüchtlingsfrage herrscht heute sowohl bei den xenophoben Massen als auch bei den Vorkämpfern radikaler Asylpolitik ein Klima kompromißloser Unduldsamkeit: zunehmend hemmungsloses, an den Extremen politkriminelles Aufbegehren im einen Lager, Verunglimpfung zum Zweck moralischer Hinrichtung im anderen. Die schon heute recht heftige Polarisierung würde sich beim Antasten des EU-Asylrechts noch verstärken, weil den Auseinandersetzungen letztlich Glaubensüberzeugungen zugrunde liegen. Auf der einen Seite stünden diejenigen, die von der Pflicht des Staates überzeugt sind, die eigenen Grenzen zu schützen, selbst um den Preis der Nichtaufnahme von Flüchtlingen, auf der anderen Seite jene Utopisten, die von dem universalistischen Glauben an die Gleichheit aller Menschenbrüder und -schwestern beseelt sind, was auch deren Recht beinhalte, sich nach eigenem Gutdünken überall niederzulassen und sozialstaatliche Versorgung einzufordern, selbst um den Preis enormer Belastungen für das Gastland. Wenn die

ohnehin demographisch geschwächten 28 EU-Staaten des übervölkerten Europa in den kommenden fünfzehn bis zwanzig Jahren wie
bisher Millionen von Notleidenden aus Dutzenden ferner Länder
aufnehmen und auf dem wenig aussichtsreichen Versuch beharren,
diese zu »integrieren«, ist durchaus zu befürchten, daß schließlich in
den Gastländern ähnlich anarchische Zustände herrschen wie in den
Regionen, denen die Migranten entflohen sind.

Standhaftes Containment des Einwanderungsdrucks, so notwendig das ist, darf jedoch nicht die einzige Antwort sein. Die Reform des Flüchtlingsrechts ist außenpolitisch und moralisch nur
vermittelbar, wenn die EU als Ganze und ebenso die einzelnen Mitgliedstaaten ihre Hilfe für Flüchtlinge neu konzipieren.

### Humanitäre Flüchtlingshilfe, intelligenter organisiert

Zur DNA des Abendlands gehört neben vielen anderen Genen auch
die Barmherzigkeit. Das zutiefst moralische, hinsichtlich der Konsequenzen aber undurchdachte Flüchtlingsrecht der EU darf daher
nur reformiert werden, wenn außerhalb der EU andere Formen der
Hilfe für Kriegsflüchtlinge und Verfolgte kompensatorisch ausgebaut werden. Die Aufwendungen dafür müßten allerdings weit über
das hinausgehen, was Europa in diesem Rahmen bisher aufgewandt
hat. Damit zu verbinden wäre die Bereitschaft zur Aufnahme freiwillig übernommener Kontingente in Extremsituationen. Bei Ab-
lösung oder Einschränkung des individuellen Asylrechts müßten die
freiwilligen Kontingente stark ausgeweitet werden. Schon lange
drängen die Vereinten Nationen auf sogenannte *Resettlement*-
Programme, also die zeitlich begrenzte oder auch dauerhafte Aufnahme bedrängter Familien aus Flüchtlingslagern oder Kriegsgebieten. Außerhalb Europas ist das im Fall besonders heftiger
humanitärer Katastrophen schon vielfach praktiziert worden.

Auch in Deutschland ist die Aufnahme begrenzter Kontingente
von Hilfsbedürftigen aus Drittstaaten seit Jahrzehnten gängige Praxis. Ungarn-Flüchtlinge in den 1950er Jahren, Boatpeople aus Indo-

china in den 1970er Jahren, Hunderttausende Deutschstämmiger aus Rumänien, Polen, der Sowjetunion in den 1980er und 1990er Jahren, jüdische Einwanderer aus der Sowjetunion beziehungsweise aus deren Nachfolgestaaten, nach der Reform des Asylrechts im Jahr 1993 Aufnahme großer Kontingente von Flüchtlingen aus den Kriegsgebieten des zerfallenen Jugoslawiens, neuerdings Kontingente von Kriegsflüchtlingen aus Syrien – die Liste ist lang. Bundesregierung, Bundestag und Bundesrat waren allerdings zumeist darauf bedacht, die Gesetzgebung für Kontingentlösungen nicht an die große Glocke zu hängen. Schließlich hat schon die reguläre Asylpolitik berechtigte oder weniger berechtigte Kritik in reichem Maß auf sich gezogen.

Der Vorteil von Kontingentlösungen ist evident: Die Spielregeln für die Aufnahme werden durch den jeweiligen Staat festgelegt, der die Lasten zu schultern hat. Die Leistungen von der sofortigen Arbeitsbewilligung bis zu Vergünstigungen bei der Wohnraumbeschaffung und anderes mehr sind so besser steuerbar und überschaubar. Die Aufenthaltsdauer kann zeitlich eingegrenzt werden. Willkür zu Lasten der Aufgenommenen läßt sich ausschließen, weil die gesetzlichen Regelungen zwingend mit den jeweiligen Leistungen der Sozialfürsorge in Einklang gebracht werden müssen. Für Flüchtlinge sind die mit den Kontingentsystemen verbundenen Maßnahmen und Regelungen weit transparenter als das mit vielen Unsicherheiten behaftete Asylrecht. Sollte es eines Tages wirklich zu der überfälligen Korrektur des EU-Flüchtlingsrechts kommen, wären freiwillige Kontingente eine schon jahrzehntelang erprobte Alternative.

Parallel dazu müßte dann die finanzielle, technische und personelle Hilfe für Flüchtlingslager in den Regionen außerhalb der Europäischen Union aufgestockt werden. Die Modelle dafür werden gleichfalls seit Jahrzehnten erprobt, auch sie wären im Fall einer Reform des EU-Asylrechts zu intensivieren. Am wirkungsvollsten ist heute schon die Unterstützung von internationalen Organisationen wie das Flüchtlingswerk der Vereinten Nationen (UNHCR), das World Food Programme (WFP) oder von staatlichen und privaten Hilfswerken. Anständige Unterbringung in Lagern, gute Ernährung,

Gesundheitsfürsorge, notdürftige Schulausbildung oder Arbeitsbeschaffung für jene Millionen von Flüchtlingen, die sich vorübergehend oder schon länger im nahöstlichen oder afrikanischen Archipel der Flüchtlingslager aufhalten – das sind Maßnahmen, die dann erheblich ausgeweitet werden könnten und sollten. Vorstellbar wäre bei einer Umpolung der Hilfe auch die Errichtung von Flüchtlingslagern unter der Regie der Europäischen Union im Nahen Osten oder in Nordafrika, zu deren Unterhalt sich die Mitgliedstaaten gegebenenfalls verpflichten müßten.

Die Vordringlichkeit externer Strategien zur Linderung des Flüchtlingselends ist den Regierungen und einer breiten Öffentlichkeit erst im Jahr 2015 wirklich bewußt geworden. Wie erwähnt, war die drastische Kürzung der Unterhalts- und Ernährungsprogramme in den Flüchtlingslagern des Nahen Ostens einer der Push-Faktoren, die zum Erstarken der Fluchtbewegung über die Ägäis beigetragen haben. Die Türkei hat Europa schon jetzt unmißverständlich in die Pflicht genommen, indem sie die EU zur Zusage von sechs Milliarden Euro zur Verbesserung der hygienischen und schulischen Verhältnisse in den türkischen Flüchtlingslagern nötigte. Die Summe mag hoch erscheinen, doch Kostenvergleiche sprechen für die Verstärkung der Flüchtlingshilfe in den außereuropäischen Regionen.

Was Deutschland seit Beginn der Masseneinwanderung im Jahr 2015 jährlich für Asylsuchende aufwendet, ist schwer zu ermitteln und wird je nach Lage von Jahr zu Jahr variieren.[190] Gewiß ist, daß die menschenwürdige Unterbringung einer Flüchtlingsfamilie in den Flüchtlingslagern des Nahen Ostens oder Afrikas nur einen Bruchteil dessen kostet, was für einen Migranten, egal ob er Asylrecht oder subsidiäres Bleiberecht genießt, in Deutschland aufgewandt werden muß.

Natürlich ist Skepsis geboten bei der Vorstellung, die EU-Länder könnten künftig große Teile ihrer bei einer Reform des Asylrechts eingesparten Mittel für die Flüchtlingshilfe im Nahen Osten, im Maghreb oder in Afrika südlich der Sahara kompensatorisch einsetzen. Aber der Schock der neuen Völkerwanderung sitzt doch tief, und man darf darauf vertrauen, daß die Pro-Asyl-Lobby und die bunte Diaspora bereits aufgenommener Flüchtlinge nicht locker lassen werden, so daß die Parteien und Regierungen den Projekten externer Barmherzigkeit auch nach einer Neujustierung des Asylrechts die gebotene Beachtung schenken müßten.

## Korrektur eines Irrtums: Rückgabe des Ausländerrechts an die Mitgliedstaaten der EU

Eine dritte Leitlinie zielt auf die Neujustierung der gegenwärtig zwischen der EU und den Mitgliedstaaten im »Raum der Freiheit, der Sicherheit und des Rechts« recht unzweckmäßig aufgeteilten Zuständigkeiten. Gegenwärtig werden auf der höchsten Ebene der EU ohne Rücksicht auf die Bedingungen in den einzelnen Mitgliedstaaten äußerst großzügige Vorschriften erlassen. Am liebsten würde man dort die Menschenmassen, die man angelockt hat, nach festen Schlüsseln auf die 28 Mitgliedsländer verteilen. Diese fühlen sich wie Lastesel, die zur Aufnahme, Unterbringung, Arbeitsbeschaffung, gegebenenfalls Einbürgerung und zur Durchführung kostspieliger Asylverfahren verpflichtet sind, eine spesenfreie, aber durch viele Vorschriften behinderte Rückführung der Abgelehnten inbegriffen. Vernünftig wäre eine umgekehrte Zuständigkeitsverteilung. Sollte sich die EU irgendwann zur Neujustierung des festgezurrten Flüchtlingsrechts durchringen, müßten große Teile des Ausländerrechts an die Staaten zurückgehen, die voreilig auf dieses konstitutive Hoheitsrecht verzichtet haben.

Gemäß den Europäischen Verträgen gehören Ausländerrecht und Asylrecht zu den geteilten Zuständigkeiten (AEUV, Artikel 4 [2] j). Die maßgeblichen Vorschriften werden von der EU erlassen. Den Mitgliedstaaten obliegt die Pflicht zur Durchführung. Dabei verfügen sie über einigen Ermessensspielraum. Erleichterung verschaffen verfassungsrechtliche Vorschriften wie die Definition »sicherer Herkunftsländer« in Verbindung mit den rechtlichen Verfahrensregeln von Dublin I–III. Mit diesem System konnten nun bald fünfzehn Jahre lang Erfahrungen gesammelt werden. Aus Sicht des Jahres 2016 ist festzustellen: Die Zuständigkeitsverteilung hat sich nicht bewährt. Wo die strukturellen Schwachpunkte liegen, wurde bereits erörtert. Die EU hat die ihr übertragenen Hoheits-rechte sozusagen mit zwei linken Händen und ohne Augenmaß wahrgenommen. Die Probleme des Grenzschutzes und des Flücht-lingsrechts sind das Ergebnis einer zu starken Zentralisierung ho-heitlicher Zuständigkeiten bei der EU auf Kosten der ihr ange-hörenden Demokratien. Doch nicht allein die Institutionen sind fehlkonzipiert, auch die Mentalitäten der verantwortlichen Eliten sind nicht mehr zeitgemäß, da sie in längst vergangenen normalen Zeiten geprägt wurden.

Die Masseneinwanderung über das universalistische Asylrecht ist eines jener neuartigen Probleme, die dem Völkerrecht, Staats-recht, Europarecht und Verwaltungsrecht immer wieder einmal neue Antworten abverlangen. Der Parlamentarische Rat wußte bei-spielsweise 1949 noch nichts von den zukünftigen ökologischen Herausforderungen. Inzwischen ist der Umweltschutz im Verfas-sungsrecht wie im Verwaltungsrecht jedoch voll integriert. Ähnlich hat der technologische Fortschritt dazu gezwungen, die Probleme des Datenschutzes und der informationellen Selbstbestimmung in die Rechtssysteme einzubeziehen. Ähnlich kreatives Denken ist heute auf jenem Problemfeld nötig, für das sich der schwammige Begriff Identität eingebürgert hat.

Daß die Staaten Europas bis heute durch jeweils vorherrschende Nationalkulturen geprägt sind, ist evident. Die brüchige Schale des modernen Staats im Zeichen von Globalisierung und Europäi-sierung wird immer noch durch Bindekräfte wie Sprachkultur, po-litische Kultur, Wirtschaftskultur, Erinnerungskultur und anderes mehr zusammengehalten. Doch die zahllosen äußeren Einflüsse be-wirken einen mehr oder weniger tiefgreifenden Kulturwandel. Das ist ein europaweites Phänomen. In Frankreich, dem exemplarischen europäischen Nationalstaat, wird unter den Intellektuellen und in einer breiten politischen Öffentlichkeit seit Jahrzehnten eine nie en-den wollende Diskussion über die Zukunft des Nationalstaats ge-führt. In einem kürzlich erschienen Buch unter dem Titel *La fin de l'État-Nation?* hat beispielsweise der Nahostexperte Jean-François Daguzan die Tendenz zur Auflösung des modernen Territorialstaates als globalen Vorgang analysiert, der auch Frankreich erfaßt hat.[191] Dasselbe Phänomen hat der linkssozialistische Vordenker Laurent Bouvet neuerdings mit der Formel *L'insécurité culturelle* (Kulturelle Verunsicherung) auf den Punkt gebracht.[192] So herrscht zwischen den politischen Lagern in allen Ländern Europas seit gut einem Vierteljahrhundert eine erbitterte Auseinandersetzung darüber, ob die Transformation der Nationalstaaten in supranationale und transnationale Formen weitschauend unterstützt werden müsse oder ob der Nationalstaat wie bisher ein Garant der Demokratie und der kulturellen Selbstbehauptung sei. Zusehends rückt dabei auch die Migration aus außereuropäischen Kulturen in den Fokus.

Daß angesichts der Masseneinwanderung von Menschen aus außereuropäischen Kulturen und fremden Religionen bei der autochthonen Bevölkerung der Gastländer (übrigens auch bei vielen schon weitgehend assimilierten Migranten) im zweiten Jahrzehnt des 21. Jahrhunderts die Sorge um die kulturelle und nationale Identität zu einem Topthema geworden ist, kann niemanden erstaunen. Erstaunlich ist nur, wie zögerlich diese wichtige Thematik im Europarecht, im Staatsrecht und im Verwaltungsrecht aufgegriffen und verarbeitet wird.

Die weitgehend auf supranationale Lösungen eingestellten Eliten der EU sind verständlicherweise nicht davon angetan, daß in fast allen Mitgliedstaaten der Wunsch nach eigenständiger Regelung der beunruhigenden Identitätsfragen stärker wird. Doch Menschen sind nun einmal so. Sie wollen sich nicht über Gebühr an Neuankömmlinge anpassen. Sie schätzen es auch nicht, auf Geheiß ferner politischer oder juristischer Instanzen übermäßige Lasten aller Art oder Sicherheitsgefährdungen hinnehmen zu müssen. Besonders alarmierend wirkt hier das von der EU-Kommission betriebene Vorhaben, die vielen Menschen aus fremden Kulturen, die sich inzwischen eingefunden haben und die weiter eintreffen werden, sozusagen *par ordre du mufti* auf die Mitgliedstaaten zu verteilen. Manche anfangs durchaus pro-europäische Regierungen fühlen sich inzwi-

schen arglistig getäuscht, denn niemand hat beim Abschluß der EU-
Verträge auf das Kleingedruckte aufmerksam gemacht, wonach im
Falle eines Falles die EU-Organe jene Scharen von Zuwanderern,
die in die europäischen Sozialsysteme streben, kurzerhand auf die
EU-Länder verteilen können. Solange die Zahl der Asylbewerber
und Schutzpflichtigen überschaubar war, mochte das hingehen.
Nun aber, da eine Völkerwanderung ansteht, sehen sich die Staaten
und noch viel mehr ihre Bürger als Opfer einer leichtfertigen, über-
dehnten Asylpolitik der EU.

Viele EU-Länder haben inzwischen Erfahrungen gesammelt
mit den Parallelgesellschaften der ersten, zweiten und dritten Mi-
grantengeneration. Sie wollen vermeiden, daß diese weiter so rasant
wachsen wie bisher, und das nicht allein aus Kostengründen. Entscheidend sind die Veränderungen bei der Zusammensetzung der
Bevölkerung. Der Massenzuzug von kinderreichen Familien aus
vielfach gering qualifizierten Schichten fremder Kulturen in die
Sozialsysteme und die Aufnahme von Heerscharen junger Männer
aus dem muslimischen Krisenbogen oder aus Afrika, die für die
europäischen Arbeitsmärkte größtenteils ungeeignet sind und das
wohl auch bleiben werden, überfordert schon heute viele Gemeinden. In der Mehrheitsgesellschaft wächst die Besorgnis, daß den
europäischen Eliten die Individualrechte von Migranten wichtiger
sind als die Wünsche und Rechte der Bürger in den einzelnen
Mitgliedstaaten. Dabei wird auch das von internationalen Gremien
und Richtern festgelegte Flüchtlingsrecht immer mehr zum Problem. Während in den außereuropäischen Demokratien letzten
Endes der demokratisch kontrollierte Staat bestimmt, wen er aufnimmt, wie er die Flüchtlinge versorgt und auf welche Weise er die
Genfer Flüchtlingskonvention in eigener Verantwortung interpretiert, legen in der Europäischen Union supranationale Gremien
oder internationale Richter vielfach rechtlich zwingend fest, was
die europäischen Demokratien in dieser Hinsicht zu tun oder zu
lassen haben.

Da bei dem aktuellen Migrationsdruck die Überforderung der
Mitgliedstaaten noch zunehmen dürfte, stellen sich die vernach-

lässigten Grundfragen der Volkssouveränität und der Demokratie immer dringender: Muß die Hilfe für politisch Verfolgte und schutzbedürftige Kriegsflüchtlinge so weit gehen, daß die Aufnahme und Eingliederung einer unbegrenzten Anzahl von Menschen aus fernen Staaten und fremden Kulturen in den geschützten Raum des eigenen Staates zur Pflicht wird? Müssen Länder und Kommunen es hinnehmen, daß der eigene Staat die nach Vorschrift des EU-Rechts übernommenen Flüchtlinge nach festen Quoten bis in die kleinsten Gemeinden weiterreicht? Welche Möglichkeiten rechtlich geordneter Mitsprache an diesen zweifellos gravierenden Entscheidungen bestehen oder sind neu zu entwickeln?

Nimmt man solche und andere Fragen ernst, führt das zwangsläufig zu der Überlegung, elementare Hoheitsrechte, die bei der EU schlecht aufgehoben sind, wieder ganz oder zumindest teilweise in die Zuständigkeit der Mitgliedstaaten zurückzuführen, wo sie bis vor nicht allzu langer Zeit gut aufgehoben waren. Niemand kann nach den bisherigen Erfahrungen darauf vertrauen, daß die EU künftig umsichtiger mit ihren Zuständigkeiten für den »Raum der Freiheit, der Sicherheit und des Rechts« umgehen wird als bisher.

Ob und wieweit sich die Rückführung der Hoheitsrechte durchsetzen wird, läßt sich noch nicht absehen. Der gegenwärtige Zustand ist jedenfalls unbefriedigend.

Die Rückholung des Ausländerrechts könnte zu einer Neujustierung der politischen, budgetären und nicht zuletzt der moralischen Verantwortung führen. Dann würden die europäischen Demokratien wieder selbst festlegen müssen, wie viele Flüchtlinge sie aufnehmen möchten und unter welchen Bedingungen. Das wäre eine Frage der Kapazität, der Leistungsfähigkeit, des politischen Selbstverständnisses und nicht zuletzt eine der Barmherzigkeit. Es würden dadurch Zuständigkeiten geschaffen, wie sie außerhalb Europas die Regel sind.

Auch in dieser Hinsicht stößt man freilich auf die Barrieren in den Europäischen Verträgen, die eine Reform fast unmöglich machen. Zudem ist kaum vorstellbar, daß die politische Klasse in Brüssel auf Zuständigkeiten verzichten wird, die sie in jahrelanger, zäher

Kleinarbeit an sich gezogen hat. Nehmen wir aber einmal an, das Unvorstellbare wird wahr: Die Demokratien Europas bringen die Kraft auf, das Ausländerrecht – Asylrecht inbegriffen – zu reformieren. Gegenüber den heutigen Verhältnissen wäre dann eine doppelte Zuständigkeitsverlagerung zu befürworten. Einerseits sollte die EU als Ganzes viel weiterreichende Aufgaben für den Schutz der Außengrenzen erhalten, als ihr heute nach dem Lissabon-Vertrag zustehen (siehe dazu die im folgenden zu erörternde Leitlinie). Andererseits sollten erhebliche Hoheitsrechte für die Gestaltung des Ausländerrechts – Asylrecht inbegriffen – wieder in die Obhut der Mitgliedstaaten gelangen, denen sie zum Schaden des Projekts Europa entzogen worden sind.

Daß die EU bei einer weitgehenden Rückgabe des Asylrechts an ihre Mitgliedstaaten gewisse Rahmenvorschriften für den humanitären Umgang mit Flüchtlingen analog zu den Vorschriften des Minderheitenschutzes erläßt, wäre zwingend. Wie stets in solchen Fragen hängt dabei vieles vom *fine tuning* der Rechtsvorschriften ab. Auch die Vorgabe budgetärer Quoten für die externe Hilfe ist dann durchaus vorstellbar. Entscheidend ist, daß die Demokratien in der allem Anschein nach emotional und auch objektiv äußerst wichtigen Flüchtlingspolitik nicht mehr von fernen, niemandem so recht verantwortlichen Instanzen gegängelt werden, sondern eigenverantwortlich entscheiden können. Das würde auch die EU als Ganzes entlasten.

Bei einer vorrangig von den EU-Mitgliedstaaten verantworteten Asylpolitik wäre die Festlegung von Kontingenten für besonders Schutzbedürftige vorstellbar und moralisch geboten. Jedem EU-Land stünde es dann frei, Quoten für die sogenannten *Resettlement*-Programme der Vereinen Nationen vorzusehen, in deren Rahmen Flüchtlinge aus Lagern außerhalb der EU Asyl erhalten. Auch die Möglichkeit, Flüchtlingslager unter Verantwortung der EU mit Zustimmung außereuropäischer Regierungen in Afrika zu errichten, aus denen die einzelnen EU-Länder nach freiem Ermessen Kontingente zusammenstellen können, wäre dann zu erproben. Auf jeden Fall müßten die Aufnahme, die Leistungen, die Eingliederungsmaßnahmen, erforderlichenfalls auch die Bestimmungen zur Rückführung durch den Gesetzgeber des jeweiligen Staates festgelegt und somit vor den eigenen Staatsbürgern gerechtfertigt werden.

Im Fall föderalistisch organisierter Länder wie Deutschland oder Österreich wären auch Verfahren vorstellbar, nach denen die einzelnen Bundesländer dem Bund Quoten für die jährliche Aufnahme von Flüchtlingen vorgeben. Es wäre sogar denkbar, daß die Kommunen darüber befinden, ob und wie viele Flüchtlinge sie aufnehmen und wie sie ihre Integrationskapazität einschätzen. Die heutige autoritäre Zuweisung beliebig zusammengesetzter Flüchtlingskontingente ist ein Verstoß gegen das kommunale Demokratieprinzip, auf dessen Einhaltung in Fällen von wesentlich geringerer Bedeutung (Straßenbau, Einrichtung von Industriezonen, Müllbeseitigung, Festsetzung der Gewerbesteuer, Baurecht, Umweltrecht) peinlich genau geachtet wird. Eine Demokratisierung der heute befremdlich autoritären Flüchtlingspolitik könnte dann in Gang kommen. Auch in einem solchen System würde das innenpolitische Ringen um Aufnahmequoten und Leistungen andauern. Wie weit das Eigeninteresse staatlich organisierter Großgesellschaften gehen darf, wieweit die Barmherzigkeit reichen kann, muß immer wieder neu ausgehandelt werden. Ohnehin würde auch nach einer Neujustierung der Zuständigkeiten von der jeweiligen Diaspora beständig Druck ausgehen. Die Befürworter uneingeschränkter Einwanderung würden ja nicht einfach von der Bildfläche verschwinden, sondern weiterhin für möglichst große Kontingente und höhere Leistungen plädieren.

Doch schon die Integration der in dem kurzen Zeitraum von 2013 bis 2016 eingewanderten Flüchtlinge ist eine Herkulesaufgabe. Auch viele Idealisten, die sich in der Flüchtlingshilfe engagieren, haben inzwischen erkannt, daß für die langwierige und schwierige Integration der Neuankömmlinge ein ausgeglichenes gesellschaftliches Klima von Vorteil ist. Das wird sich aber wohl erst einstellen, wenn alljährlich nur eine begrenzte Zahl Hilfsbedürftiger nach klaren Vorgaben einreisen darf. Nur dann kann die schwierige Integration wenigstens halbwegs erfolgreich gelingen.

Die Skeptiker und Gegner der heutigen Flüchtlingspolitik müssen sich ihrerseits an den Gedanken gewöhnen, daß die Notlage jenseits der EU-Grenzen von den Europäern besondere Anstrengungen und besondere Ausgaben für barmherzige Hilfe erfordert. Zu hoffen ist somit, daß zwischen den emotionsgeladenen Lagern die Kompromißbereitschaft in Sachen Flüchtlingspolitik wieder zunimmt und daß die Eingliederung Hunderttausender aus fremden Kulturen in die Arbeitsmärkte, Schulsysteme und in die eigene politische Kultur gelingt. Eine Rückverlagerung der Zuständigkeiten würde dazu einen Beitrag leisten. Die Steuerungskapazität wäre erhöht und der Forderung nach mehr Demokratie in der Flüchtlingsfrage könnte besser entsprochen werden als heute.

Nach Rückgabe des Ausländerrechts an die Mitgliedstaaten müßte allerdings auch das Visumrecht wieder ausschließlich in der Zuständigkeit der Staaten liegen. Eine EU-weite Reisefreiheit mit einem Flüchtlingspaß wäre dann nicht mehr möglich. Nur EU-Staatsangehörige wären wie bisher zu visafreien Reisen im EU-Binnenraum berechtigt. Schwer vorstellbar ist auch, daß eine derartige Neujustierung des Ausländerrechts ohne ein gewisses Zurechtstutzen der diesbezüglichen Zuständigkeit des Europäischen Gerichtshofs für Menschenrechte erfolgen kann. Bei dieser Gelegenheit könnte auch die Zweigleisigkeit von EUGH und EGMR beseitigt werden, ohnehin ein Störfaktor im System der Europäischen Union.

Belassen wir es dabei. Wenn es bis vor kurzem noch undenkbar schien, daß eine kaum aufzuhaltende Masseneinwanderung nach Europa in Gang kommen könnte, wird man auch in bezug auf derart grundlegende Reformen in der Europäischen Union nichts mehr für völlig ausgeschlossen halten.

## Eine Jahrhundertaufgabe für die EU:
## Schutz der Außengrenzen und Ursachenbekämpfung

Niemand will heute mehr bestreiten, daß die EU-Außengrenzen besser geschützt werden müssen. Doch die Verantwortlichen wagen sich nur zögernd an die organisatorische Umsetzung des Grenzschutzes heran. Dabei könnte nichts das geschwundene Vertrauen der Bürger Europas in die europäischen Institutionen besser wiederherstellen als die Feststellung, daß die EU ihre Außengrenzen effektiv schützt – notfalls auch gegen die »üblichen Verdächtigen« unter den Mitgliedstaaten. Deshalb müßte das Schengen-System, dies eine vierte Reform-Leitlinie, viel genauer als bisher auf die Bedürfnisse des Grenzschutzes eingestellt werden.

Die Europäische Union ist und bleibt ein paradox konstruiertes Gebilde. »Nach außen hin ein Staatenbund, nach innen ein Bundesstaat«, hat der Wiener Europarechtler Stefan Griller pointiert formuliert.[193] Auf dem Weg dorthin haben sich die Mitgliedstaaten und die Organe der EU über die Jahrzehnte hinweg ein gravierendes Versäumnis geleistet: Im Binnenbereich wurden alle denkbaren Vorkehrungen getroffen, die Europäische Union mit Staatsqualität auszustatten, folglich wurde wie in einem echten Bundesstaat der Grenzschutz im Binnenbereich demontiert. Aber die EU zeigte sich weder willens noch in der Lage, die halbe Milliarde europäischer Bürger und die Staaten, die sich ihr anvertraut haben, an der Außengrenze verläßlich zu schützen. Das komplizierte Regelwerk der Lissabon-Verträge läßt zwar Ansätze dazu erkennen, aber diese bedürfen dringend der Verstärkung. Bisher haben die Verantwortlichen in Brüssel noch nicht hinlänglich deutlich erkannt, daß ihnen Aufgaben zugewachsen sind, denen die einzelnen Mitgliedstaaten über Jahrhunderte wachsam und vielfach unter großen Opfern an Gut und Blut gerecht geworden sind. Im alten Europa des 19. und 20. Jahrhunderts waren Grenzsicherung und Grenzschutz harte, anspruchsvolle, kostspielige, erfahrungsgemäß auch moralisch recht unschöne Aufgaben. Sie sind es ersichtlich auch in der stürmischen Welt des 21. Jahrhunderts.

Als mit den Europäischen Verträgen der heutige Quasi-Staat Europäische Union errichtet wurde, sollte auch eine globale Friedens- und Ordnungsmacht geschaffen werden, der große Aufgaben zugedacht waren, so etwa Mithilfe bei der Proliferationskontrolle, Beendigung des Kalten Krieges zwischen Israel und den Palästinensern, Aufbauhilfe in Afghanistan, Bekämpfung der Piraterie vor den Küsten Somalias, Beendigung des Krieges in Syrien, Verhinderung der globalen Klimakatastrophe … und so fort und so fort, die Liste anspruchsvoller und zweifellos wichtiger Absichten der erträumten Supermacht des guten Willens war lang. Heute wäre man schon froh, wenn es der EU wenigstens gelingt, die Außengrenze des Imperiums der 500 Millionen Europäer zu sichern.

Dazu gehört zunächst einmal die Anerkennung der Tatsache, daß Grenzen aus Sicht der Bürger eine unentbehrliche Ordnungs- und Schutzfunktion haben. Das gilt auch für die Außengrenzen der Union. Schwer vorstellbar jedoch, wie ein nachhaltiger Schutz ohne eine gründliche Reform jener Artikel im Lissabon-Vertrag erreichbar sein wird, denen die stolze Überschrift zuerkannt wurde: »Der Raum der Freiheit, der Sicherheit und des Rechts« (AEUV, Titel V, Artikel 67–89).

Vorerst sind Vertragsänderungen wohl nicht möglich, aber es gibt Ansatzpunkte.[194] Die EU könnte – wenngleich mehr schlecht als recht – ihre Außengrenzen selbst im Rahmen des bestehenden Regelwerks verläßlicher kontrollieren. Erste Schritte bestünden darin, daß Organe wie die Mitgliedstaaten der EU die strikte Respektierung ihrer Außengrenzen feierlich zu einer Hauptaufgabe der Union erklären, bestimmte EU-Mitgliedstaaten viel energischer als bisher an die Kandare nehmen, illegale Massenimmigration übers Mittelmeer als unerwünscht stigmatisieren und die Überwachung der EU-Außengrenzen durch eigene Kräften verstärken anstatt sich vorwiegend auf so wacklige Aushilfen wie Vereinbarungen mit Transitländern und Herkunftsländern zu verlassen. Die Staaten Europas, so würde die Botschaft nach außen und innen lauten, können aufgrund der völlig neuen Lage und der kritischen Erfahrungen der letzten Jahre die unkontrollierte Masseneinwanderung via Asylrecht nicht mehr verantworten. Die humanitäre Hilfe solle daher künftig in erster Linie durch Ursachenbekämpfung außerhalb der EU und durch freiwillige Aufnahmekontingente fortgeführt werden.

Eine wichtige Entscheidung in diesem Kontext wäre die Ankündigung, illegal übers Mittelmeer Eingeschleuste bis zur Entscheidung über ihren Asylantrag in »Hotspots« zu internieren. Auch die Rettungsmaßnahmen durch die Seestreitkräfte der EU sind eine problematische Sache. Sie entspringen zwar zutiefst humanitären Beweggründen, machen diese Marine-Einheiten aber gleichzeitig zum integralen Bestandteil eines hochkriminellen und lukrativen Menschentransportsystems aus Nordafrika nach Europa. Hunderte unglücklicher Menschen ertrinken auch deshalb, weil sich die Organisierte Kriminalität darauf eingestellt hat. Eine selbstkritische Überprüfung dieser humanitär höchst zweischneidigen Aktivitäten der europäischen Seestreitkräfte könnte die Völkerwanderung von Wirtschaftsflüchtlingen übers Mittelmeer vielleicht drastisch reduzieren und damit zugleich die Zahl der von kriminellen Schleusern eiskalt dem Tod überantworteten Menschen verringern.[195] Ein Anlauf der EU zur strikten Kontrolle der Außengrenzen hätte nicht nur die Schleuser und jene zahllosen potentiellen Migranten im Blick, die von illegaler Einwanderung abgehalten werden sollen, sondern noch zwei weitere wichtige Gruppen von Adressaten, nämlich die EU-Mitgliedstaaten selbst und Drittstaaten außerhalb der EU.

Niemand wird bestreiten, daß die gegenwärtige Flüchtlingskrise und die noch zu erwartenden Krisen eine Folge der Kriege und der vielfältigen Notlagen im Nahen und Mittleren Osten und in Afrika sind. Die Krise hätte aber keine derart unkontrollierbaren Formen annehmen können, wenn alle Beteiligten – die EU-Organe und die »Frontstaaten« – ihrer Verantwortung für die Kontrolle der EU-Außengrenzen nachgekommen wären. Wenn die EU es ernst meint mit dem Schutz ihrer Außengrenze, muß sie zuallererst die Einhaltung der Dublin-Verordnungen einfordern, die verletzt, aber nicht abgeschafft worden sind. Italien und Griechenland führen zwar weiter bewegte Klage, das Dublin-System belaste die Mittelmeeranrainer ganz über Gebühr und dürfe deshalb nicht beibehalten werden.

Aber in den letzten Jahren haben Länder wie Schweden, Österreich und Deutschland eine derart große Zahl von Flüchtlingen aufgenommen, daß dieses Argument nicht mehr zieht. Den mittelmeerischen »Frontstaaten« ist durchaus zuzumuten, alle, die ihre Küsten erreichen, unterstützt von Frontex und durch finanzielle Hilfen der EU ein Asylverfahren durchlaufen zu lassen. Griechenland mag ein Sonderfall sein, doch hier hilft die konsequente Isolierung durch dauerhafte Sperrung der Balkanroute. Indessen ist nicht einzusehen, weshalb das große und wohlhabende Italien notfalls nicht dieselbe Zahl von Asylbewerbern aufnehmen, unterbringen und durch das juristische Asylverfahren schleusen kann wie beispielsweise Deutschland oder Österreich. Nähme es seine Verpflichtungen ernster, würde die Zahl illegaler Einwanderer über die Mittelmeerroute auch nach Italien wohl rasch zurückgehen.

Sicherer Grenzschutz hat seinen Preis. Notfalls ist er mit Abwehr- und Zwangsmaßnahmen verbunden. Seitdem es moderne Staaten gibt, gehört die Errichtung differenzierter Grenzschutzeinrichtungen zum Einmaleins der Staatskunst. Hohe Zeit, daß die Regierungen der EU dies erkennen. Mit einem wirkungsvollen Grenzschutz sind allerdings nicht unerhebliche Kosten verbunden. Wenn die EU diese Aufgabe so ernst nimmt, wie es geboten ist, darf sie künftig dafür von den Mitgliedstaaten auch stark ausgeweitete budgetäre Beiträge verlangen, dies jedoch mit klar definiertem Verwendungszweck. Das wäre gut angelegtes Geld. Die Ausgaben für ein effektives, mit vielen Instrumenten ausgestattetes Grenzschutzregime der EU zum Containment an den Außengrenzen wären doch wohl geringer als die Kosten, die aus der heute ungebremsten Masseneinwanderung über die faktisch offenen Außengrenzen im Mittelmeer entstehen.

Der jeweilige »Frontstaat« müßte sich dann, wenn massenhafte illegale Einwanderung droht, auf kurzfristig abrufbare finanzielle und personelle Hilfe der Union verlassen können. Eine erhebliche Verstärkung der Grenzschutztruppe Frontex bei gleichzeitiger Ausweitung ihrer Zuständigkeiten wäre notwendig, ebenso die Gewährleistung humanitär akzeptabler, zur Durchführung und Implementierung von Asylverfahren geeigneter, von der EU mitfinanzierter »Hotspots«.

Wahrscheinlich läßt sich ein wirkungsvolles Grenzregime nur errichten, wenn die EU bei Verstößen über scharfe, ohne Zeitverzug einsetzbare Sanktionsmöglichkeiten gegen Mitgliedstaaten verfügt, die gegen das Grenzregime verstoßen. Überforderte »Frontstaaten« müßten die Bereitschaft, sich von verstärkten Frontex-Einheiten unterstützen zu lassen, über ihre Hoheitsrechte stellen. Das wirft heikle Souveränitätsfragen auf. In Griechenland wird gegenwärtig zumindest ein Anfang gemacht. Dabei zeigen die dortigen Erfahrungen, daß sich die EU-Mitgliedstaaten auch bei der Bereitstellung von Personal für Frontex stärker engagieren müssen. Ein effektiver Schutz der Außengrenzen ist nicht zum Nulltarif zu haben.

Die maritimen Außengrenzen mit konkreten Maßnahmen zu sichern, wird für die EU zu den schwierigsten Aufgaben des 21. Jahrhunderts gehören – praktisch schwierig, juristisch schwierig, moralisch schwierig. Es bedarf keiner blühenden Phantasie sich vorzustellen, was alles geschehen würde, wenn die von Einwanderungsschüben aus Afrika betroffenen Bevölkerungen der europäischen Mittelmeeranrainer darauf drängen, den Kontrollverlust an der Seegrenze zu unterbinden. Die Regierungen dieser Länder könnten sich zu Maßnahmen veranlaßt sehen, die moralisch fragwürdig, aber mehr oder weniger unvermeidlich sind, wollen sie nicht zu einer Art Auffangbecken für Menschen aus den übervölkerten afrikanischen Notstandsgebieten werden: unverzügliche Rückführung in die Herkunftsländer, Unterbringung in »Hotspots«, Ablehnung des Familiennachzugs, Beschränkung des Asylrechts auf Fälle nachweislich politischer Verfolgung, Strafen nicht nur gegen Schleuser, sondern auch gegen illegale Einwanderer, vielleicht sogar gegen EU-Bürger, die illegale Einwanderung aktiv unterstützen. Dann würden wohl auch die EU-Kriegsschiffe auf dem Mittelmeer den Auftrag erhalten, aufgebrachte Flüchtlingsboote unverzüglich an die Küste Libyens und anderer Herkunftsländer zurückzuschaffen.

Will die EU ihre Schutzaufgabe an der EU-Außengrenze wirklich ernst nehmen, muß sie auch den Herkunftsländern illegaler

Flüchtlinge selbstbewußter entgegentreten. Ob man böswilligen
Nachbarn mit Härte oder mit geschmeidiger Diplomatie begegnet,
ist immer eine Frage des Augenmaßes. Im Fall der Türkei hat sich
die EU für die Rolle des Bittstellers entschieden. Ob sich außereuropäische Demokratien ähnlich zaghaft verhalten würden, ist immerhin zu fragen. Mit welcher Eselsgeduld die EU toleriert, daß
von dem »IS«-verseuchten »Failed State« Libyen ohne Unterlaß
Schlauchboote und Seelenverkäufer Richtung Europa in See stechen, ist jedenfalls schwer zu begreifen. Starke Staaten pflegen provozierende, sicherheitsgefährdende Maßnahmen von Drittstaaten
gewöhnlich nicht mit Duldsamkeit hinzunehmen. Im Jahr 2011, als
der libysche Diktator Gaddafi gestürzt wurde, war von milder Tolerierung nicht viel zu verspüren. Jedenfalls wäre den Nachbarstaaten
der EU, die zu Transitländern für illegale Einwanderer nach Europa
geworden sind, nachdrücklich zu signalisieren, daß die Europäische
Union nicht mehr geneigt ist, illegale Einwanderung ohne Sanktionen gegen die dafür verantwortlichen Herkunftsstaaten oder die
dort tätigen Bürgerkriegsparteien mit Schafsgeduld hinzunehmen.
Auch dann würde der EU wie bisher schon die Aufgabe verbleiben,
kostspielige Rücknahmeabkommen von vielleicht nur beschränktem Nutzen mit den Transitstaaten an den Gegenküsten und den
Herkunftsländern tief in Afrika zu vereinbaren und diese wohl weiterhin teuer zu bezahlen. Auf Kosten und unter Verantwortung der
Europäischen Union müßte eventuell auch die Einrichtung von
Flüchtlingslagern in Afrika oder im Libanon oder in Jordanien angestrebt werden. Alles, was mit »Ursachenbekämpfung« zu tun hat,
muß wohl auf lange Zeit vorwiegend von der EU verantwortet und
von ihren leistungsfähigeren Mitgliedstaaten finanziert werden.

   Das und manches mehr wäre theoretisch vorstellbar. Theoretisch – denn jedermann weiß, daß viele dieser Maßnahmen bedrückend, häßlich, polarisierend und mit schwer abschätzbaren
Nebenwirkungen verbunden wären. Auch auf diesem Feld wird die
Kurskorrektur noch länger auf sich warten lassen.

## Europa mit offenen Grenzen ist weiter möglich, doch wohl nur als »Schengen light«

Die jüngsten Erfahrungen halten – *last, not least* – noch eine weitere Lehre bereit: Weil Europa wohl auf Dauer ein Hauptziel der globalen Völkerwanderung des 21. Jahrhunderts sein wird, erfordert ein verläßlicher Schutz der Außengrenzen auch eine mehr oder weniger genaue Kontrolle an den Binnengrenzen der EU. Die Gründe dafür sind bereits genannt worden. Da kaum zu erwarten ist, daß sich die EU zu einem festgefügten Bundesstaat entwickeln wird, dürfte auch künftig die Hauptlast auf die »Frontstaaten« entfallen. Heute sind das Griechenland und Italien, morgen vielleicht Spanien oder Portugal, und übermorgen mögen das die baltischen EU-Länder oder Polen sein. Der Migrationsdruck wird sich bald da, bald dort bemerkbar machen. Und immer werden sich Länder an der Außengrenze finden, die zu schwach sind, ihre Schutzpflicht zu erfüllen, oder die dazu keine Lust haben.

Inzwischen hat die Europäische Union zu ihrem Leidwesen erfahren, daß der offene Binnenraum von Schengenland auch durch die Sogwirkung der europäischen Zentralmacht Deutschland destabilisierbar ist, wenn eine schlecht beratene Bundesregierung die über ihre Grenzen eingeströmten Menschenmassen größtenteils unkontrolliert nach den Niederlanden oder Belgien, Dänemark und Schweden durchwinkt. Solche Risiken sind in dem System offener Schengen-Grenzen ganz unvermeidlich. Wie sich gezeigt hat, blieb den betroffenen Staaten – Dänemark, Schweden, aber auch Ungarn, Slowenien, Österreich, Frankreich und England – keine andere Wahl, als sich durch provisorische Grenzkontrollen und improvisierte Grenzsperren zu schützen. Zeitweilige Grenzsperrungen sind im Krisenfall nötig, nach geltendem EU-Recht aber auch möglich.

Selektive Grenzkontrollen und notfalls Grenzsperren werden den Ideologen in der EU-Kommission, im Europäischen Parlament und in Deutschland auch in Zukunft schwer zu schaffen machen, denn sie sind mit den traditionellen Ideen von Schengen schwer vereinbar. Aber sie haben der EU Luft verschafft, und sie müssen

mit Blick auf das zum Schutz der Außengrenze unwillige Griechenland, die unkalkulierbare Türkei, das unzuverlässige Italien und das
uneinsichtige Deutschland wohl auf längere Zeit beibehalten werden. Allerdings ist der EU-Grenzkodex keine Ziehharmonika. Ein
Hin und Her von selektiver Kontrolle gefolgt von Öffnung, wenn
der stärkste Druck nachläßt, und erneuter Kontrolle, sobald die
Massenflucht wieder einsetzt, sollte für den europäischen Binnenmarkt nicht zum Dauerzustand werden. Wenn die neue Völkerwanderung tatsächlich ein Jahrhundertproblem ist, dann spricht viel für
die Rückkehr zu dem in den 1980er und 1990er Jahren aufgegebe-
nen System, bei dem der Waren- und Personenverkehr in der EU
grundsätzlich an den Landesgrenzen kontrolliert werden konnte.
Wie konsequent die einzelnen Staaten diese Kontrolle durchführen,
würde von der Gefahrenlage abhängen. Möglicherweise ließe sich
ein revidierter Schengen-Grenzkodex unter Bezugnahme auf Artikel
347 (Notstandsvorbehalt) AEUV vertragskonform formulieren. Mit
der Kreativität, die zur Fortentwicklung des Eurosystems seit der
Krise von 2010 geführt hat, könnten auch hier Lösungen entwickelt
werden, die schräg und gewöhnungsbedürftig, aber vielleicht prak-
tikabel und akzeptabel sind. Heute sind die Verantwortlichen noch
nicht dazu bereit. Man wird sich also auch in diesem Punkt geduld-
en müssen, bis weitere Flüchtlingskrisen die EU-Staaten in den
Abgrund blicken lassen.

Wie könnte ein neuer Grenzkodex für Schengenland aussehen?
Das erste Essential müßte lauten: Fortführung der uneingeschränk-
ten, möglichst bequemen Reisefreiheit für EU-Bürger, die, nur mit
ihrem Personalausweis versehen, unbehindert die Binnengrenzen
passieren können. Ein genauso wichtiges zweites Essential wäre der
unbehinderte grenzüberschreitende Güterverkehr, speziell der Gü-
tertransport mit Lastwagen und Kleinlastern. Ein drittes Essential
wäre die Kontrolle von Bürgern aus Staaten, die nicht der EU angehören. Der Verzicht darauf hat zu dem heutigen Chaos geführt und
würde auch in Zukunft jede vernünftige Migrationskontrolle verhindern. Im großen und ganzen würde bei entsprechender Umge-
staltung des Grenzkodex an den Landesgrenzen im Binnenraum

wenigstens partiell wieder ein System hergestellt, wie es in den Grundzügen *vor* der fatalen Schengen-Initiative in den Jahren 1984/85 bestand.

Bei Machiavelli, der in einer ähnlichen Umbruchperiode lebte wie das heutige Europa, findet sich in bezug auf Staaten, die ins Schleudern gekommen sind, die gescheite Empfehlung: »Das Mittel zu ihrer Erneuerung ist ... sie zu ihren Anfängen zurückzuführen.«[196] Etwa ein Vierteljahrhundert lang wurde der erfolgreiche Gemeinsame Markt durch ein von den Mitgliedstaaten ausgeübtes Kontrollregime an den jeweiligen Landesgrenzen geschützt, das den Kriterien optimale Offenheit und flexible Kontrolle durchaus entsprochen hat. So müßte auch ein reformiertes Schengen-System funktionieren. Ähnlich funktioniert übrigens der Grenzverkehr zu den Britischen Inseln, ohne daß die Wirtschaftsverbindungen und der Tourismus großen Schaden leiden. Die Staaten würden ihre verwaisten Zollanlagen reaktivieren müssen mit gesonderten Fahrspuren für EU-Bürger, für den Lastwagenverkehr und für EU-Ausländer. Die Polizei- und Zollkräfte müßten verstärkt werden und wären wieder unmittelbar an der Grenze stationiert. Für Umbauten, Neubauten, aufgestocktes Personal und anderes mehr wäre einiges Geld aufzuwenden. Die im Binnenhandel tätigen Unternehmungen sähen sich genötigt, auf exzessiven *Just-in-time*-Ferntransport zu verzichten, mit dem sie einen großen Teil ihrer Warendepots sozusagen auf Schiene und Straße verlagert haben. Auch das würde zu volkswirtschaftlichen Mehrkosten führen. Der grenzüberschreitende Personenverkehr und der Lastwagenverkehr haben in den vergangenen Jahrzehnten stark zugenommen und damit auch der Kontrollbedarf. Aber die Aufrechterhaltung des prinzipiell offenen Schengenraums für EU-Bürger und den grenzüberschreitenden Warenverkehr unter den Bedingungen einer in Krisenfällen anders nicht mehr steuerbaren Völkerwanderung würde die Mehrkosten rechtfertigen. Auch hier wären die Mehrbelastungen gegen die Kosten aufzurechnen, die aus einem weiterhin widerstandslos hingenommenen Zuzug resultieren.

In ruhigen Phasen könnten die Kontrollen von EU-Bürgern und des Güterverkehrs wieder größtenteils mit routinierter Lässigkeit durchgeführt werden. Ohnehin müßten gründlichere Kontrollen nur an einem Teil der EU-Binnengrenzen erfolgen. Trotz der Wiedereinführung der Kontrollen an den Landesgrenzen zur Erschwerung illegaler Einwanderung und zur Abwehr von »Gotteskriegern« – notfalls auch gegen vertragswidriges Handeln eines »Frontstaates« oder eines großen Binnenlands wie Deutschland – wären die Grenzen für EU-Bürger und für den Nah- und Fernlastverkehr praktisch weiterhin offen. Auch psychologische Anpassungen der EU-Bürger an die neue Lage wären dann geboten. Doch Reisende werden schließlich schon heute durch Engstellen an Brücken und Autobahnen aufgehalten, die ein lässiger Staat in Deutschland lange hat vergammeln lassen. Sie wissen auch, daß man für Sicherheitskontrollen an den Flughäfen manchmal eine gute Stunde oder mehr einzuplanen hat. Nun müßten sie sich gegebenenfalls auf einen weiteren Stau an den Landesgrenzen einstellen. Lästig wäre das schon, doch in einer globalisierten Welt mit hohem Einwanderungsdruck vielleicht mittelfristig oder auf lange Sicht unvermeidlich.

Der politischen Klasse in Brüssel und anderen Hauptstädten der EU würde die psychologische Anpassung wohl am schwersten fallen. Für sie waren die unkontrollierten Landesgrenzen nicht zuletzt ein Element symbolischer Politik. Europa ohne Zollstationen und ohne Grenzkontrolle sollte vor Augen führen, daß die Ära der souveränen Nationalstaaten endgültig vorbei sei. In gewisser Hinsicht ist Schengenland in seiner heutigen Form ein sympathisches, wenngleich an der rauen Wirklichkeit gescheitertes Generationenprojekt von Politikern wie Helmut Kohl, Wolfgang Schäuble, Joschka Fischer, Angela Merkel und zahlloser Gleichgesinnter in Deutschland und in den EU-Ländern. Keiner der »großen Europäer« hätte sich träumen lassen, daß das Projekt ausgerechnet an der doch eigentlich eher zweitrangigen Asylfrage notleidend wird. Doch derlei gehört zu den Überraschungen, die der prinzipiell unvorhersehbare Geschichtsverlauf immer wieder einmal bereithält. Nun würde sich eben auch diese politische Generation wieder an lästige, aber doch verkraftbare Gegebenheiten gewöhnen müssen, von denen sie ein Vierteljahrhundert lang glaubte, sie seien für alle Zeit abgeschafft. Erfreulicherweise pflegen sich Menschen an veränderte Gegebenheiten aber früher oder später zu gewöhnen. Selbst Parteien, Politiker und Bürokratien sind lernfähig, wenngleich seufzend.

Nach diesem Modell könnte der Schengenraum und der Große Binnenmarkt überleben, wenngleich unbequemer als bisher. Nennen wir dieses notgedrungen reformierte System »Schengen light«! Es wäre etwas weniger ehrgeizig als der bisherige Schengenraum, vielleicht aber stabiler. Drittstaatler, die nicht EU-Bürger sind, würden sich wieder damit abfinden müssen, an den EU-Binnengrenzen genauso wachsam kontrolliert zu werden wie dies in außereuropäischen Regionen der Brauch ist. Für alle, die sich an einem völlig unkontrollierten Europa erfreut hatten, junge Leute und reisefreudige Rentner, illegale Einwanderer, Geschäftsleute, grenzüberschreitende Kriminelle, Fuhrunternehmer, Wochenendurlauber oder Teilnehmer am kleinen Grenzverkehr, wäre das keine Verbesserung, aber doch keine völlig unzumutbare Erschwerung. Entscheidend wäre: Auch in dieser abgespeckten Form könnte der Große Binnenmarkt weiter florieren, und die EU-Bürger dürften sich wie bisher der nur leichthin überwachten, offenen Binnengrenzen erfreuen. Kein Grund, dem Europa der offenen Grenzen das Totenglöcklein zu läuten!

# Anmerkungen

1 Nassim Nicholas Taleb, *Der Schwarze Schwan. Die Macht höchst unwahrschein-licher Ereignisse* [= durchgesehene Neuauflage der 2. Aufl. von 2010 mit einem Vorwort des Verf. vom Sommer 2015], München 2015. Die erste Fassung ist 2007 unter dem Titel *The Black Swan. The Impact of the Highly Improbable* bei Random House in New York erschienen.

2 Acht Jahre nach Erscheinen war das Buch schon in 23 Sprachen veröffentlicht worden (siehe https://de.wikipedia.org/wiki/Nassim_Nicholas_Taleb).

3 Nassim Nicholas Taleb, *Der Schwarze Schwan* (wie Anm. 1), S. 19f. und passim.

4 Ebd., S. 215.

5 Ebd., S. 78–85.

6 Ebd., S. 337 und 510f.

7 Ahmed Rashid, *Descent into Chaos: The United States and the failure of Nation Building in Pakistan, Afghanistan, and Central Asia*, New York 2009.

8 Walter Lippmann, *Die öffentliche Meinung*, München 1964 [1922], S. 18.

9 Astrid Dörner, »Das hat es seit einigen tausend Jahren nicht gegeben«. Aus einem Interview mit Henry Kissinger, in: *Handelsblatt*, 29.12.2015.

10 Richard Swadberg, *Joseph A. Schumpeter. Eine Biographie*, Stuttgart 1994, S. 274.

11 Wolfgang Schäuble im Centrum für Europäische Politik, Berlin, 11.11.2015.

12 Ulrich Herbert, *Geschichte der Ausländerpolitik in Deutschland. Saisonarbeiter, Zwangsarbeiter, Flüchtlinge*, München 2001, S. 263.

13 Udo Steinbach, »Spannungen im Horn von Afrika«, in: *Die Internationale Politik* 1981/1982 [= Jahrbücher der Deutschen Gesellschaft für Auswärtige Politik], München 1984, S. 314.

14 Ludger Kühnhardt, *Die Flüchtlingsfrage als Weltordnungsproblem. Massen-zwangswanderungen in Geschichte und Gegenwart* [= Abhandlungen zu Flücht-lingsfragen, Bd. XVII], Wien 1984.

15 »Flucht und Vertreibung«, in: *Staatslexikon in 5 Bänden*, 7., völlig neu bearb. Auflage, Freiburg 1985, S. 619.

16 Ebd., S. 623.

17 Ludger Kühnhardt, »Östliches Afrika – eine Region im Umbruch«, in: *Außen-politik. Zeitschrift für internationale Fragen* 32 (1981), H. 2, S. 186ff.; »Flücht-lingslager sind schwelende Zündsätze der Weltpolitik in Südostasien«, in: *Frankfurter Allgemeine Zeitung*, 28.2.1983, S. 9.

18 Jean-Christoph Rufin: *L'empire et les nouveaux barbares*, Paris 1991; deutsch: *Das Reich und die Neuen Barbaren*. Mit einem Geleitwort von Adolf Muschg, Berlin 1993.

19 Zum neuesten Forschungsstand siehe Peter Heather, *Der Untergang des Römi-*

*schen Weltreichs*, Stuttgart 2007, und ders., *Invasion der Barbaren. Die Entstehung Europas im ersten Jahrtausend nach Christus*, Stuttgart 2009.

20 Rufin, *Das Reich und die Neuen Barbaren* (wie Anm. 18), S. 14.

21 Ebd., S. 71f.

22 Ebd., S. 76.

23 Ebd., S. 81.

24 Ebd., S. 51.

25 Ebd., S. 195f.

26 Erhard Eppler, »Ein Limes teilt die Welt«, in: *Der Spiegel*, 43/1993, S. 87.

27 AEUV Art 78 [Asylpolitik] (2) c) und (3). Wir werden im folgenden diese maßgeblichen Bezeichnungen im Lissabon-Vertrag in Anführungszeichen setzen.

28 Siehe die Übersicht des Afrika-Experten Rainer Tetzlaff: »Wirtschaftliche Unterentwicklung und Staatszerfall in Afrika«, in: Josef Braml u. a. (Hg.), *Einsatz für den Frieden* [= *Jahrbuch Internationale Politik*, Band 28], München 2010, S. 42–48.

29 Steffen Angenendt, »Instabilität durch kriegsbedingte Wanderungsbewegungen«, in: ebd., S. 56f.

30 Volker Perthes, *Das Ende des Nahen Ostens, so wie wir ihn kennen*, Berlin 2015.

31 Siehe die zeitgenössischen Studien von Alice Pargeter, *Libya. The Rise and Fall of Gaddafi*, New Haven 2012, und Lindsey Hilsum, *Sandstorm. Libya in the time of Revolution*, London 2012.

32 Aus der Fülle relevanter, durchweg widersprüchlichen und von Streit erfüllten Literatur zum Thema humanitäre Interventionen sei nur ein vergleichsweise neuer Sammelband genannt: Bernhard Rinke u. a. (Hg.), *Interventionen Revisited. Friedensethik und Humanitäre Interventionen*, Wiesbaden 2014, dazu die ältere Aufsatzsammlung von Jeff L. Holzgrefe, Robert O. Keohane (Hg.), *Humanitarian Intervention. Ethical, Legal, and Political Dilemmas*, Cambridge 2003. Dem ernüchternden Urteil des Politologen Wilfried von Bredow, daß gewaltsamer »regime change« mit dem Ziel eines Demokratieaufbaus im Rückblick auf die vergangenen 25 Jahre »nicht funktioniert hat«, ist nicht viel hinzuzufügen (»Die vertrackten Kriegsentscheidungen«, in: *Frankfurter Allgemeine Zeitung*, 22.8.2016, S. 7).

33 UNHCR, Country Operation Profile, Mid-2014.

34 Zahlen vom September 2014; geschätzt.

35 Frank Vollmer, »Die neue Völkerwanderung«, in: *RP Online*, 4.5.2015, abrufbar unter http://www.rp-online.de/politik/die-neue-voelkerwanderung-eine-analyse-aid-1.5061518.

36 In: *Deutsche Wirtschafts-Nachrichten*, 21.4.2015.

37 »Zahl der Asylbewerber verdoppelt sich 2015 auf 400 000«, in: *Die Welt*, 5.5.2015.

38 Wolfram Weimer, »Es ist eine Völkerwanderung«, in: *Handelsblatt*, 24.7.2015. Ähnlich »Ist das die neue Völkerwanderung?«, in: *Die Welt*, 23.8.2015.

39 Nach: *Augsburger Allgemeine*, 23.8.2015.

40 ZDF, 21.8.1015.

41 Ebd.

42 Siehe dazu Alexander Demandt, *Der Fall Roms. Die Auflösung des römischen Reiches im Urteil der Nachwelt*, München 2014, und *Staatslexikon in 5 Bänden*, (wie Anm. 19) S. 623.

43 UNHCR, Global Trends. Forced Displacement in 2015, 20.6.2016. Zusammenfassend siehe den Bericht »Die meisten Flüchtlinge werden von Nachbarländern aufgenommen«, in: *Süddeutsche Zeitung*, 20.6.2016, S. 2.

44 Peter Graf Kielmansegg, »Die Elendsinvasion. Auf das Flüchtlingsdrama gibt es nur Fragmente von Antworten«, in: *Die Politische Meinung*, Nr. 534, September/Oktober 2015, 60. Jahrgang, S. 19–23.

45 Dazu beispielsweise Franz Nuscheler, *Internationale Migration. Flucht und Asyl.* 2. Aufl., Wiesbaden 2004.

46 Knut Ipsen, *Völkerrecht*, 6., völlig neu bearb. Aufl., München 2014, § 5 (1), S. 49.

47 Eméric de Vattel, *Le Droit des Gens ou Principes de la Loi naturelle* (1758) [= Klassiker des Völkerrechts, Band III], Tübingen 1959, Buch I, §4, S. 32.

48 Ebd., Buch II, § 94, S. 140.

49 Ralf Dahrendorf, *Der Wiederbeginn der Geschichte. Vom Fall der Mauer zum Krieg im Irak. Reden und Aufsätze*, München 2004, S. 263.

50 Winfried von Bredow, *Grenzen. Eine Geschichte des Zusammenlebens vom Limes bis Schengen*, Darmstadt 2014.

51 Gespräch zwischen Kohl, Mitterrand und Mauroy am 29. Mai 1984 in Rambouillet, in: AAPD 1984, München 2015, Nr. 155, S. 750.

52 Tatsächlich ging die Wahlbeteiligung in der Bundesrepublik gegenüber der ersten Europawahl trotz aller Bemühungen um 8,9 auf 59,1 Prozent zurück (Elisabeth Noelle-Neumann/Gerhard Herdegen, »Die öffentliche Meinung«, in: Werner Weidenfeld/Wolfgang Wessels [Hg.], *Jahrbuch der Europäischen Integration* 1984, Bonn 1985, S. 299).

53 Vertragsentwurf des Europäischen Parlaments für eine Politische Union vom 14. Februar 1984, Art. 46, in: *Europa-Archiv*, 8/1984, D.219.

54 Helmut Kohl, *Erinnerungen 1982–1990*, München 2005, S. 290.

55 Zu Schengen siehe Andreas Pudlat, »Der lange Weg zum Schengenraum: Ein Prozeß im Vier-Phasen-Modell«, in: *Journal of European Integration History* 17 (2011), S. 303–325; Hans-Claudius Taschner, *Die Übereinkommen zum Abbau der Personenkontrollen an den Binnengrenzen von EU-Staaten*, Baden-Baden 1997.

56 Paul Scheffer, *Die Eingewanderten. Toleranz in einer grenzenlosen Welt*, München 2016, S. 160.

57 Die Agentur der Europäischen Union für die operative Zusammenarbeit an den Außengrenzen der Europäischen Union (Frontex) wurde durch Verordnung (EG) 2007/2004 vom 24. Oktober 2004 errichtet. Zu den Aufbauproblemen von Frontex siehe Simon Neumann, *Die Europäische Grenzschutzagentur Frontex. Integrierter Außenschutz und humanitäre Standards*, Berlin 2014.

58 Zahlen nach dem Stichwort »Frontex« bei Wikipedia, abrufbar unter https://de.wikipedia.org/wiki/Frontex.

59 Zahlen nach Andrea Dernbach, »Mehr Macht für Frontex«, in: *Zeit online,* 6.10.2016.

60 Bei schwerwiegenden Vertragsverletzungen ist ein langwieriges Verfahren nach Art. 7 EUV vorgesehen.

61 Vertrag über die Arbeitsweise der Europäischen Union [AEUV].

62 AEUV, Art. 78 [Asylpolitik], (2) c und (3) sowie Art. 80.

63 AEUV, Art. 78, (2) c.

64 Zu Details siehe beispielsweise Nils Coleman, *European readmission policy. Third country interests and refugee rights,* Leiden/Boston 2009; Maria Illies, *Irregular immigration policy in the European Community: Action at all stages of the irregular migration flow.* Working Paper. Madrid. Elcano Royal Institute, 2009. Ein deutschsprachiger Überblick aus der Phase vor dem Einsetzen der Massenmigration nach der Zerschlagung der libyschen Staatlichkeit findet sich in der Düsseldorfer Magisterarbeit von Magdalena Pac, *Politische Steuerung irregulärer Migration von Sub-Sahara Afrika nach Europa,* Fachhochschule Düsseldorf 2010.

65 Friedrich Berber, *Lehrbuch des Völkerrechts.* I. Band. Allgemeines. Friedensrecht, München 1960, § 58, S. 378f.

66 Eberhard Menzel, *Völkerrecht. Ein Studienbuch,* München und Berlin 1962, § 41, S. 195.

67 Ipsen, *Völkerrecht,* § 38, S. 857.

68 Zur Evolution des deutschen Asylrechts siehe Paul Tiedemann, »Das konstitutionelle Asylrecht in Deutschland. Ein Nachruf«, in: *Zeitschrift für Ausländerrecht und Ausländerpolitik* (ZAR), 5/6/2009, S. 161–167.

69 *Der neue Brockhaus,* Wiesbaden 1960, Stichwort »Auswanderung«, S. 159f.

70 Tiedemann, »Das konstitutionelle Asylrecht in Deutschland« (wie Anm. 68).

71 Die genaue Zahl belief sich auf 103 076 Asylbewerber. Siehe Herbert, *Geschichte der Ausländerpolitik in Deutschland* (wie Anm. 12) – Zur Gesamtentwicklung zwischen den 1970er Jahren und dem Jahrhundertende ebd., S. 262–334.

72 Friedrich Nietzsche, *Werke in drei Bänden. Aus dem Nachlaß der achtziger Jahre,* Bd. III, München 1966, S. 635.

73 Wikipedia, 18.1.2016.

74 BVerfG, 111, Beschl. V. 14.10.2004 (Fall Gorgülü).

75 »EGMR verbietet ungeprüfte Abschiebung nach Griechenland«, in: *Süddeutsche Zeitung,* 21.11.2011.

76 EGMR (GK), 23.2.2012 Hirsi Jamaa u.a. gg. Italien, Nr. 27765/09.

77 Zur Rechtslage an den mittelmeerischen EU-Außengrenzen siehe mit vielen Quellenverweisen: »Grundrechte an Europas südlichen Seegrenzen. Zusammenfassung«, veröffentlicht von FRA (European Union Agency for Fundamental Rights), 2013. Siehe auch den aktuellen Bericht von Reinhard Müller, »Massenausweisungen sind verboten«, in: *Frankfurter Allgemeine Zeitung,* 19.1.2016, S. 8.

78 Zu den Zusammenhängen mit dem – ausgehend von den Vertragswerken von Amsterdam und von Nizza – in den Jahren 2002 bis 2004 im Europäischen

Verfassungsvertrag festgelegten Vorschriften siehe die Bestimmungen in EUVV Titel IV, Art. 61–64, die dann im AEUV Titel V, Art. 67–80 Rechtskraft erlangen, siehe Klemens Fischer (Hg.), *Der Vertrag von Lissabon. Text und Kommentar zum Europäischen Reformvertrag*, Bern und Baden-Baden 2008.

79 Text nach UNHCR, OJ L 304/12 vom 30.9.2004.

80 BAMF. Schlüsselzahlen Asyl. 1.Halbjahr 2015. Entwicklung der jährlichen Asylanträge seit 2006.

81 »550 000 abgelehnte Asylbewerber leben in Deutschland«, in: *Zeit online*, 22.9.2016, unter Bezugnahme auf die Antwort der Bundesregierung auf eine Kleine Anfrage der Linken.

82 AEUV, Art. 78 (Asylpolitik), (1). Das bestärkt auch AUV, Art. (2), der den Beitritt der EU zur EKMR vorsieht.

83 Das bekundet auch EUV Art. 7 (Verletzung fundamentaler Grundsätze durch einen Mitgliedstaat).

84 AEUV, Art. 4, (2) j.

85 EUV, Art. 4 (2).

86 In einer Verlautbarung vom 8.7.2016 bezifferte die Stiftung Weltbevölkerung die Gesamtzahl der Weltbevölkerung auf 7,4 Milliarden Menschen.

87 Johannes Gross, *Unsere letzten Jahre. Fragmente aus Deutschland*, Stuttgart 1980, S. 84.

88 Dieter Oberndörfer, »Vom Nationalstaat zur offenen Republik. Zu den Voraussetzungen der politischen Integration von Einwanderung«, in: *Aus Politik und Zeitgeschichte* B 9/1992, S. 21–28. Es gibt keine bessere Begründung der aus einer sympathischen Mischung von Idealismus und bevölkerungspolitischem Realismus entwickelten politischen Philosophie einer »offenen Republik« als die zahlreichen Aufsätze Oberndörfers aus dem Vierteljahrhundert zwischen 1990 und 2015, bevor eine in dieser Wucht nicht vorhergesehene neue Völkerwanderung die Ambivalenz solcher Konzepte vor Augen geführt hat. Einen guten Überblick über die Diskurse zu Zielsetzung, Methodik, Untersuchungsfeldern und Ergebnissen der deutschen Migrationsforschung vermitteln die seit 1991 erscheinenden IMS-Beiträge des Instituts für Migrationsforschung und Interkulturelle Studien (IMS) der Universität Osnabrück. Siehe beispielsweise zu Selbstverständnis der Migrationsforschung mit reichhaltigen Literaturangaben Klaus J. Bade, »Von Unworten zu Untaten. Kulturängste, Populismus und politische Feindbilder in der deutschen Migrations- und Asyldiskussion zwischen ›Gastarbeiterfrage‹ und ›Flüchtlingskrise‹«, in: Heft 48/Themenheft 25 Jahre IMS. Jubiläumsveranstaltung am 29. Mai 2015, S. 35–171.

89 Die Befunde werden wiedergegeben nach einem Bericht in *Le Monde* vom 27.10.2015 (Benoît Vitkine, »La France plus frileuse que ses voisins vis-à-vis l'accueil des migrants«).

90 Im Jahr 1949 wurde in Königstein im Taunus ein Staatsvertrag über die Finanzierung wissenschaftlicher Einrichtungen geschlossen. Den Modus der Aufteilung auf die Bundesländer regelte der sog. Königsteiner Schlüssel. Der Terminus ist auf vergleichbare Verteilungssysteme übertragen worden. Der

Königsteiner Schlüssel zur Verteilung von Flüchtlingen auf die Bundesländer errechnet sich aus einer Kombination der Steuereinnahmen im Vorvorjahr (zwei Drittel) und der Bevölkerungszahl (ein Drittel) des jeweiligen Bundeslandes. Der Flächenumfang bleibt unberücksichtigt. Die Verteilung auf die Länder erfolgt unter Einsatz des Computersystems EASY. In den einzelnen Ländern kommen vergleichbare Schlüssel zur Verteilung auf die Städte und Landkreise zur Anwendung.

91 »Bundespräsident Gauck fordert offene Tore und Herzen für Zuwanderer«, in: *Die Welt*, 15.1.2013.

92 James Rifkin, *Der Europäische Traum. Die Vision einer leisen Supermacht*, Frankfurt am Main und New York 2004.

93 EU-Qualifikations-RL 2011/95/EU.

94 https://mediendienst-integration.de, Informationspapier: Mittelmeer-Flüchtlinge, September 2014 (Quelle: Italienischer Flüchtlingsrat [CIR], Pressemitteilung 17.9.2014).

95 »Wie Italien Flüchtlinge nach Deutschland umleitet«, in: *Die Welt*, 2.9.2014. Nach einem Bericht von Associated Press nehme Italien bei einem Teil der Ankommenden keine Fingerabdrücke. 56 700 Fingerabdrücke hätten an die EU übermittelt werden sollen, doch nur 43 000 seien tatsächlich eingegangen.

96 Tagesschau.de, 21.4.2015.

97 Eckart Lohse, »Der ganz normale Ausnahmezustand«, in: *Frankfurter Allgemeine Zeitung*, 23.11.2015, S. 3.

98 Siehe »Chronik einer Überforderung«, in: *Der Spiegel*, Nr. 3/16.1.2016, S. 26–29.

99 Stefan Aust u. a., »Herbst der Kanzlerin. Wie es kam, daß Deutschland sehenden Auges in seine größte Krise schlitterte«, in: *Welt am Sonntag*, 8.11.2015, S. 17.

100 Europäischer Rat. Außerordentliche Tagung des Europäischen Rates vom 23. April 2015 – Erklärung.

101 Qualification Directive 2011/95/EU; Procedures Directive 2013/32/EU; Conditions Directive 2013/33/EU Dublin Regulation (EU) 604/2013.

102 Landeszentrale für Politische Bildung Baden-Württemberg, 2016.

103 Zahlen von Jonah Bennett, »18 Cases since February: No End in Sight for Arson Attacks on Swedish Refugee Centers«, in: *Daily Caller. News Foundation*, 26.4.2016. Von Juni 2015 bis April 2016 wurden in Asylbewerberheimen 46 Brände registriert, die meisten als Folge von Brandanschlägen.

104 Michael Hanfeld, »Willkommens-Rundfunk«, in: *Frankfurter Allgemeine Zeitung*, 6.11.2015, S. 1.

105 Siehe beispielsweise zum »Kulminationspunkt« am 4./5. September 2015 die informative Recherche von Stephan Löwenstein und Eckart Lohse »Überrollt«, in: *Frankfurter Allgemeine Zeitung*, 3.9.2016, S. 3.

106 RL 2011/95/EU.

107 Schengener Grenzkodex Titel III, Kapitel II (Art. 23–31), VO (EG) Nr. 562/2006.

108 Helge Sodan, »Das Konzept der sicheren Dritt- und Herkunftsstaaten«, in: Otto Depenheuer/Christoph Grabenwarter (Hg.), *Der Staat in der Flüchtlingskrise. Zwischen gutem Willen und geltendem Recht*, Paderborn 2016, S. 181, unter Bezugnahme auf einen Vortrag am 5.11.2015 vor der Mitgliederversammlung des Bundesarbeitskreises Christlich-Demokratischer Juristen (BACDJ), S. 181, 184.

109 Asylverfahrensgesetz (AsylVfG) in der Fassung der Bekanntmachung vom 2. September 2008, § 18 Aufgaben der Grenzbehörde, (4) 2.

110 Dietrich Murswieck, »Nationalstaatlichkeit, Staatsvolk und Einwanderung«, in: Depenheuer/Grabenwarter (Hg.), *Der Staat in der Flüchtlingskrise* (wie Anm. 108), S. 135.

111 Siehe dazu Eckart Lohse, »Berliner Zahlenverhältnisse«, in: *Frankfurter Allgemeine Zeitung*, 19.5.2016, S. 2.

112 BAMF. Glossar, 2016, erläutert: »Das EASY-System ist eine IT-Anwendung zur Erstverteilung von Asylbewerbern auf die Bundesländer. Die Asylsuchenden werden damit zahlenmäßig auf die einzelnen Bundesländer (gemäß Art. 45 AsylVfG) verteilt. Die quotengerechte Verteilung erfolgt unter Anwendung des ›Königsteiner Schlüssels‹«.

113 »Bamf vermutet 290 000 unregistrierte Flüchtlinge in Deutschland«, in: *Zeit online*, 30.9.2015, abrufbar unter http://www.zeit.de/gesellschaft/zeitgeschehen/2015-09/fluechtlinge-bamf-zahlen-nicht-registrierte-fluechtlinge.

114 Infothek des BAMF, 4.2.2016.

115 Albert Schäffer/Julian Staib, »Ungeprüft eingereist«, in: *Frankfurter Allgemeine Zeitung*, 22.7.2016, S. 2.

116 Johannes Leithäuser, »Häufiges Ziel islamistischer Anwerbeversuche«, in: *Frankfurter Allgemeine Zeitung*, 20.7.2016, S. 2.

117 *Der Spiegel*, Nr. 39/19.9.2015.

118 »Paris läßt Angela Merkel abblitzen«, in: *Der Tagesspiegel*, 13.2.1016. Siehe dazu auch den aufschlußreichen Bericht von Gérard Davet/Fabrice Lhomme, »*Un président ne devrait pas dire ca«* … *Les secrets d´un quinquennat*, Paris 2016, S. 471f.

119 Martin Schulz, »Ein Ruck für Europa«, in: *Süddeutsche Zeitung*, 21./22.11.2015, S. 26.

120 Jean-Claude Juncker, »Das ist nicht das Europa, in dem ich leben will«, in: *Die Welt*, 23.8.2015.

121 »Sondertreffen in Brüssel: EU-Innenminister beschließen Verteilung von 120 000 Flüchtlingen«, in *Spiegel online*, 22.9.2015, abrufbar unter http://www.spiegel.de/politik/ausland/europaeische-union-einigt-sich-auf-verteilung-von-120-000-fluechtlingen-a-1054244.html.

122 »Flüchtlingskrise: EU-Staaten beschließen Verteilung von 120 000 Flüchtlingen«, in: *Zeit online*, 22.9.2015, abrufbar unter http://www.zeit.de/politik/ausland/2015-09/fluechtlingskrise-fluechtlinge-europa-minister-bruessel.

123 Wikipedia, Modern Immigration to the UK, 1.3.2016. – Robert Winder, *Bloody Foreigners. The Story of Immigration to Britain*, London 2004.

124 Zahlen nach Scheffer, *Die Eingewanderten* (wie Anm. 56), S. 258.

125 A. N. Wilson, *Our Times. The Age of Elizabeth II*, London 2008, S. 414.

126 Einen abgewogenen komparatistischen Überblick vermittelt Scheffer, *Die Eingewanderten* (wie Anm. 56).

127 »EU empfiehlt Rückkehr zu Dubliner Abkommen«, in: *Frankfurter Allgemeine Zeitung*, 9.12.1016, S. 1.

128 »EU-Kommission will Verteilung von Flüchtlingen radikal ändern«, in: *Die Welt*, 3.5.2016, und *ARD online*, 13.5.2016.

129 UNHCR, 31.12.2015, berichtete für 2015: Insgesamt kamen im Jahr 2015 1 008 616 Flüchtlinge über das Mittelmeer, davon 153 000 über Italien, 851 000 über Griechenland, bei 3771 Toten/Vermissten. Die Zahlen für 2014 lauten nach UNHCR vom 6.9.2014: Insgesamt 366 402 Einwanderer über das Meer; Italien 119 500; Griechenland 244 855; tot/vermisst 2800.

130 General Secretariat of the Council, Press.de, Erklärungen und Bemerkungen, 870/15, 29.11.2015, »Treffen der Staats- und Regierungschefs der EU mit der Türkei, 29.11.2015 – Erklärung EU – Türkei.

131 »Im Bett mit dem Sultan«, in: *Welt am Sonntag*, 13.3.2016. – Eine Skizze der Verhandlungsphasen gibt Rainer Hermann, »Die Erwartungen zählen«, in: *Frankfurter Allgemeine Zeitung*, 14.6.2016, S. 8.

132 UK Government, »Syria Donors Conference 2016: Joint Announcement«, 14.1.2016, abrufbar unter https://www.gov.uk/government/news/syria-donors-conference-2016-joint-announcement.

133 Tagesschau.de, »Milliarden für die Flüchtlingshilfe«, 4.2.2016.

134 Überschrift eines Online-Berichts von Jan-Christoph Kisler zum EU-Afrika-Gipfel auf La Valetta, Malta, in: Tagesschau.de, 12.11.2015.

135 Wieviel sich im vergangenen Vierteljahrhundert in Afrika auch durch Einwirkung der EU zum Guten verändert hat, läßt sich einer umfassenden Monographie von Ludger Kühnhardt entnehmen (*Africa Consensus. New Interests, Initiatives, and Partners*, Washington, D.C., und Baltimore 2014).

136 Otto Schily, »Afrikas Probleme in Afrika lösen«, in: *Frankfurter Allgemeine Zeitung*, 23.7.2004.

137 Vgl. etwa *Süddeutsche Zeitung*, 14.11.2014.

138 Im Juni 2015 stellten 1373 Menschen aus dem Kosovo Erstanträge. Kosovo war Nummer 2 unter den Top Ten der Herkunftsstaaten. Im Dezember waren die Kosovaren aus den Top Ten völlig verschwunden. Aus Albanien (Nummer 3 unter den Top Ten) kamen im Juni 5837 Antragsteller, im Dezember noch 1760. Ähnlich Mazedonien: 4128 Erstanträge im Juni, 934 im Dezember (Zahlen nach: BAMF, Geschäftsberichte Juli und Dezember 2015).

139 »Wien ruft Gegner deutscher Flüchtlingspolitik zusammen«, in: *Welt online*, 24.2.2014, abrufbar unter https://www.welt.de/politik/deutschland/article 152583356/Wien-ruft-Gegner-deutscher-Fluechtlingspolitik-zusammen.html.

140 »Tsipras über Flüchtlingsaktivisten empört«, in: *Frankfurter Allgemeine Zeitung*, 16.3.2016.

141 »Erklärung der Staats- und Regierungschefs der Europäischen Union vom 8.3.2016, abrufbar unter http://www.consilium.europa.eu/de/press/press-releases/2016/03/07-eu-turkey-meeting-statement.

142 »Tusk begrüßt Schließung der Balkanroute für Flüchtlinge«, in: *Frankfurter Allgemeine Zeitung*, 10.3.2016.

143 »Angela Merkel läßt nicht locker. Die Kanzlerin hält die Schließung der Balkanroute für falsch«, in: *Süddeutsche Zeitung*, 11.3.2016.

144 »Italiens Flüchtlingspolitik wandelt sich«, in: *Frankfurter Allgemeine Zeitung*, 25.8.2016, S. 18.

145 Rainer Hermann, *Endstation Islamischer Staat? Staatsversagen und Religionskriege in der arabischen Welt*, München 2015, S. 27.

146 UNHCR. Regional and Resilience Plan Overview 2016.

147 UNHCR. Mid-Year Trends 2014.

148 UNHCR. 2015 Planning Figures for Yemen.

149 Bevölkerungszahlen nach *Der neue Fischer Weltalmanach 2016. Zahlen. Daten. Fakten*, Frankfurt am Main 2015.

150 UN-Department of Economic and Social Affairs, Population Division: *World Population Prospects. The 2015 Revision. Key Findings and Advance Tables*, New York 2015 (ESA/PWP 241), S. 13, 73.

151 Zahlenangaben nach *Der neue Fischer Weltalmanach 2016* (wie Anm. 149).

152 UNHCR. Global Trends 2016.

153 Ebd.

154 UNHCR, Mid-Year Trends, 2014.

155 Diese vielschichtige Thematik, die von Land zu Land auch unterschiedlich zu beantworten ist, wird von Paul Collier ausführlich erörtert (*Exodus. Warum wir Einwanderung neu regeln müssen*, München 2014, S. 191–241).

156 Auch deutsche Bevölkerungsforscher, so etwa das Berlin-Institut, geben keine Entwarnung, siehe Philip Plickert, »Die große Migrationswelle kommt noch«, in: *Frankfurter Allgemeine Zeitung*, 8.8.2016, S. 18.

157 Die Zahlen sind von Walter Laqueur (*Die letzten Tage von Europa. Ein Kontinent verändert sein Gesicht*, Berlin 2008, S. 48) aus verschiedenen Schätzungen zusammengezogen. Spanien und Italien, so meint er, lagen wegen der hohen Dunkelziffer von Illegalen eher bei 1,5 Millionen.

158 Walter Laqueur, *Mein 20. Jahrhundert. Stationen eines politischen Lebens*, Berlin 2009, S. 330.

159 Peter R. Neumann, *Die neuen Dschihadisten. IS, Europa und die nächste Welle des Terrorismus*, Berlin 2015, S. 11. – Zum deutschen Dschihadismus siehe Guido Steinberg, *Al-Qaidas deutsche Kämpfer. Die Globalisierung des islamischen Terrors*, Hamburg 2014.

160 »EU-Flüchtlingspakt mit Ankara in Gefahr«, in: *Süddeutsche Zeitung*, 12.5.2016, S. 1.

161 Der aus dem Altgriechischen stammende Begriff Diaspora, Gemeinde, wird in der Migrationsforschung zur Bezeichnung von Ausländergemeinden in Aufnahmeländern verwandt.

162 Dazu umfassend Collier, *Exodus* (wie Anm. 155).

163 https://en.wikipedia.org/wiki/Modern_immigration_to_the_United_Kingdom. Die Zahlen aus dem Jahr 2010 beruhen auf Angaben von Eurostat.

164 Jede Beschäftigung mit dem Thema Diaspora stößt übrigens auf statistische

Probleme. In Einzelfällen liegen nur veraltete Zahlen vor. So fußen beispielsweise die Zahlen für Belgien in der vorliegenden Statistik auf Angaben aus dem Jahr 2007. Manche EU-Länder stützen sich auf Statistiken spezialisierter Behörden, andere suchen die jeweilige Diaspora durch Fortschreibung von Zensusdaten zu bestimmen. Nach Einbürgerungen wird manchmal die Herkunft überhaupt nicht mehr erfaßt.

165 Vergleichsstatistiken, die den »Massenzustrom« der Jahre 2013 bis 2016 erfassen, liegen noch nicht vor.

166 Collier, *Exodus* (wie Anm. 155), S. 49.

167 BAMF, Geschäftsbericht 6/2016, S. 10.

168 Tobias Kaiser, »2035 leben acht Millionen Migranten in Deutschland«, in: *Die Welt*, 23.5.2016, S. 1.

169 Institut der Deutschen Wirtschaft Köln, Presseverlautbarung vom 23.5.2016.

170 *Der neue Fischer-Weltalmanach 2016* (wie Anm. 149), S. 121.

171 Thilo Sarrazin, *Wunschdenken. Europa, Währung, Bildung, Einwanderung – warum Politik so häufig scheitert*, München 2015, S. 213–215.

172 Scheffer, *Die Eingewanderten* (wie Anm. 56), S. XXII.

173 Brendan Simms/Benjamin Zeeb, *Europa am Abgrund. Plädoyer für die Vereinigten Staaten Europas*, München 2016, S. 46.

174 Erinnert sei in diesem Zusammenhang an meine Monographie *Die Zentralmacht Europas. Deutschlands Rückkehr auf die Weltbühne*, Berlin 1994, S. 27–100. Der Begriff und einige der grundsätzlichen Überlegungen haben auch nach mehr als zwanzig Jahren noch eine gewisse Aktualität, obwohl sich die Weltlage, die EU und Deutschland selbst seither tiefgreifend verändert haben.

175 Dazu ist weiterhin instruktiv Ludger Kühnhardt, *Die Universalität der Menschenrechte. Studie zur ideengeschichtlichen Bestimmung eines politischen Schlüsselbegriffs*, München 1987.

176 Gottfried-Karl Kindermann (Hg.), *Grundelemente der Weltpolitik*, 3. erw. Neuauflage, München 1986, S. 112.

177 Joseph Frankel, *Nationales Interesse*, München 1971, S. 15.

178 Christian Hacke, »Zuviel Theorie? Zu wenig Geschichte? Eine kritische Zwischenbilanz der Disziplin Internationale Beziehungen in Deutschland«, in: *Studien zur Internationalen Politik*, hg. vom Institut für Internationale Politik an der Universität der Bundeswehr Hamburg, Heft 2, Hamburg 2003, S. 73f. – Wilfried von Bredow/Thomas Jäger, *Neue deutsche Außenpolitik. Nationale Interessen in internationalen Beziehungen*, Opladen 1993, S. 33 (»… sollte man ihre Rolle bei der Bündelung gesellschaftlicher Interessen und generell die Bedeutung der Realisierung eigener Interessen in internationalen Zusammenhängen nicht unterschätzen«).

179 Vilfredo Pareto, *Traité de sociologie générale*, hg. von Pierre Bouven, 2 Bde., Lausanne 1917/18, § 1172,1.

180 Max Weber, »Der Beruf zur Politik«, in: Ders., *Soziologie. Weltgeschichtliche Analysen. Politik*, Stuttgart 1956, S. 185.

181 Max Weber, »Vom inneren Beruf zur Wissenschaft«, ebd., S. 28.

182 Max Weber, »Der Beruf zur Politik«, ebd., S. 184f.

183 Swadberg, *Joseph A. Schumpeter* (wie Anm. 10), S. 276, 274.

184 Die Literatur zum Populismus in der westlichen Welt, ganz besonders in der EU, ist eine Wachstumsindustrie. Zum neuesten Forschungsstand siehe die aufschlußreichen Sammelbände von Eckhard Jesse (Hg.), *Wie gefährlich ist der Extremismus? Gefahren durch Extremismus, Gefahren im Umgang mit dem Extremismus*, ZPol Sonderband 2015 I, Baden-Baden 2015, und Frank Decker/ Bernd Henningsen/Kjetil Jakobsen (Hg.), *Rechtspopulismus und Rechtsextremismus in Europa. Die Herausforderung der Zivilgesellschaft durch alte Ideologien und neue Medien*, Baden-Baden 2015.

185 Nach *Internationale Politik*, März/April 71 (2016), Nr. 2, S. 15.

186 Siehe die aufschlußreichen Beobachtungen verschiedener Autoren zum Thema »Die Anti-Internationale« in: *Internationale Politik* 71 (2016), Nr. 5, S. 20–37.

187 Dieter Grimm, *Europa ja – aber welches? Zur Verfassung der europäischen Demokratie*, München 2015, S. 13 und passim.

188 So argumentiert beispielsweise Thomas Gutschker (»So geht die Obergrenze«, in: *Frankfurter Allgemeine Sonntagszeitung*, 2.10.2016, S. 2).

189 Die Türkei beispielsweise hält bis heute an einem durchaus vernünftigen Rechtsvorbehalt gegen das einschlägige Protokoll der Genfer Flüchtlingskonvention fest. Weitschauend hat sie sich bei ihrer Zustimmung nur dazu verpflichtet, Flüchtlinge aus Europa aufzunehmen.

190 Für Flüchtlingshilfe und Integration ist im Jahr 2016 für Bund, Länder und Kommunen die beträchtliche Summe von rund 25 Milliarden Euro im Gespräch. Wie es sich auch immer verhalten mag, die Zahlen verdeutlichen, daß bei einer Umpolung auf externe humanitäre Hilfsmaßnahmen die Zahl der unterstützten Flüchtlinge um Millionen vergrößert werden könnte.

191 Jean-François Daguzan, *La fin de l'État-Nation? De Barcelone à Bagdad*, Paris 2015.

192 Laurent Bouvet, *L'insécurité culturelle*, Paris 2015.

193 Stefan Griller, »Die Europäische Union. Ein staatsrechtliches Monstrum?«, in: Gunnar Folke Schuppert u. a. (Hg.), *Europawissenschaft*, Baden-Baden 2005, S. 264.

194 Wie schon erwähnt, erlaubt beispielsweise Artikel 9 der Genfer Flüchtlingskonvention mit vieldeutigen Formulierungen »in Kriegszeiten und bei Vorliegen sonstiger schwerwiegender und außergewöhnlicher Umstände« dem jeweiligen Unterzeichnerstaat, »vorläufige Maßnahmen zu ergreifen, die dieser Staat für seine Sicherheit für erforderlich hält«. Auch aus den Kautschukformulierungen des Lissabon-Vertrags ließe sich notfalls so manches konstruieren.

195 So die Vorschläge des österreichischen Außenministers Sebastian Kurz. Interview mit Michael Furger, »Die europäische Politik begünstigt das Sterben im Mittelmeer«, in: *Neue Zürcher Zeitung am Sonntag*, 5. Juni 2016.

196 Niccolò Machiavelli, *Discorsi. Gedanken über Politik und Staatsführung*, übersetzt und hg. von Rudolf Zorn, Stuttgart 1966, III. Buch, 1. Kapitel, S. 274.